U0498002

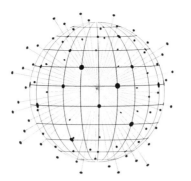

中国—东盟
质量安全标准分析
与农业合作研究

主　编

范　琼　蒋昌顺　邹冬梅　李光辉

副主编

曾小红　王金辉　游　雯　张　雪

赵　敏　吴　霞

西南财经大学出版社

中国·成都

图书在版编目(CIP)数据

中国—东盟质量安全标准分析与农业合作研究/范琼等主编;曾小红等
副主编.—成都:西南财经大学出版社,2022.11
ISBN 978-7-5504-5575-7

Ⅰ.①中… Ⅱ.①范…②曾… Ⅲ.①农产品—质量标准—安全标准—研
究—中国、东南亚国家联盟②农业合作—国际合作—研究—中国、东南亚国
家联盟 Ⅳ.①F32②F333.0

中国版本图书馆 CIP 数据核字(2022)第 194461 号

中国—东盟质量安全标准分析与农业合作研究
ZHONGGUO—DONGMENG ZHILIANG ANQUAN BIAOZHUN FENXI YU NONGYE HEZUO YANJIU

主　编　范　琼　蒋昌顺　邹冬梅　李光辉
副主编　曾小红　王金辉　游　雯　张　雪　赵　敏　吴　霞

责任编辑:李思嘉
责任校对:李　琼
封面设计:墨创文化
责任印制:朱曼丽

出版发行	西南财经大学出版社(四川省成都市光华村街 55 号)
网　　址	http://cbs.swufe.edu.cn
电子邮件	bookcj@ swufe.edu.cn
邮政编码	610074
电　　话	028-87353785
照　　排	四川胜翔数码印务设计有限公司
印　　刷	四川五洲彩印有限责任公司
成品尺寸	170mm×240mm
印　　张	12.5
字　　数	222 千字
版　　次	2022 年 11 月第 1 版
印　　次	2022 年 11 月第 1 次印刷
书　　号	ISBN 978-7-5504-5575-7
定　　价	78.00 元

1. 版权所有,翻印必究。
2. 如有印刷、装订等差错,可向本社营销部调换。

前言

东南亚国家联盟(以下简称"东盟")是我国重要的战略合作伙伴,农业是中国—东盟合作的重要领域之一。双方农业合作经历了起步、发展和深化阶段,特别是随着双方关税及非关税壁垒的逐渐减少,农业合作不断增强,农业合作结构进一步优化,双方农业合作取得了丰硕成果。

随着"零关税"政策实施,中国与东盟国家农产品贸易将进一步扩大。我国自东盟进口农产品规模逐年增大,且中国—东盟高度重视农产品质量安全。东盟各成员国的农业经营规模、农业自然条件和经济发展水平各有差异,研究东盟国家的农业发展现状,分析东盟国家的农业质量安全标准,有助于深化中国—东盟在农业及质量安全方面的合作,对推动东盟国家农业可持续发展,全面提升东盟国家农业合作水平,减少中国—东盟自由贸易区的贸易纠纷,维护中国—东盟战略合作关系具有重要意义。

《中国—东盟质量安全标准分析与农业合作研究》一书的编者紧密围绕东盟国家农业优势和特点,组织有关专家完成了马来西亚、印度尼西亚、菲律宾、泰国、越南、老挝、缅甸、柬埔寨的农业研究报告,并对这八个国家的质量安全标准体系进行了系统分析。同时,编者以国际化的视野,从东盟国家农业发展和中国—东盟各国农业合作现状、合作领域、合作重点及合作建议等方面对中国—东盟在农业合作方面进行了系统的总结和梳理,深入剖析了制约中国—东盟农业和质量安全标准合作的诸多问题和短板,研究了中国—东盟农业合作新路径,并提出了建议。

本书的出版得到农业农村部948项目(编号:2015-C4)、中国热带农业科学院基本科研业务费专项资金立项项目(编号:1630082022001、1630082022003)、海南省自然科学基金项目（编号：320QN301）、海南省热带果蔬产品质量安全重点实验室开放课题（编号：KTKT2021001）和农业农村部亚热带果品蔬菜质量安全控制重点实验室等项目和机构的资助。本书凝聚着热带农业国际合作专家的智慧，其内容全面、数据翔实。我们希望本书能为农业国际合作相关部门和有关人士提供参考。本书不足之处，请批评指正。

编者

2022 年 8 月

目录

第一章　东盟国家标准化战略国别分析报告

东盟是"一带一路"建设的重点和优先地区。创新区域合作模式，促进安全发展，增进可持续发展，是中国—东盟命运共同体建设的最佳路径选择。近年来，中国与东盟关系一直处于良好发展状态，双方在政治、经济、社会、文化等多个领域的合作不断深化和拓展，在国际事务中一直相互支持、密切配合。

一、东盟国家农业环境

（一）东盟国家的政策环境

新加坡政策透明度高，基础设施完善，商业网络广泛，法律体系健全，融资渠道多样；文莱政策透明度高，市场化程度高，贸易和投资风险较低；马来西亚是进入东盟和中东、澳新的桥梁，经济基础稳固，原材料、产品资源丰富，人力资源素质较高，民族关系融洽；印度尼西亚（以下简称"印尼"）自然资源丰富，市场化程度高，金融市场充分开放，控制着关键的国际海洋交通线，在农业发展方面强调粮食安全，提高农民福利，减少贫困人口；泰国政策透明度高，贸易自由化程度高，工资成本低于发达国家，对华友好；越南经济发展前景好，市场大，地理位置优越，人力成本低于其他东盟国家；缅甸自然资源和人力资源丰富，市场潜力大，政府支持外来投资；柬埔寨配备自由市场经济政策，是国际公认最不发达国家之一，享受最不发达国家普惠制待遇。

1. 农业发展目标

马来西亚农业发展目标包括保证国家的粮食供应充足，减少粮食进口，同时提高农业的现代化水平，积极发展经济作物，通过有效利用资源来扩大农业收入，提升农业对整个国民经济的贡献。

缅甸实行"建设以农业为基础的各行业共同发展的工业化国家"的经济发展战略，鼓励发展私人企业，积极引进外资。

越南在2011—2020年免除了农业土地税,加大对农业扶持力度,提高农民收入。越南实现农业产业化、农村现代化和劳动力重组,提高养殖业和服务业比重,减少种植业,开发高附加值出口产品,建立健全出口市场。

新加坡重视发展"中国战略",新加坡政府号召"搭上中国经济发展的顺风车",把同中国的经济合作定位为其经济发展的第四引擎。新加坡扩大"腹地战略",把17小时飞行范围内的国家和地区,视为通商及经济发展腹地,包括东盟、中国、印度、澳大利亚、新西兰、日本、韩国等在内的广大亚太地区;与有关国家和组织(日本、澳大利亚、新西兰、美国以及欧洲自由贸易联盟)签订自由贸易协定。

柬埔寨农业发展目标为加强和扩大农村基础设施和水利工程建设,使用和引进先进的农业生产机械设备,加强对农业生产技术的研究和优选良种,提高产量和推动农业现代化;重视发展农产品加工业;继续推行渔业改革,对渔区进行规划并加强管理,使该资源能为渔民服务。

老挝农业发展目标为鼓励和引导农民种植豌豆、核桃、甘蔗和其他经济作物;建议向周边国家出口水牛和猪等,且出口数量逐年递增;进一步扩大木薯、大米、植物油、糖、牲畜、经济作物和谷物的规模。

2. 优先发展农业领域

东盟主要农业发展领域大都包含经济作物种植和农林产品深加工方面。具体来看印尼优先发展棕榈树和可可种植、棕榈和椰子加工、木材(包括藤竹)加工、橡胶及其制品生产等;泰国重点发展农产品加工、食品加工及橡胶产业;马来西亚优先发展经济作物种植、深加工、渔业、清真食品业及林产品深加工;越南鼓励投资项目,包括种植、养殖、农林水产品加工、培育新的植物和畜禽种子;菲律宾目前的"投资优先计划"中鼓励投资的领域包括出口产业、农业、农业综合企业、渔业、基础设施等;缅甸允许投资的范围广泛,其中农业包括季节性农作物(包括木薯粉和烟草)的种植、生产、加工和销售,创办种植园(包括草药、咖啡、茶叶、棕榈等),生产、加工和销售其产品;柬埔寨鼓励投资的重点领域包括农业及加工业、基础设施及能源、各省及农村发展、在依法设立的特别开发区投资,投资优惠包括免征全部或部分关税和赋税。

(二)东盟国家的经济特点

东盟十国总面积为44 900万公顷①,人口为6.6亿人,国内生产总值

---

① 1公顷=0.01平方千米。

（GDP）达 3 万亿美元，是一个具有相当影响力的区域性组织。总的来看，东盟十国经济发达程度差异较大：从经济总量上看，印尼是最大的经济体，2020年其 GDP 超过 1 万亿美元；2020 年泰国、马来西亚、越南、新加坡、菲律宾的 GDP 超过 2 000 亿美元，其中泰国的 GDP 超过 5 000 亿美元，缅甸的 GDP 超过 700 亿美元，柬埔寨的 GDP 超过 200 亿美元，老挝、文莱的 GDP 也超过百亿美元。从人均 GDP 来看，新加坡、文莱、马来西亚相对较高，2020 年分别超过 5 万、2 万和 1 万美元，其他中国家，泰国人均 GDP 为 7 189 美元，居世界前列，而印尼、菲律宾人均 GDP 超过 3 000 美元，越南、老挝的人均 GDP 超过 2 000 美元，柬埔寨的人均 GDP 也超过 1 000 美元。印尼、越南、老挝、缅甸受 2008 年金融危机影响相对较小，2008—2018 年 GDP 增速持续保持在 5.0% 以上（其中印尼在 2014 年增速下降到 4.87%）；马来西亚、菲律宾、柬埔寨虽然受经济危机影响较大，但近几年来基本恢复到之前水平，GDP 增速基本在 6.0% 以上；新加坡、文莱、泰国受国际经济增速放缓影响较大，GDP 增速急速下降，2013—2016 年文莱、缅甸 GDP 增速连续为负；受新冠肺炎疫情影响，2020 年东盟十国的 GDP 增速都断崖式下跌，仅老挝、越南、文莱 GDP 增速还是正数，其他国家 GDP 增速都是负数，其中菲律宾 GDP 增速更是达到 -9% 以上。2020 年东盟十国平均人均 GDP 为 12 035.22 美元，同比上年减少 8.79%，而 2020年中国人均 GDP 为 10 500.39 美元。表 1-1 为 2019 年和 2020 年东盟十国 GDP 情况及产业特点。

表 1-1　2019 年和 2020 年东盟十国 GDP 情况及产业特点

经济发展层次	国家名称	GDP /亿美元		人均 GDP /美元		GDP 增速/%		产业特点
		2019 年	2020 年	2019 年	2020 年	2019 年	2020 年	
高收入国家	新加坡	3 720.63	3 399.98	65 640.71	59 797.75	1.35	-5.39	产业结构先进，主要是知识技术密集型产业
	文莱	134.7	120.1	31 085.96	27 466.34	3.9	1.1	资源型经济，出口石油资源
较富裕国家	马来西亚	3 647.02	3 366.64	11 414.20	10 401.79	4.30	-5.59	以农业为基础的原料输出国迅速转变为较富裕的新兴工业化国家
	泰国	5 436.50	5 017.95	7 817.01	7 189.04	2.27	-6.09	
	印度尼西亚	11 191.91	10 584.24	4 135.20	3 869.59	5.02	-2.07	

表1-1（续）

经济发展层次	国家名称	GDP /亿美元		人均GDP /美元		GDP增速/%		产业特点
		2019年	2020年	2019年	2020年	2019年	2020年	
中低等收入国家	菲律宾	3 767.96	3 614.89	3 485.34	3 298.83	6.12	-9.57	拥有丰富的矿产、木材和石油资源，因资金缺乏而开发不足，与中国存在一定的产业梯度
	越南	2 619.21	2 711.58	2 715.28	2 785.72	7.02	2.91	经济支柱以农林业为主，拥有丰富的自然资源和廉价的劳动力
	老挝	181.74	191.36	2 544.95	2 630.20	5.46	0.44	
	缅甸	687	789.3	1 477.36	1 400.22	6.8	3.2	
	柬埔寨	270.89	252.91	1 643.12	1 512.73	7.05	-3.14	

数据来源：世界银行，2021年。

从表1-1中可以看出东盟各成员国经济发展程度差别较大，2020年人均GDP最大差别达到42.7倍。东盟国家中有8个国家的人均GDP低于中国，经济较为落后，但也有2个国家达到了亚洲最高水平。东盟国家依据发展水平的不同分为高收入国家、较富裕国家和中低等收入国家三个层次，产业结构也各有特点。

二、东盟国家技术标准的现状

东盟各成员国经济发展水平有巨大差别，且各国所处的经济发展阶段各不相同，国家之间合作的目标和承受能力也不尽一致，对技术标准的管理发展模式及理念也大不相同。因此，东盟无法制定统一的东盟标准并要求各成员国共同遵守。

1. 标准发布部门和管理体制不同

东盟各国标准化管理部门所属部门不同，管理体制和工作侧重点差别较大，要想开展合作交流，必须全面系统了解它们的标准体系、管理特点，全面建立沟通交流渠道（见表1-2）。

表1-2 东盟各国标准化管理部门的分布情况

序号	国家名称	标准化管理部门	隶属部门	是否为ISO成员
1	缅甸	缅甸标准研究所	缅甸科技研究院（隶属缅甸科技部科学与技术研究司）	是
2	泰国	泰国工业标准协会	工业产品标准委员会（由国家工业部、农业部、卫生部分别发布相关行业的国家标准）	是

表1-2(续)

序号	国家名称	标准化管理部门	隶属部门	是否为ISO成员
3	越南	越南标准与质量局	越南科学技术部	是
4	柬埔寨	柬埔寨工业标准局	柬埔寨商务部进口出口检验与反诈骗机构	是
5	马来西亚	马来西亚标准部	马来西亚科技创新署	是
6	菲律宾	菲律宾贸工部产品标准局	菲律宾工商部	是
7	文莱	文莱建筑计划与研究所	文莱发展部	是
8	印度尼西亚	印度尼西亚国家标准化署	—	是
9	新加坡	新加坡标准、生产力与创新局	—	是
10	老挝	老挝科技和环境署知识产权、标准化和计量司	—	—

2. 东盟国家标准的数量和使用语言不同

目前，东盟国家标准有29 000多项，各国标准数量相差很大，且各国分布十分不均衡（见图1-1）。

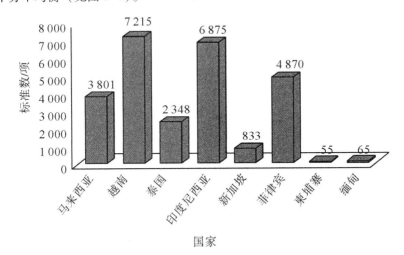

图 1-1 东盟八国标准数量分布

东盟国家标准题录及文本使用的语言种类多。东盟10个国家涉及8种语言，翻译研究障碍较大。表1-3为东盟十国标准所使用的语言种类。

表 1-3　东盟十国标准题录和文本语言

序号	国家	标准题录和文本语言
1	越南	越南语
2	泰国	泰国语
3	印度尼西亚	印度尼西亚语
4	缅甸	缅甸语
5	老挝	老挝语
6	柬埔寨	高棉语、英语（法语）
7	新加坡	
8	马来西亚	英语
9	菲律宾	
10	文莱	

3. 东盟国家技术标准采标程度各异

由于不同的气候、生活习惯、生产工艺、科技水平等因素，东盟国家产品标准指标的设置与中国标准有差异。

（1）采标程度最高的国家

采标程度最高的国家有新加坡和文莱。新加坡是东盟国家中市场化程度最高的国家。新加坡非常注重本国标准与国际标准的接轨，本国国家标准量很少，只有 800 多个，约有 80% 的新加坡标准与国际标准是一致的，水平较高的标准领域有石化、水处理、电子、工程和建筑、食品质量安全领域。新加坡标准化战略是：通过采用世界上先进的标准，提高产品质量的整体水平，促进新加坡经济和社会的发展。

新加坡建立了东盟国家中最为完善的食品安全标准和法规体系。新加坡 90% 的食品靠进口，虽然新加坡国家标准很少，但食品、农产品及加工品法律法规非常健全。食品销售法有 5 个附属法规、肉类和鱼类法有 6 个附属法规、植物保护法有 9 个附属法规，规定进口的产品必须按照当地的标准、方法进行检验，进口水果蔬菜检疫、栽培植物检疫、禁种植物及有害生物控制、出口植物检疫、许可证和执照、补充说明等必须符合以上法令法规中的有关规定。由于大多数食品安全标准采用国际标准，进口到新加坡的农产品及加工品质量水平高，对周边国家有较大辐射作用，符合新加坡市场准入要求的产品通常也为周边东盟国家所接受。

文莱除了清真食品的标准，基本使用国际标准。它的标准化管理部门隶属文莱发展部下的建筑规划与研究机构（CPRU），自主制定标准很少，但参与国际标准化活动非常活跃。文莱看重开展清真食品领域的标准制定，并向国际有关组织申报，将这些标准作为国际认证标准，如2007年10月制定文莱清真食品标准PBD24：2007并通报WTO各成员，对该标准开展TBT评议。该标准规定了配制和加工清真食品（包括营养增补剂）的食品行业行为指南，并且作为食品和在文莱进行食品贸易或交易的基本要求。

（2）采标程度较高并且标准体系较完善的国家

马来西亚、泰国和菲律宾的标准自成体系，采标率为50%左右。马来西亚电子、电器产品全部采用国际电工委员会制定的标准。自主研制的水平较高的标准有农产品标准（如亚热带水果种植技术）、经济作物类标准（橡胶）、石油及天然气产品标准。菲律宾标准水平较高的领域有电力行业、电子产品、家用电器、粮食、橡胶制品、机械，采标率为52%。

泰国标准采标率为25%，标准战略目标是：完善各项技术标准，打造国家级品牌，增强产品竞争力，走向国际市场，促进当地经济的发展。其中最有特色的是选择1~2种产品进行全方位的帮扶，发展"一区一品"（OTOP）打造品牌，扩大出口。泰国政府2004年提出"让所有人享用安全健康食品"的食品安全政策，要求在国内生产消费或出口的食品质量一律要达到国际标准，规定在泰国销售的畜肉、禽肉、禽蛋只有在经质量认证部门认证，并标有"Q"的安全标记之后才能上市销售。为了扩大国内食品及农产品的出口，泰国积极参与国际标准化组织关于饮料、食品和农产品标准的制定工作，并从2008年8月开始逐步引入食品安全管理体系（HACCP）的食品标准认证，严格管理出口果蔬的生产及包装过程，强调与食品有关的卫生安全。目前，泰国制定了种养殖良好农业规范20多个，这些规范均为TAS标准。

印度尼西亚标准数量将近7 000个，但国际标准水平较低。为了提高标准水平，自2007年起印尼对国家SNI技术标准进行修订，推动SNI采用国际标准，以提高SNI技术标准水平。2009年，印尼修订的标准采标率为35%。

（3）采标水平近年来大幅度提高的国家

越南是近年来采标水平大幅度提高的国家，标准的采标率为36%，但食品行业远远高于平均水平。2008年2月29日以前，越南食品标准总数为845项，采标率为58%，2008年3月1日至2009年3月31日，越南颁布了食品标准162条，采标113条，采标率达到了87%。由此可见，为了食品安全，越南在食品安全标准方面加快了采标的步伐，加快与国际标准接轨的步伐。

（4）标准化工作薄弱的国家

位于内陆的柬埔寨、老挝和缅甸自加入WTO以来一直都没有向WTO通报制定修订的技术法规、标准等。这三个国家的产业目前还处于发展的初级阶段，标准化及质量检测工作还不能有效实施，其中缅甸只有65个标准，柬埔寨只有55个标准，标准体系很不健全，而老挝基本未制定本国标准，被动接受国外标准，本国产品则不能达到按标准生产的水平。

4. 东盟国家技术性贸易保护壁垒的程度不同

WTO的《世界贸易组织贸易技术壁垒协议》（以下简称《TBT协议》），承认为了合法目标可以采取技术性贸易保护壁垒，但又坚决反对以贸易保护主义为目的的技术性壁垒。东盟十国除老挝外，其他9个国家都是WTO成员。因此，大多数国家遵循《TBT协议》，为了维护国家安全、保障人类健康、保护生态环境、防止欺诈行为及保证产品质量等而采取必要的技术性贸易措施。

构成技术性贸易措施主要有三要素——技术标准、技术法规与合格评定程序，由此形成的技术性贸易壁垒和垄断有正面与负面两种效应。对于不同的国家而言，它的效应是不一样的。对于发达国家，其更能充分发挥技术性贸易壁垒的正面效应；对于发展中国家而言，其只得被动地接受技术性贸易壁垒带来的负面效应。对于中国和东盟各国的进出口情况来说，经济基础雄厚、工业化程度高的国家对于进口产品、设备的要求就高；而经济基础较差的国家（如缅甸、柬埔寨），没有能力实行统一的、高水平的技术标准。因此，中国出口产品遭遇技术性贸易措施主要集中在印度尼西亚、泰国、马来西亚、新加坡、文莱和菲律宾这六个国家，而中国与经济较落后的东盟国家贸易时，就要采取适当的技术性贸易措施，以保障进口产品的质量安全。

农残限量标准作为技术性壁垒，发挥着越来越重要的作用。发达国家对于本国不生产、不使用的农药，往往会制定最严格的标准；而对本国使用的农药特别是在出口农产品上使用的农药，发达国家在残留标准方面会在安全范围内尽可能宽松。如美国、欧盟和日本对本国没有登记使用的农药按照一律限量标准（0.01~0.05毫克/千克）执行，而许多发展中国家的仪器都难以检测这个浓度；但是对于它们在本国登记使用的农药，即使农药毒性强，其标准却比较宽松。

从表1-4可以看出，中国在农药最大残留限量的数量上都多于东盟农产品主要贸易国。通过对比分析研究，东盟各国在制定限量标准时关注度和侧重点不相同，和中国农药最大残留限量标准中规定的农药种类和数量差异较大。虽然中国制定的农药最大残留限量标准要求更多、更严格，涉及的农药种类和限量标准更为广泛，但是和东盟各国限量标准交叉项很少，交叉率比较低，这就可能导致东盟和中国在农产品贸易中出现技术性贸易壁垒。

表 1-4　中国及东盟主要贸易国农药残留限量标准制定情况

单位：个

国家	总计	香蕉	荔枝	芒果	龙眼	菠萝
中国	285	69	66	55	44	51
马来西亚	28	0	7	18	3	0
越南	23	0	6	14	3	0
菲律宾	59	21	0	25	0	13

5. 东盟国家标准平均标龄较长

东盟国家标准大部分标龄较长（20 世纪八九十年代修订），有的从 20 世纪 60 年代一直沿用至今，平均标龄超 5 年的标准占 79% 以上，标准的技术水平远远跟不上科技发展水平和当今人们对产品质量及食品安全的要求。

三、中国与东盟国家标准化交流合作的前景

1. 中国—东盟标准化交流合作现状

面对东盟国家各国复杂的标准化现状，各国必须开展多方的交流与合作，减少中国—东盟之间技术性贸易壁垒，共同促进经济发展。受中国国家标准化管理委员会委托，广西质量技术监督局以及广西标准技术研究院代表国家层面，开展了中国与东盟国家的标准化交流合作。2005 年其承办了"中国—东盟标准研讨会"，东盟秘书处官员以及东盟十国的标准化主管官员一起到广西南宁出席了会议，这次会议是中国与东盟标准化机构首次比较全面的官方接触，也为中国获取东盟国家的标准信息开拓了渠道。2006—2008 年，广西质量技术监督局以及广西标准技术研究院通过与东盟国家标准化组织多次互访，与越南、马来西亚、新加坡等东盟国家标准化组织签署了标准合作备忘录，建立了长效的合作机制。2009 年签署的《中国—越南标准合作备忘录》在建立定期标准信息交流机制、建立合作研究和共同为双方客户提供全方位服务的机制、建立专家交流合作机制等方面取得了实质性成果。

2016 年受中国国家标准化管理委员会委托，中国热带农业科学院分析测试中心开展了"中国—东盟热带农业标准走出去合作研究"，完成天然橡胶、木薯和香蕉 3 个作物 10 项标准 5 种语言（柬埔寨语、老挝语、泰语、越南语

和英语）的标准转化；2016 年 11 月 9 日至 11 日、15 日至 19 日分别成功在老挝和柬埔寨举办五期天然橡胶、木薯和香蕉 3 个作物 10 项标准转化推广培训班，培训当地农民近 500 人；在东盟国家 3 个热带作物（天然橡胶、香蕉、木薯）基地，转化、推广实施主要热带农业标准 10 项。2016 年中国热带作物技术标准首次走出国门。下一步，中国还将木薯、香蕉等热带作物标准向泰国、缅甸等东南亚国家推广，今后争取建设中国热带农业科学院走出去涉农企业农产品质量安全监测站，建立服务于中国走出去涉农企业从热带作物种植、加工到销售等完整产业链的完整技术标准体系。

通过几年的努力，中国开创了与东盟国家在标准化领域友好往来的良好局面，对快捷、准确获取东盟国家标准信息，建设东盟标准信息服务平台，利用东盟国家技术标准，服务中国—东盟进出口企业，拓展市场，减少贸易壁垒，促进双方贸易发展起到了积极的作用。

2. 中国—东盟标准化交流合作研究

（1）共建中国—东盟技术标准信息服务平台

建立与东盟各国相关机构的标准信息交流机制。加强与东盟国家标准化管理部门的合作与交流，通过与东盟主要国家签署标准合作备忘录，建立标准信息交流磋商合作的长效机制，每年定期举行高层会晤、工作组活动和日常沟通，提高双边合作的计划性和可预期性。应在东盟各国的标准信息管理部门设立联络点，指定联络人，规定信息交换的内容，包括标准信息、全文信息和标准出版物，并定期向平台上传最新的标准信息，按照数据汇交规则，汇交到指定的标准信息交流中心，利用东盟各国的力量，构建一个可以各国共享的标准信息数据库。

实施双边双语标准信息服务平台。与条件成熟的东盟国家共同建立标准信息服务平台，开发双边门户网站，提供双语标准信息服务。随着自由贸易区建设的不断完善，除了贸易合作，各国会因为标准不一致而产生贸易摩擦，贸易合作和摩擦会使双边标准信息平台大有用途。中国—东盟双边标准信息平台应包含对双方东盟标准化进程的介绍和具体的标准信息，平台应可以链接至双方标准化管理部门的官方网站，用户能够在这些网站上搜索并购买双方标准机构的出版物。此外，还要分析、掌握东盟各国标准信息管理部门和东盟其他用户的需求，完善东盟技术标准信息服务平台的英文标准名称，建立平台的双语门户网站，在东盟各国标准信息联络点设立服务节点以为东盟国家提供服务。

（2）提供技术标准服务，共享服务成果

双方建立服务联络点，交流双方进出口企业和产品的信息，应对最新市场准入技术措施，迅速向相关企业传递预警信息。同时服务联络点为双方客户提供技术标准、检测咨询、认证认可、交换符合两国技术法规的产品商品清单等咨询服务，共享服务利益。具体活动可开展：为双方客户提供专题标准查询服务；为双方客户开拓市场提供市场准入研究报告；为双方企业用户提供标准培训；分析研究、推广应用双方的国家标准，定期出版最新标准目录，并发放到相关进出口企业，使企业及早了解目的国最新标准的要求，改进生产，顺利出口。

（3）研究共通标准，促进贸易便利化

双方开展区域性共通标准的研究，通过共同互认标准、执行标准，达到减少物流成本的目的，共同防治病虫害等区域性亟须共同解决的问题。近年来，草地贪夜蛾是导致中国热区玉米产区最严重病害的害虫，该物种原产于美洲热带地区，拥有很强的迁徙能力，2016 年起，草地贪夜蛾散播至非洲、亚洲各国，2019 年 1 月由东南亚侵入中国云南、广西，已在 18 个省（自治区、直辖市）发现，造成了巨大的农业损失。2020 年 9 月，草地贪夜蛾入选《一类农作物病虫害名录》。因此，这迫切需要我国与东盟制定田间发生程度分级标准、防治技术规范等一系列标准。这些共同实施的标准，将对中国—东盟草地贪夜蛾发生危害情况的信息交流及联合防控起到重要作用，对推动双方农业发展有极其重要的意义。同时积极将我国标准、技术法规、合格评定程序在东盟国家中推广应用，扩大中国标准在东盟国家的影响力，加快签署互认协议，减少两国的贸易障碍，促进贸易便利化。

（4）加强与东盟国家在标准化良好行为和良好农业规范（GAP）领域的合作，达到双赢

东盟国家中经济较落后的国家占多数，相应的标准化水平较低。而中国在和东盟较发达国家的良好农业规范工作开展方面有成熟经验。应该把中国先进的标准在东盟国家进行推广实施，通过国际科技合作项与东盟国家相关部门紧密合作，随时掌握东盟优势农产品的技术标准，跟踪国际标准时结合自身气候，提高标准要求，取长补短，推广良好农业规范认证，提高自由贸易区标准化水平，丰富出口高端农产品的经验。比如中国广西处在东盟前沿阵地，可以优先把我国标准化良好行为的先进理念和经验进行推广，特别是必须把握亚热带大宗和优质农产品如甘蔗、南亚热带水果、蔬菜、木薯、禽畜、淡海水产品、桑蚕、速生丰产林、松香、中药材、香油料、剑麻、烟草等农产品话语权，适当发展东盟没有的春夏熟水果，引进、筛选一批适应广西气候条件、适合加工、国内外市场畅销的优质、有机、无公害的产品，在东盟企业中推广应

用中获得双赢。

（5）建立和完善边境地区农产品质量安全检验检测体系

随着中国—东盟自由贸易区的建成，双方合作的需求越来越迫切，保障产品质量安全是双方都要关注的问题。东盟国家大宗农产品和食品通过边贸进口，原产国生产企业使用的标准参差不全，农产品质量安全得不到保证。它们的当务之急是要实施检验检测项目基本一致的标准，全力保障市场上进口农产品和加工食品的安全。因此，通过加强监管，建立和完善边境食品与农产品农产品质量安全检测体系刻不容缓。应该加快建立农产品质量安全标准体系、检验检测体系和认证体系，强化对农产品质量安全执法监督、检验检测技术应用工作，把农品生产标准化贯穿于产前、产中、产后全过程，全面提高农产品质量安全水平。

四、热带农业标准重点发展建议

（1）建设国家热带农业科技国际合作基地

依托联合国粮农组织授予中国热带农业科学院的"FAO热带农业研究培训参考中心"，建设热带农业标准"走出去"研究、国际培训、国际会议等多功能于一体的国家热带农业科技国际合作基地，其宗旨是服务"一带一路"倡议，引领中国热带农业"走出去"。

（2）建设中国—东盟热带作物标准化示范园

该示范园利用两国（柬埔寨、老挝）农业部、中国海南省以及当地政府部门搭台，以中国热带农业科学院为科技支撑，以企业为投资运作主体，在柬埔寨、老挝、泰国等东盟成员国建设，以香蕉、天然橡胶、木薯等作物为主，建立热带农业标准转化推广示范平台，打造具有国际市场竞争力的园区绿色热带农业品牌，在满足中国对热带农产品需求的同时，促进当地农业发展，保障当地农产品质量安全，促进中国与东盟各国人民的友谊。

第二章 中国—东盟国家农食产品质量安全标准分析报告

一、中国农食产品法规标准体系

根据《中华人民共和国农产品质量安全法》规定，农产品质量安全是指农产品质量符合保障人的健康、安全的要求。农产品质量安全包含了民众对农产品质量和安全两个方面的需求。农产品质量是指农产品的品质和外观，即农产品的商品价值和使用价值，如农产品的外观、气味、口感、营养成分等指标。农产品安全是指不含有产生危及消费者健康的有害物质，其基本特征是农产品的种养殖、加工、包装、贮藏、运输、销售、消费等活动符合国家强制性标准和要求。

（一）法律法规体系

中国农产品质量安全法律体系以国家法律法规为主体、地方法规为补充、部门规章相配套组成。《中华人民共和国农产品质量安全法》《中华人民共和国食品安全法》等法律及其配套法规条例相继修订，2021 年，李克强主持召开国务院常务会议，通过《中华人民共和国农产品质量安全法（修订草案）》，对农产品的生产、加工、监管等多方面做出了要求。《中华人民共和国种子法》《中华人民共和国渔业法》《中华人民共和国动物防疫法》等法律的实施，强化了具体类别农产品的监管和生产经营规范。最高人民法院、最高人民检察院出台了食品安全刑事案件适用法律的司法解释，把生产、销售、使用禁用农（兽）药以及收购贩卖病死猪等行为纳入了刑法范围。浙江、安徽、辽宁等多个省份出台了农产品质量安全地方法规，建立问责机制。农业农村部制（修）订了约 10 个部门规章，如《畜禽标识和养殖档案管理办法》《农产品包装和标识管理办法》等，从饲料投入、农产品监管、种养殖等环节对生产经营主体做出了明确要求。

（二）标准体系

中国农产品质量安全标准经历了从无到有、从单项标准向标准体系过渡的发展历程。截至 2021 年年底，中国现行农业国家标准和行业标准达 14 万项，基本覆盖了农业产地环境、产地建设、农业投入品、生产规范、产品质量、安全限量、检测方法、包装标识、贮存运输等方面，农产品生产全过程质量安全标准体系框架已构建完成，初步形成了以国家标准和行业标准为骨干、地方标准为基础、企业标准为补充的 4 级标准体系结构。2021 年，农业农村部发布《关于开展现代农业全产业链标准化试点工作的通知》，提出将构建以产品为主线、全程质量控制为核心的现代农业全产业链标准体系，试点打造一批全产业链标准化基地，培育一批高标准引领的绿色优质农产品精品，为保障农产品质量安全、增加绿色优质农产品供给和推动农业高质量发展提供有力支撑。"十四五"期间，我国将试点构建 30 个农产品全产业链标准体系及相关标准综合体，制修订相关标准 200 项，遴选命名现代农业全产业链标准化基地 300 个，按标生产培训 5 万人次，培育一批全国知名的绿色、有机和地理标志农产品。推动全产业链标准化协同推进机制基本形成。

1. 基础标准

基础标准是指导农产品标准化工作开展的基础，包括农产品标准化工作导则、农业术语标准、农业技术准则以及基础通用标准。为控制农产品质量，保证农产品标准化工作有序开展，制定的其他相关标准都需要以基础标准为依据。以基础标准为保障，在基础标准体系上，延伸至农产品标准的各个方面，从而健全完善整个标准体系建设。

2. 产品标准

产品标准是为保证产品的适用性，对产品必须达到的某些或全部要求所制定的标准。在产品标准体系中，努力健全各大品类的农产品标准，保证能够达到"一品一标"，保证农产品都有标可依。同时产品标准体系还包括了产品的评价体系和产品包装体系，产品评价体系能够对特色农产品的一些特性进行评价，包括绿色卫生、安全、地理优势、市场满意度等。

3. 技术标准

农产品技术标准体系涉及的范围很广，主要包括农产品在种植、生产、加工、流通和销售过程中，对每个关键环节制定的技术准则、规程规范以及质量要求标准等，主要由以下几类技术标准组成。

（1）产地建设标准

产地建设标准主要包括农产品种植和生长的环境质量要求、基地基础设施建设和配套条件以及在基地建设过程中所涉及的基础设施要求规范等。

（2）种苗繁育标准

种苗繁育标准主要包括良种（种子、种苗、种畜、种禽）的培育和繁育技术标准，主要分为：亲本种植、品种选育、亲本繁育、常规制种、杂交制种、种子质量等标准。

（3）产品采摘、加工标准

产品采摘、加工标准主要包括产品采摘技术要求、采后处理技术要求、各加工环节的技术规范等标准。

（4）生产技术标准

生产技术标准主要包括农产品种养技术规范，按其生产过程农艺措施的相对独立性、单项技术的成熟性、关键环节质量控制的要求，可分为：特色农产品生产加工技术规范、农产品病虫害和疫情疫病防治、农药使用技术规范、禽类饲料质量要求以及生产过程中涉及的设备相关技术规范。

（5）方法标准

方法标准是以试验、检查、分析、抽样、统计、计算、测定、作业等各种方法为对象制定的标准。方法标准主要包括：试验方法如农产品特性的试验方法规程等；检验检疫方法如农产品的进出口检验方法规程、病虫害检验检疫标准等；分析方法如农产品危害控制分析方法等；测定方法如农产品中特定成分的测定方法标准等；抽样方法如农产品数量抽样计算方法等标准；工艺方法如农产品生产过程中所涉及的加工工艺方法标准等。其中，农药残留标准是关键的农产品质量安全控制技术标准，原卫计委、原农业部和国家食药监管总局发布的 GB 2763–2016《食品安全国家标准　食品中农药最大残留限量》，共制定了 433 种农药的 4 140 项最大残留限量及配套的 413 项检测方法国家标准。国家卫健委、农业农村部及市场监管总局于 2018 年 6 月 21 日联合发布了该标准的增补版 GB2763.1—2016《食品安全国家标准 食品中农药最大残留限量》，共计 43 种农药的 302 项最大残留限量，与 GB 2763—2016 配套使用。此外，原农业部通过公告形式，制定了禁限用农药清单（第 194 号、第 199 号、第 274 号、第 747 号、第 1157 号、第 1586 号、第 1745 号、第 2032 号、第 2289 号、第 2445 号、第 2552 号和第 2567 号）。在国际标准制修订中，主动承担国际食品法典农药残留委员会（CCPR）主席国，先后参与制定了茶叶和水稻中 3 种农药共 6 项国际标准。

（6）产品质量标准

按不同阶段的产品产品质量标准划分为加工原料质量标准、加工产品质量标准、成品产品质量标准。

（7）产品流通标准

产品流通标准主要指的是特色农产品运输链各环节技术规范，包括特色农产品的贮存、包装、运输到市场销售等各个环节的相关标准。其中随着中国—东盟贸易往来越来越密切，中国进出口的冷链标准也逐渐完善。2019 年，中国正式确立了冷链标准体系，有关国家、行业和团体标准达 283 项，基本囊括了东盟各国所有的冷链产品，而东盟至今尚未形成如此全面统一的冷链标准。中国和东盟诸国冷链物流体系的差异导致对标准的认定不同，缺乏统一的认证机制，故中国至今不允许进口越南生猪。

（8）其他技术标准

其他技术标准是指与其他学科相联系而为农业生产经营服务的配套标准，主要包括农业机械作业质量安全、技术条件、标识规范、农产品信息收集与服务等相关标准。

（9）追溯标准

随着国家对农产品质量安全越来越重视，国家质量监督检验检疫总局、商务部和农业农村部等相关部门都在积极努力地推进农产品追溯相关标准的修订。当前中国农产品追溯相关标准已基本覆盖主要的农产品类型，其中果蔬和畜禽追溯相关标准的数量占据前两位。覆盖农产品全过程的追溯标准有 29 个，其中国家标准 8 个，行业标准 21 个。国家标准如《农产品追溯要求果蔬》《农产品追溯要求茶叶》《农产品追溯要求水产品》对各环节追溯信息的记录要求、记录项目和信息类型都进行了规定。农业农村部颁布的《农产品质量安全追溯操作规程》系列标准有 8 个，从追溯要求、信息采集、信息管理、编码方法等多方面进行了规定，对农产品质量安全追溯的操作具有很好的指导和规范作用，但仍缺乏食用菌、禽蛋、生鲜奶等农产品的追溯标准。最近 10 年中国农产品追溯相关标准数量快速增长，标龄 10 年以内的标准占比约 66%。在已颁布的涉及农产品追溯的推荐性标准中，以行业标准为主，占 71%，国家标准占比 29%。截至 2021 年 5 月，中国共颁布 20 项涉及农产品追溯的强制性标准，涉及农产品生产、加工和流通环节，其中生产环节的标准占比 50% 以上。中国共颁布了 481 项涉及农产品追溯的推荐性标准，其中国家标准 141 项，行业标准 340 项，涉及农产品生产、加工和流通等各环节。

二、新加坡农食产品法规标准体系及监管体系

（一）食品安全监管机构

新加坡政府非常重视食品安全，集中统一监管、协调合作是新加坡食品监管的鲜明特色，其食品安全监管机构和职责明确。新加坡设立有专业的食品监管机构——新加坡食品农业兽医厅（Agri - Food and Veterinary Authority，AVA），食品管理局（Food Control Division，FCD）拥有监管、检查、执法的权力。新加坡国家环境厅环境卫生局（National Environment Authority，NEA）、新加坡海关（Singapore Customs）也参与食品安全监管，形成了统一监管、部门之间协调合作的食品安全监管机制。

（二）食品安全法律法规

为了符合新加坡主要依靠进口食品的国情，新加坡的食品法律数量虽然不多，但新加坡注重制定实用的法律法规。这些法律法规覆盖了食品从进口到销售最后到餐桌的各个环节，内容周全、严密，条文详尽细致，配套合理，可操作性强，体现了新加坡追求食品安全法律和秩序的意志。新加坡在 1973 年根据第 12 号法令制定食品安全主法——食品销售法（Sale of Food Act）及其附属的法规——食品规则（Food Regulation），该法执法部门为新加坡食品农业兽医厅。直接用销售法命名的主要原因是新加坡 99%的食品依赖进口，这说明新加坡十分注重对食品进口检测把关和对流通和销售质量控制。1987 年，新加坡根据第 14 号法令制定环境公共卫生法，执法部门是新加坡国家环境厅环境卫生局。其他涉及食品安全法律有进出口管理法、消费品保护法、必需品控制法。食品销售法的立法宗旨是"确保食品纯洁而有益于健康，确定此种标准避免销售处置和使用有害于或者危及健康的食品法律"，体现了该法的食品安全监管重点是避免销售使用处置食品有害或者危及健康，维护消费者身体健康，确保食品安全的立法理念。该法共七章，分别是第一章导则、第二章管理和执行、第三章食品销售、第四章食品设备、第五章法律类推、第六章法律程序、第七章补充条款，以及附表 1 没收食品通知单和附表 2 检验员出具的证明。其内容对食品市场准入、食品质量控制、食品登记和注册程序要求、依法依规审核许可和执照、实行强制检验检疫、市场监管规则、退市和处罚制度做出了严格规定，以确保食品安全。早在 2002 年，该法附属了食品规则、食品销售餐饮店条例、食品销售刑罚条例，2004 年新加坡相继制定了食品销售餐饮店条例、食品销售费用条例。其对食品许可、食品检测费用、餐饮店的许可和卫生要求、禁止进口口香糖、食品销售犯罪的处罚等做出了明确规定。2011年新加坡又在食品销售条例中对食品监管、食品标准、食品添加剂、食品标签及其标注的内容、处罚做了明确规定。环境公共卫生法总计 12 章、112 条和 4个附件。其中的一部分章节中对食品、市场、商贩、餐饮店的准入制度、食品市场的具体要求和程序性规范做出了明确规定，对新加坡食品市场销售的规则起到了切实的导向作用。2017 年新加坡对食品法规进行了部分修订，并于 2017 年 4 月 1 日实施。据国家质检总局网址的信息，其修订的法规主要内容如下：

（1）将新的食品添加剂和配料纳入食品法规，并且补充了现有食品添加剂的用途。

（2）为了更好地保护消费者的健康，将婴幼儿配方奶粉中铅的最大残留限量降低到 0.01 ppm，将白米中设立无机砷最大残留限量为 0.2 ppm。

（3）其他的变化包括 11 种农药不再使用在国际上的最大残留限量，允许预包装大米产品净含量使用克或公斤标注（如果适用），同时修订了芝麻油和葵花籽油的质量标准。

（4）自 2017 年 4 月 1 日起，所有的交易者在新加坡进口、制造和销售的食品产品使用的食品添加剂，配料和健康声称必须符合食品法规中的新规定。

新加坡禁止进口、制造、加工、储存、运输、销售不符合新加坡食品安全标准的食品，并设有专业的食品认证机构从事食品检测以确认是否符合食品安全标准。按照食品销售法的规定，新加坡设立了食品相关信息机构，这些食品检测机构经过新加坡认可协会的资格认可并进行了注册，相关信息在政府相关网址上公布。在食品进口前，进口商会获取样品并送往政府注册的检查机构进行检测，以确认进口食品是否符合新加坡食品相关标准。

（三）食品安全标准

新加坡尊崇国际食品法典委员会（CODEX）的国际标准，并结合新加坡食品依赖进口的实际情况，按照《食品销售法》的要求，制定符合新加坡国情或有利于控制食品质量的标准体系，努力提高食品标准质量。标准覆盖食品从生产、材料来源、处理、加工、制造、包装、储存、运输、销售的各个环节。新加坡标准理事会（Singapore Standa Council）下属的食品标准委员会制定食品标准。按照食品销售法的要求，截至目前，新加坡制定了食品标准、食品添加剂标准、包装容器材料标准、重金属残留标准、微生物残留标准、抗生素残留标准、辐照食品标准、农药残留标准（并制定了农药最大残留限量标准—肯定列表）（食品规制·第 9 附表）食品农药残留标准肯定列表等。自 2006 年起，新加坡就实施 ISO 22000 食品安全认证标准，大部分企业通过了 HACCP 认证。为提高新加坡食品信誉，增强本国 800 多家食品企业在国内外的竞争力，新加坡制定了 SS 590 认证标准，并要求通过 HACCP 认证的企业必须在 2016 年 1 月 10 日前进入 SS 590 认证标准。

三、马来西亚农食产品法规标准体系及监管体系

（一）法规标准体系

1. 法规体系

（1）基本法规

马来西亚食用农产品的基本法是食品法规，马来西亚独立后加强了对食品安全管理的立法，马来西亚卫生部作为国家食品安全卫生的主管部门，于1983年制定了食品法，并于1985年出台了食品条例，2014年和2016年对法规进行了修改，该法主要规定了食品监管的不同方面。目前马来西亚已颁布了一系列食品安全管理条例，如食品卫生条例、食品进口条例、食品辐照条例、转基因食品条例等。

1985年马来西亚制定了渔业法，以规范渔业管理包括马来西亚水域海洋和港湾渔业捕捞的保护和开发以及水生哺乳动物和龟类水生动物等的保护，并设立海洋公园和海洋保护区等，确保渔业的可持续性发展。国家农业与农基产业部渔业司履行监督管理和检验检疫执法职能。

（2）其他法规

①关于食品添加剂的法规。关于进出口农食产品中食品添加剂的规定在食品条例的第五章中列出，包括食品添加剂的定义、使用原则、标签要求。《马来西亚食品农产品进口法规与标准》（2004）中的附录IV内容规定了允许加入规定食品的防腐剂和各食品中最大允许添加量。②关于农兽药残留的法规。一是农药法。马来西亚于1974年颁布了农药法，1976年进一步制定了农药注册管理规定，规范了对进口农药和本国生产农药的管理农药未经注册禁止进口、生产和销售，以确保进口或本国生产销售的农药与注册者声称的一样有效，且不会对人和环境造成危害。二是药品和化妆品监管法规。2007年，为保护健康和安全，防止欺诈行为，马来西亚制定了药品和化妆品监管法规的提案，提案所指的兽药包含草药兽药和保健品兽药2个部分。提案说明了对兽药执行药品和化妆品监管法规和提交的数据要求，提案适用于所有本地生产和进口的产品。三是杀虫剂法案。杀虫剂法案第七至十三章节规定原采用杀虫剂法案中的注册体制来控制马来西亚农药的进口和制造。只有在本地注册的公司可以注册农药生产及进口。一种农药从注册当天开始生效，期限3年，除非被注册机构终止或被农药董事会除名。批准的农药名单可从农药董事会获得。四是《马来西亚食品农产品进口法规与标准》（2004）第五章规定了农药残留物质的具体内容。当该农药残留物不是食品条例第16总览表中所特定的，任何人

不得进口、生产、销售农药残留物含量大于食品条例第16总览表中所规定的或国际食品法典委员会所推荐的农药残留物含量的食品。若食品条例第16总览表或国际食品法典委员会没有对该类食品规定农药残留限量，那么食品中农药残留限量不应大于0.1毫克/千克。食品条例第16总览表可以从食品质量控制部网站获得。③关于微生物的法规。马来西亚食品条例第七部分第39条子法规规定了微生物（细菌、真菌及其毒素）的限量标准要求。④关于有毒有害物质的法规。马来西亚食品条例第七部分第37~38、40~41条子法规是对有毒有害物质包括重金属成分、微生物及其毒素、兽药残留和农药残留的物质。⑤关于食品标签的法规。马来西亚食品条例第四章、第八章和《马来西亚食品农产品进口法规与标准》第二章规定了食品标签的要求。⑥关于食品接触材料的法规。马来西亚食品条例第六章及《马来西亚食品农产品进口法规与标准》第三章是对食品接触材料的法规内容。

2. 标准体系

目前马来西亚农产品国家标准主要由马来西亚标准部（DSM）制定。1996年，马来西亚颁布实施了标准法，规定由DSM负责监督并协调标准的执行，但是DSM不具备强制执行标准的行政能力。DSM由标准委员会电工委员会认可委员会和医学检测认可委员会组成，是马来西亚唯一一家承担实验室认可及认证机构认可相关工作的国家认可机构。其主要职能是从事促进标准、标准化、认证等工作，并通过标准与标准化达到增进国际经济、促进工业化发展、利于公共卫生安全、保障消费者、促进国内与国际贸易、加强国际交流的目的。

把相关国际组织提出的标准作为制定本国标准的起点，因此马来西亚食用农产品标准的标准体系和制修订程序都参考了国际标准化组织（ISO）和CAC的相关规定。

马来西亚也是ISO和IEC两大国际标准组织成员，DSM是国际标准化认证机构的一部分。马来西亚的标准化政策是将国际标准认同为国内标准，国家标准的制定基本上是基于现行国际标准的原则，马来西亚食用农产品标准的标准体系和制修订程序都参考了国际标准化组织（ISO）和CAC的相关规定。产品生产者可以依据马来西亚标准或国际标准，也可以利用产品认证体系，按照国外标准来生产。截至目前，马来西亚有包括农产品在内的国家标准4 100多项，约55%的国家标准直接采用或参照ISO和国际电工委员会（IEC）标准。

马来西亚标准通过由生产商、消费者和其他相关人员共同组成的委员会批准审议，并需要进行阶段性复审。除了某些作为法规、本地章程或其他相似方式由政府机构要求强制执行的标准外，其他的马来西亚标准则自愿执行。马来西亚标准局指定了马来西亚标准与工业研究公司作为马来西亚标准发展的代理。该部门也指定了 SIRIM 有限公司作为马来西亚标准销售与分销的代理。SIRIM 下设 23 个行业标准委员会（ISCS），共 120 多个技术委员会和工作组，负责具体标准的制定工作。

（二）农食产品监管体系

马来西亚农食产品的主要政府监管部门是卫生部、农业与农基产业部、国际贸易与工业部。

1. 卫生部

卫生部是马来西亚公共卫生主管部门（http//www. moh. gov. my），主要负责食品质量安全管理，其下设的公共卫生司的食品安全和质量处按照马来西亚食品法对进出口食品安全实施管理，并在全国 38 个入境口岸设有卫生检疫站。

2. 农业与农基产业部

农业与农基产业部是国家农业、畜牧业和渔业的主管部门（http//www. moa. gov. my），主管进出境动植物检疫监管和负责制定农业政策、战略和发展规划，包括负责检疫检验法、动物法、植物检疫法、渔业法的实施。该部门下设与食品管理相关的职能部门共有五个。一是农业司。依据国家植物检疫法和农药法履行其对植物、植物产品和农药的管理职能。具体执行处室是作物保护和植物检疫处。二是渔业司。依据国家渔业法实施对渔业生产和产品的管理。由水产养殖开发处实施许可、检疫和鱼类卫生政策，对养殖场进行注册，对进出口渔业产品进行检疫、控制和消除鱼类疫病等工作。三是兽医司。依据国家动物法管理动物的进出境及其在境内的运输，管理动物的屠宰，防止动物疫病传入和在境内的传播。由检疫和进出口管理处为进出口的活动物和鸟类提供检疫服务、签发进出口许可证和卫生证书等。四是马来西亚伊斯兰发展局。它是马来西亚唯一一个对清真食品进行认证的部门，通过对清真食品生产者卫生操作和企业卫生环境的管理，以确保清真食品的质量和安全。五是科学创新局。它为各行业提供各种科学技术支持。其下属的化学部拥有家国家食品安全指定实验室，可以提供食品成分分析、毒素检测等服务。

3. 国际贸易与工业部

国际贸易与工业部负责进出口商品许可和贸易管理（http//www.miti.gov. my），内设 11 个司局院：双边经贸关系司、多边经贸关系司、东盟经济合作司、贸易支持司、政策研究司、工业司、工业政策司、地区经济合作司、人事司、财务司、信息司。资料中心管理6个独立的执行局，其中对外贸易发展局是马来西亚政府为推动对外贸易发展而设立的主要机构。

（三）进出口食品检验程序

马来西亚对进口食品采用基于风险管理的分级查验法。马来西亚根据食品风险程度将查验方式从低风险到高风险分为1~6级，1级为自动通关放行，6级为自动拒绝通关，既加快了通关速度，又便于有效监管。

所有的进口食品会在马来西亚全国28个出入境口岸进行随机抽样检测，以确保进口食品安全，并符合相应的法规标准要求。不适宜消费的食品将被销毁。肉类及肉制品、奶类及奶制品、猪肉及其制品在通过马来西亚出入境口岸时要由兽医服务部（DVS）权威官员进行兽医学检验。随机抽样的样品将用于实验室检测，并且在有需要时，兽医服务部有权丢弃、销毁该食品样品或延长该食品样品的保留期限。

肉类、奶类及相关产品需要进口许可证。产品的注册及进口许可证的申请要通过在马来西亚注册的公司进行办理。所有的保健与药用食品产品必须由药品管理处分类。根据危险药品法和药品和化妆品监管法规，药品管理处在决定保健或药用食品产品是否需要注册前，必须取得由合规部门发布的进口许可证。为了在药物管理处注册，进口商或指定分销商需要向其写明产品名称、产品成分及其百分含量，并附加一份产品或标签说明书。

四、印度尼西亚农食产品法规标准体系及监管体系

（一）法规标准体系

1. 法规体系

印度尼西亚食用农产品的基本法是食品法，该法于1996年颁布，2012年修订。食品法共有17章154条，规定了食用农产品标准，主要涉及污染物、食品添加剂和营养强化剂、微生物、农兽药残留、食品标签、食品产品标准和食品接触材料等方面，范围覆盖了农业、种植业、渔业、林业、畜牧业、供水系统。因为在印度尼西亚农产品生产和贸易中，新鲜水果、蔬菜占了很大比重，所以印度尼西亚很重视新鲜植物源性食品的质量安全控制，并于2011年颁布了《新鲜植物源性食品进出口安全管理措施》。

2. 标准体系

印度尼西亚标准制定和发布机构分工明确，印度尼西亚的农产品国家标准主要是由国家标准局（Badan Standardisasi National，BSN）制定并发布，由印度尼西亚标准协会（Masyarakat Standardisasi Nasional，MASTAN）进行管理，并调查了解标准制定的可行性。印度尼西亚十分重视农药最大残留限量标准的制定，在食品法中规定了农产品中农药残留量的总体要求，印度尼西亚规定了196 种农药和 1 084 项农药限量指标。印度尼西亚在东盟国家农药最大残留限量种类和数量算是较多的。印度尼西亚为了保证食用农产品质量，也制定了一系列农产品标准。截至 2017 年年底，印度尼西亚制定了 486 个农产品标准，其中水产制品产品标准有 185 个，水果蔬菜产品标准有 54 个，是东盟国家中产品标准最多的国家。农产品质量等级标准是对农产品质量进行分级，反映农产品特征和品质的标准，东盟各国农产品质量等级标准差异比较明显，是制约国家农产品贸易的潜在影响因素，印度尼西亚水果质量等级标准有 16 种，蔬菜质量等级标准有 10 种。2011 年印度尼西亚发布 G/SPS/N/IDN/44 号通报，还发布了关于加工食品中微生物和化学污染物的最大限量法规，该法规包括食品微生物和化学污染物的种类和最大限量。印度尼西亚在标准的制定过程中非常重视市场化和国际化，积极采用国际标准并参与国际标准的制定。

（2）农食产品监管体系

印度尼西亚农食产品的主要政府管理部门是国家食品药品管理局以及下属的省级办事处、卫生部、农业部、农业检疫厅、商务部等部门，这些部门对食品安全实行多部门分段管理。

国家食品药品管理局主要负责食品安全监督（包括进口食品的管理）。其主要职责包括：①评估和制定药物和食品管制领域的国家政策；②在食品和药物控制领域执行某些政策；③在食品药品方面的总体规划、行政管理、组织管理、人事、财务等领域提供指导并进行管理。印度尼西亚农业部和卫生部则负责制定农产品、食品中农兽药残留标准。卫生部和食品药品管理局发起了"远离有害食品添加剂"活动，开设 20 个诊所，这些诊所提供免费医疗服务并协助监督有害添加剂的使用，同时提供食品安全教育服务。

五、泰国农食产品法规标准体系及监管体系

（一）泰国农产品法规和农业标准体系

1. 法规体系

1979 年，泰国卫生部颁布食用农产品的基本法——食品法，由公共卫生部常任秘书长担任主席并协调其他部门共同管理，该法规涵盖了食用农产品从种养殖环节到消费环节的监督管理全过程，基本等同于农产品基本法。2008年泰国对食品法进行修订，并成立标准办公室，由工业部泰国工业标准协会（TISI）、农业与合作社部国家农产品和食品标准局（ACFS）、卫生部医学科学系（WHO）和科学技术服务部共同组成。同年，为了完善本土和进口农产品的标准要求，泰国农业与合作社部制定了农产品标准法，明确规定了农产品的标准、标识、非强制性标准以及进口农产品的标准。农业和合作部的国家农产品和食品标准局（ACFS）负责主管农产品和食品相关标准的制定和修订，农产品和食品机构的认证评审等工作。

2. 标准体系

农产品和食品标准（TAS）包括产品标准、体系标准（如良好农业规范、良好卫生规范、良好生产规范、有机农业等）和通用标准（如农药最大残留量、污染物限量、分析方法等，主要涉及食品安全）。为增强泰国农产品和食品标准的竞争力，泰国一直积极推进质量认证标准的统一，目前农产品质量安全体系和标准化体制发展已较为完善，截至2018年年底，泰国TAS标准共有161项，包括产品标准69项、体系标准68项和通用标准24项。泰国除了重视本国农产品标准制修订外，还积极参与国际标准化组织（ISO）活动和国际标准的制定，增强泰国标准在国际的影响力。目前，柬埔寨和老挝有多项标准采用泰国标准。

（二）泰国农药管理及农药残留限量要求

为了保护农产品质量安全和农产品出口，泰国政府非常重视农药管理。泰国农药管理体系由中央、地区和省级三个部门组成，农业与合作社部负责农药登记、生产、经营和进出口许可证工作，下属农业局负责泰国8个地区辖区内农药经营许可证和良好农业规范（GAP）证的发放和监督管理工作，泰国76个省级地方卫星站则负责本省的农药经营和使用管理以及农药经营人员和农民的培训工作。泰国没有原药生产企业，70%以上的农药从中国进口，2019年泰国农业与合作社部将草甘膦列为限制使用农药，并对两个大宗产品百草枯和毒死蜱实行了禁令，不再允许持有、分销、进口和生产这两类产品，正式生效日期为2020年6月1日。同时，泰国对农药管理法律有害物质法进行了修订，修订法中要求在农药登记试验中进行全面的药效试验、残留试验、样品分析和毒理学资料评估，2019年10月27日正式生效。泰国对农药残留和污染物以及兽药残留有完善的限量标准，泰国制定的农药残留限量标准TAS 9002—2016《农药残留：最大残留限量》包含了176种农药，最大残留限量指标946项。此外，泰国针对列为第四类98种有害物质还制定了再残留限量标准，对于其他未指定最大残留限量的农药则参考食品法典委员会（CAC）标准。

（三）农产品质量认证

泰国实行强制认证和自愿认证的TISI认证制度，农产品的强制性认证由泰国农业部负责，泰国的良好农业操作和有机农产品认证机构分为三大类：

①官方认证机构，设立在泰国农业部农业科技司，认证仅限于以泰国国内销售为主的国内企业；②私人认证机构，由泰国有机农业认证组织（ACT）负责推行，认证范围包括了销往国内市场和国外市场农产品，以出口农产品为主；③国外认证机构，包括了日本、德国、法国和瑞典多家国外认证机构，在泰国有机认证机构中较为活跃，占有机食品认证机构的 50 %，认证产品可销往国内外市场。泰国政府为加快农业 4.0 战略发展，对农产品采取强制性认证，并且积极发展有机农业，加强有机农业认证的管理力度，目前已经形成了较好的认证体系，对保障农产品质量安全发挥了重要作用。

（四）泰国农业产地环境现状

近年来泰国大力发展农业，鼓励农民开垦耕种，农户大量毁林开荒用于种地，导致耕地质量逐年恶化，土壤侵蚀严重。在泰国，由于土壤侵蚀、沙化、酸化、有机质下降引起的退化土地面积达 1.34 亿莱（1 莱 = 6.25 公顷），占国土面积的 41 %。泰国有 150 万公顷酸性硫酸盐土壤，90 % 位于中央平原，主要用于种植水稻，但是这些土壤由于酸性强，水稻产量低，农民要使用大量石灰和肥料才能获得收成。表 2-1 是 2019 年笔者访问泰国北部到南部 3 个省份采取的 7 个农产品种植基地土壤样品理化性状成分，检测方法均参照泰国相关成分指标检验检测标准测定，从表 2-1 中可以看出，泰国土壤有机质偏低，含量范围为 0.70 %~3.89%，同时全氮总量偏低，均在 0.03%~0.19% 内，其中有 3 个农产品基地土壤 pH 均小于 4.8，泰国北部城市猜也贲府的火龙果基地和咖啡基地 pH 分别为 4.71 和 4.79，南部城市宋卡府沙廷帕县库酷迪乡的水稻基地 pH 为 4.75，这表明泰国确实面临严峻的土壤酸化问题。土壤酸化将导致土壤结构变差，肥力降低，生产力下降，进而影响农产品的产量、品质和安全。因此泰国政府一直致力于保护土壤质量和农产品产地环境安全，为了改良低产土壤投入大量资金，积极引进国外技术，开展改良土壤酸化和盐碱化等国际合作，并且实施有机耕作，发展可持续的绿色农业。

表 2-1 泰国地区农产品基地土壤理化性状

泰国地区	猜也贲府				孔敬府		朱卡府
农产品基地	火龙果基地	咖啡基地	芒果基地	水稻基地	蔬菜基地	芒果基地	水稻基地
经纬度	102.034 953°E 15.806 26°N	102.044 151°E 15.960 397°N	102.285 041°E 15.946 491°N	102.218 92°E 15.672 059°N	102.813 8°E 16.438 853°N	103.039 78°E 16.424 98°N	100.612 05°E 7.115 111°N
pH (1∶1)	4.71	4.79	5.64	6.39	5.74	6.91	4.75
电导率	0.15	0.03	0.03	0.07	0.03	0.04	0.39
有机碳/%	0.83	0.89	1.01	0.70	0.40	0.46	2.25
有机质/%	1.44	1.53	1.74	1.20	0.70	0.79	3.89
全氮/%	0.07	0.08	0.09	0.06	0.03	0.04	0.19
有效磷/(毫克/千克)	80.81	17.42	81.91	15.08	10.32	15.64	29.3
速效钾/(毫克/千克)	268.32	56.55	77.97	156.06	75.20	90.20	263.41

六、菲律宾农食产品法规标准体系及监管体系

（一）菲律宾食用农产品法规和标准

1. 菲律宾食用农产品法规

菲律宾食用农产品的基本法是食品安全法，于 2013 年 8 月 28 日颁布实施。该法共 13 章 42 条，分为政策与目标声明、概念定义、食品安全的基本原则、一般原则、关于食品安全责任、食品安全监管协调委员会、危机管理、食品安全法规的实施、培训和消费者教育、食源性疾病监测监督与研究、费用政策、禁止和处罚制裁、最后条款。该法对菲律宾食品的生产、销售和进出口做出了严格规定，确保"食物和食品安全的高标准"。菲律宾农业部和卫生部等相关部门依据该法制定了食用农产品相关的政策和规范。菲律宾的国家标准主要由菲律宾标准化局（Bureau of Philippine Standards，BPS）负责制定，BPS 还负责实施和协调菲律宾的标准化活动。食品安全法规定设立食品安全监管协调委员会，负责协调各部门的工作，且对委员会的职能规定十分明确，尤其提到当在特定区域管辖权交叉时，委员会要承担法律鉴定执行机关的责任。

2. 菲律宾食用农产品标准

菲律宾本国标准化水平不是很高，对于农产品的限量标准暂时主要采取参照国际标准的做法。菲律宾农药残留监管由农业部农作物局植物检疫处负责，但是菲律宾并没有制定农药最大残留限量的国家标准，完全参照国际食品法典委员会的规定。此外，蔬菜、水果、肉类等都必须符合国际食品法典委员会和世界动物卫生组织制定的标准。截至 2017 年年底，菲律宾主要食用农产品及其制品国家标准有 65 个，其中果蔬类产品标准有 30 个，占总农产品标准的46%，蔬菜质量等级标准有 18 个，这说明菲律宾对果蔬类农产品的重视。

（二）菲律宾农药监管概况

在菲律宾，对农药使用情况的监管主要由农业部附属机构化肥和农药局（Fertilizer and Pesticide Authority，FPA）负责，主要涉及农药的许可、进口控制、产品质量控制、产品管理程序制度化管理、农药产品注册、公众信息培训等方面。其中，许可证是进口、出口、生产，配制，重新包装、分配、交付、销售、运输、储存和使用任何农药和其他农业化学品的先决条件；农药的产品注册是一种生成相关信息的机制，以确保农药使用过程中的安全、公共卫生和环境保护。与农药监管相关的法规文件主要涉及 1144 号总统令、相关的执行规章和制度以及《肥料、农药监管政策和实施指南》（"绿皮书"）。

目前菲律宾并没有制定系统的农药残留限量国家标准，目前为止，发布了

有关大米、香蕉、芒果、菠萝、黄秋葵和芦笋等几类作物的农药残留限量国家标准作为初始清单。这些产品中农药的最大残留限量是基于 FPA 注册农药产品的最大残留限量清单、国际食品法典委员会（CAC）制定的最大残留限量、东盟农药最大残留限量、日本农业标准（JAS）以及各注册公司遵循生产实践产生的数据。另外，针对菲律宾本国农药控制实际，菲律宾 FPA 制定了农药禁限清单，其中，禁用名单涉及 31 种化学品，限用名单涉及 17 种化学品，分别详见表 2-2。

表 2-2　菲律宾限用和禁用农药清单

序号	禁用农药清单		限用农药清单		
	化学品名称（英文）	化学品名称（中文）	化学品名称（英文）	化学品名称（中文）	备注说明
1	1-Naphthylthiourea（ANTU）	1-萘硫脲	Aldicarb	涕灭威	除非当局决定的紧急情况外，不允许进口
2	2，4，5-T	2，4，5-T	Carbon Disulfide	二硫化碳	将商品加工成饲料或者食品之间，需要充足的通风时间
3	Aldrin	艾氏剂	Chlorobenzilate	乙酯杀螨醇	除非当局决定的紧急情况外，不允许进口
4	Azinphos Ethyl	乙基谷硫磷	Carbon Tetrachloride	四氯化碳	将商品加工成饲料或者食品之间，需要充足的通风时间
5	Brestan Organotin	布瑞斯坦有机锡	Chloroform	氯仿	将商品加工成饲料或者食品之间，需要充足的通风时间
6	Chlordane	氯丹	Enthylformate	甲酸乙酯	将商品加工成饲料或者食品之间，需要充足的通风时间
7	HCH/BHC	六六六	Entropop	—	仅用于香蕉种植园

表2-2（续）

序号	禁用农药清单		限用农药清单		
	化学品名称（英文）	化学品名称（中文）	化学品名称（英文）	化学品名称（中文）	备注说明
8	Heptachlor	七氯	Inorganic Arsenicals	无机砷	仅限 FPA 认可的木材处理和木材保护工厂使用
9	Chlorodimeform	杀虫脒	Pentachlorophenol（PCP）-severly restricted	五氯酚（PCP）-（严格限制）	仅限 FPA 认可的木材处理和木材保护工厂使用
10	Nirtrofen	除草醚	Paraquat	百草枯	仅限机构使用，进口/最终用户严格遵守其使用要求法案
11	DDT	滴滴涕	Phenamiphos	克线磷	用于香蕉和菠萝种植园
12	DBCP	二溴氯丙烷	Lindane	林丹	仅限于菠萝种植前在土壤中使用
13	Copper Aceto-Aresenic（Paris Green）	乙酰乙酸铜	Methidation	杀扑磷	仅限于香蕉种植园
14	Dieldrin	狄氏剂	Methyl Bromide	甲基溴	将商品加工成饲料或者食品之间，需要充足的通风时间
15	Endrin	异狄氏剂	Monocrotophos	久效磷	仅允许用于豆科植物上的豆蝇控制
16	EPN	苯硫磷	Phosphine Generating Compound	磷化氢生成化合物	将商品加工成饲料或者食品时，需要充足的通风时间
17	Ethylene Bromide（EDB）	乙烯溴	Phenamiphos	克线磷	仅用于菠萝和香蕉种植园
18	Letophos	溴苯磷	—	—	—

表2-2(续)

序号	禁用农药清单		限用农药清单		
	化学品名称（英文）	化学品名称（中文）	化学品名称（英文）	化学品名称（中文）	备注说明
19	Mercuric Fungicides	汞杀菌剂	—	—	—
20	Gophacide	毒鼠磷	—	—	—
21	Parathion-Ethyl	对硫磷	—	—	—
22	Triphenyltin	三苯基锡	—	—	—
22	Toxaphene/ Campechlor	毒杀芬	—	—	—
23	Thalium Sulfate	硫酸铊	—	—	—
24	Strychnine	士的宁	—	—	—
25	Sodium Fluoroacetamide（1801）	氟乙酰胺钠（1801）	—	—	—
26	Organotin Compounds	有机锡化合物	—	—	—
27	Parathion-Methyl	甲基对硫磷	—	—	—
28	Elemental Phosphorus（White & Yellow）	元素磷（白和黄）	—	—	—
29	Endosulfan	硫丹	—	—	—
30	Sodium Fluoroacetate	氟乙酸钠	—	—	—
31	EPN	苯硫磷	—	—	—

七、越南农食产品法规标准体系及监管体系

（一）越南食用农产品法规和标准

1. 法规体系

越南食用农产品的基本法是新版食品安全法，2010 年由国会通过，2011 年 7 月 1 日正式实施。该法共 11 章 72 条，各章分别为一般规定、个人和组织

保证食品安全的权利和义务、食品安全保证条件、食品生产经营的安全保障条件、在食品生产经营单位的食品安全资格证书、食品进口和出口、食品广告和标签、食品检验食品安全风险分析、食品安全事故预防和纠正、关于食品安全的信息教育和交流、食品安全的国家管理、实施条款。该法不仅对食品生产、贸易阶段发生食品安全等问题进行了规定，还涵盖了食品风险评估，从源头上控制食品安全，对涉及食品安全的相关问题做出了全面规定，保障"从农田到餐桌"全过程的食品安全监督管理。

新版的食品安全法明确了法律管理和适用范围，确立了食品安全管理体制和各部门的职责分工，明确了食品安全管理机构的法律责任，制定了食品安全管理准则和国家政策，明确了食品贸易商和从业者的法律责任，并要求其遵照国家主管机构和标准发布机构发布的技术规定和其他法规进行食品安全管理。同时，该法制定了最大残留限量标准，限制在食品中使用农兽药和病原生物的用量。

对于食品安全法无法覆盖的领域，越南制定食品相关法规加以补充。例如，越南发布的第 15/2009/TN-BNN 通报，对食品安全标准及进口种植食品的农药残留含量，国内生产和流通做出了具体的规定。其主要内容是公布越南禁止限制使用的农药、化学品及抗生素名单，其中包括了禁止用于兽药和水产品的名单。

2. 越南食用农产品标准

越南农产品标准体系和结构与中国比较接近，包括农产品国家标准、行业标准、企业标准三类标准。由于越南国内经济主要依靠初级及加工农产品，其出口产品主要为农产品。因此，农产品标准在国家标准里占有很大部分。

越南标准质量总局（STAMEQ）是越南国家标准化管理机构，隶属越南科学技术部。STAMEQ 主管越南国内标准化与质量管理工作，直接领导其国内 64 个省市的地方标准、计量和质量管理部门开展各项标准化工作，并代表越南参加相关的国际和区域性组织及其活动。根据法律规定，STAMEQ 的职能是承担国家标准化、计量、产品和货物质量等方面的管理工作。STAMEQ 的职能包括：研究越南关于标准化及与标准化相关的事项的学科；制定越南国家 TCVN 标准、国际性和区域性标准的发展和采用的纲要和计划；组织 TCVN 标准的发展和参与国际标准的发展；建立和监督越南的技术委员会和附设委员会；发行和分发与标准化相关的 TCVN 标准及其他文献；举办标准化领域的报道、宣传、培训和咨询活动，提供与地方标准、企业标准和标准采用及其他活动发展有关的咨询服务；在 STAMEQ 的授权下与区域性和国际性的标准组织及其他国家在标准化领域进行合作。

STAMEQ 有若干个分支机构：越南标准协会（VSI），由若干技术委员会组成，负责起草标准；越南计量协会（VMI）负责保持计量标准（即计量用原器）；培训中心设有标准化、质量管理、试验测量、技术转让、商业行政等课程；中小企业技术支持中心对中小企业提供信息、培训企业家、技术转让和其他服务；质量保证、试验和测试技术中心进行质量评估、鉴定和试验服务。此外，STAMEQ 还有一个情报中心，主要提供标准资料，建立电子数据库，出版书籍。

目前，越南共制定了 6 000 多个 TCVN 国家标准，其中 97% 是推荐性标准，3% 为强制性标准。STAMEQ 目前已经取得 18 个国际性和区域性组织的成员资格，为越南国内企业开展 ISO9000、ISO14000、HACCP、SA8000 等认证活动。

越南是国际食品法典委员会（Codex Alimentarius Commission，CAC）、世界动物卫生组织（英语为 World Organization for Animal Health，法语为 Office International Des Épizooties）、国际植物保护公约（International Plant Protection Convention，IPPC）的成员，因此采纳并实施着国际农产品标准、指南以及操作规范。虽然越南的标准化工作起步较晚，但近年来，随着越南改革开放的不断深入和市场经济的不断发展，越南对食用农产品愈加重视，与多个国家在标准化领域进行活跃的多边及双边合作，目前与美国、欧盟、德国、瑞典、法国、日本及东盟国家在全面质量管理（TQM）、食品加工、标准化等领域开展密切合作，正逐步完善越南本国食用农产品标准体系。

从 2013 年开始，越南重视并制定了农产品的最大农兽药残留限量标准，并重视制定食品中重金属和添加剂的使用规范，在东盟国家中树立了从源头上控制食品安全的范例。越南对食品中的最大农药残留标准做出如下规定：越南在制定食品中农兽药等的最大残留限量标准时参考或采用了国际食品法典委员会等国际组织制定的有关标准和准则。越南的农药残留基本分为五类：第一类为兽药；第二类为有毒菌类；第三类为重金属；第四类为微生物；第五类为农药。越南对这五类按照对象产品设定了最大残留限量。越南在制定这些最大残留限量时基本参照了国际标准（CODEX）。越南卫生部发布（No. 46/2007/QD-BYT）通告，公布了食品中农兽药等的最大残留限量，并于 2013 年做了部分修订（文件号为 No. 24/2013/TT-BYT）。越南兽药残留分为 59 类，按照英语字母序列排列动物的种类，如肉类、脂肪、肝脏、肾脏等，分类制定了 MRL。有毒菌类分为 11 个种类，包括黄曲霉毒素 B1、B1、B2、G1、G2、赭曲霉毒素 A、棒曲霉素、呕吐霉素、玉米烯酮、伏马菌素、黄曲霉毒素 M1。重金属分为8类，包括锑、砷、镉、铅、铬、汞、锡、铜，并制定相应最大残留限量。微生物分为12类，即乳以及乳制品、肉以以及肉制品、鱼以以及鱼制品、蛋以及蛋制品、谷类以以及谷物制品、果类以以及果制品、饮料、调料、婴幼儿饮料、冰以以及冰块、罐头、油脂类，规定了上述食品的微生物名称和相应的最大残留限量。农药分为178类，越南对178类农药的对象产品制定了最大残留标准，ADI值、MRL值，这些值按照农药名称的字母顺序排列。但未经过越南政府令和通知中登记的农药、兽药、有毒菌类、重金属、微生物的残留将被视为违反越南食品安全法。换言之，越南只承认经过政府登记的上述农药、兽药、有毒菌类、重金属、微生物的最大残留限量。若违法，将按照越南法律规定遭到处罚。越南卫生部发布（No. 27/2012/TT-BYT）通知，规定了可以使用的食品添加剂名录和ML值，禁止使用、销售、出口该肯定列表中未登记的食品添加剂。该肯定列表中未登记的新的添加剂的使用和处理需要经过越南卫生部的许可。

（二）食品安全监管机构

1. 监管机构

2007年之前，越南多部门对食品安全进行分段管理，并下设多级机构进行逐级管理。为了避免出现多部门监管造成的食品安全漏洞，2007年越南对食品安全监管部门进行调整，使得越南的食品安全管理体系更加科学完整。越南农业与农村发展部门主要负责对初级农产品的生产环节进行监督；质量检测部门主要负责对食品生产加工领域及卫生的监管；卫生部门主要负责对国家餐饮业和食堂等一类公共食品卫生场所实施监管；食品药品监管部门则负责对国家食品安全监督以及协调和处理食品安全事故；国家渔业质量保证和兽医理事会负责食品安全检验、进出口水生植物和动物的检疫证明；动物卫生局负责进出口陆栖动物的检验检疫；植物保护局负责进出口植物的检验检疫；贸工部负责饮料和糖果的食品卫生检疫证明，科技部负责协调各部委管理越南的标准体系，指导各项国际标准在越南的实施工作。

2. 越南食用安全监管措施

越南的食品安全监管采取的是由本国政府主导、各个监管部门分段监管的模式，没有统一的监管部门。越南农业与农村发展部门主要负责对初级农产品的生产环节进行监管；质量检测部门主要负责对食品的生产加工和卫生领域进行监管；卫生部门则针对国家餐饮业和食堂一类公共食品卫生场所实施监管。这些部门有权采取监管措施，对违反食品法的行为进行处罚。越南制定每年的食品安全抽查方案，在节假日会加大检查力度，对于易污染的食品也会加大检查力度。如越南政府将会对在南部加工厂使用的虾类质量进行严格的控制和检查，杜绝虾群中携带危害健康的污染物存在。隶属于国家卫生部门的食品安全卫生部门将展开大规模的质量检验检查。受检区域将从南部 Ho Chi Minh 市的 Ba RiaVung Tau 开始，到 Mekong Delta 的 Ca Mau 省。所有的虾群将被进行彻底的检查和化学分析，任何超过规定标准的虾都将被处理掉。受污染虾的供应商将被处以 1 000 万~1 500 万越南盾的惩罚。

八、缅甸农食产品法规标准体系及监管体系

（一）法规标准体系

1. 法规体系

缅甸食品安全法律法规还处于逐步完善阶段，主要有 6 部相关的法律法规，分别是公共健康法、国家食品法、农药残留法、植物害虫检疫法、动物发育健康法和进出口法，这 6 部食品安全法律内容基本覆盖农产品从种植到餐桌全过程，确保缅甸食用农产品安全。其中国家食品法为 1997 年制定，是缅甸食品安全的基本法律，制定过程中参考了国际食品法典委员会的相关法案，该法规定了对潜在有危害风险的食品进行有序监督和控制，并系统监控和调节食品生产、进出口、储藏运输和销售等环节。农药残留法于 1990 年制定并实施，对农兽药的使用进行了规范。

2. 标准体系

目前缅甸标准还处于初始阶段，缅甸根据标准化法成立了国家标准委员会，2017 年缅甸首次发布了 50 项国家标准，其中主要的食用农产品标准为稻米、豆类、冰冻海产品等农作物和海产品标准。缅甸主要采用国际食品法典委员会的标准和农药残留标准以及食品添加剂标准，国内自身制定的国家标准较少，国家标准的实施和发展还在摸索阶段。2005 年缅甸科学技术研究部已经成为国际标准组织的通信会员，参与国际标准化组织的部分相关活动。

（二）食品安全监管

缅甸食品安全监管主要由食品安全监管局负责，卫生部、农业灌溉部、畜产渔业部、商务部、税务部和国家健康委员会协调配合。缅甸注重对食品的注册和许可，并依据食品安全相关法律法规对食品进行监督检查和抽检，以便于发现问题、处理问题。为了有利于监督管理进口的食品和药品，缅甸食品药品监督管理局在缅中和缅泰边贸口岸下设食品药品监督管理处，履行对食品口岸检查职责，监督食品安全。同时，为了提高食品安全风险交流效果，缅甸食品安全监管局负责向当地食品制造业者和进出口业者提供食品安全的政策建立，开展卫生合格评定工作。

九、老挝农食产品法规标准体系及监管体系

(一) 法规标准体系

1. 法律法规

老挝食品安全的基本法是食品法，该法于 2004 年制定，并于 2013 年修订。老挝食品法含有 10 个部分：总则，食品安全标准和管理，食品事业、食品从业者和消费者的权利和义务，禁止事项，纷争解决，食品药品管理委员会的职责，食品药品管理委员会的职责，食品的管理和检查，优秀业者的政策和违反政策的处罚，最终规定。该法将食品分为了蛋白质、碳水化合物、维生素和矿泉三大类，将食品划分为高风险、中风险和低风险三类，对食品添加剂和食品风险进行了明确的说明，明确卫生部等食品安全管理部门的职责，管理食品和标准的法律依据，明确消费者和食品从业者的义务和权利，提供正确的食品安全信息，制定解决问题的规则。

2. 标准体系

老挝标准法于 2007 年 12 月 26 日发布，该法规定了标准和技术规则的制定原则及措施，指导了标准制定部门——科学技术部制定或修订标准。老挝标准主要由自愿性标准和技术法规组成。标准由供应商和消费者等相关方按自愿原则施用，法律或技术法规则为强制性标准。老挝标准分为国家标准和地方标准，国家标准由中央技术委员会起草，国家标准审议会负责审议，通过审议的标准由国家科学技术部正式公布。地方标准由地方技术委员会负责起草，由首都或者县级科学技术部门负责审议并适时公布。目前，老挝只发布了 9 项食品国家标准，包括生咖啡豆、焙炒咖啡豆、精米、砂糖、罐装饮料水、罐装西红柿、鱼酱、酱油和食用盐等。其对一般食品标准及检测方法没有定义，对于食品添加剂的使用，以及最大残留限量标准均参照国际食品法典委员会标准执行。

(二) 监管体系

老挝食品安全监管部门主要为卫生部，其下设的食品药品局食品管理部具体承担食品安全监管责任。必要时老挝卫生部将联合农业林业部、商务部和科学技术部等部门进行食品监管。其中农业林业部对部分肉类及畜产品拥有管辖权；商务部参与食品管理，对食品有一定管辖权；科学技术部负责制定食品安全标准。老挝首都、县、郡、市、村的卫生局负责贯彻食品安全政策，制定地方食品安全监管政策，监督食品执行标准。为确保食品安全，老挝卫生部食品药品管理局每月对食品进行检查，并加强对食品质量和进口食品的风险控制，建立了国家食品安全实验室。

十、柬埔寨农产品质量安全标准与主管部门构架

（一）标准体系

2010 年，柬埔寨通过了"基于农场到餐桌的食品安全的实施和制度"法案，目前食品安全监管体系已经初步形成。截至 2019 年年底，柬埔寨国家标准委员会共颁布了 859 项国家标准，内容涵盖了农业、食品、服装、机械制造和建筑等各个行业。其中，国家标准委员会主导制定了 66 项国家标准，其他标准主要参考国际食品法典委员会、国际电工委员会、国际标准组织等制定的相应标准。但是农产品和食品相关标准缺少适合柬埔寨本国国情的标准，有待进一步完善。

（二）监管体系

柬埔寨食品安全管理体系包括食品安全主管部门、食品生产或经营者、消费者三方行为主体。柬埔寨食品安全主管部门是食品生产或经营者和消费者之间的主要纽带，由柬埔寨农林渔业部、工业和手工业部、商务部、卫生部、财政部和旅游部六个部门联合管理，各部门在管理范围和主要管理职责上各有侧重点。柬埔寨农林渔业部是食品安全主管部门中的主要负责部门，在食品安全管理体系中具有重要地位。农林渔业部主要负责：制定食品原料生产和初级加工过程中食品安全的政策和法律框架；制定并实施监管和发展战略规划，促进食品安全相关规划的实施；制定实施危机管理和应急响应预案，协助解决食品安全应急事件；建立种植业、渔业、养殖业食品原料及其初级加工品的质量安全检验标准，负责产品质量安全检验，签发产品出口许可证书。工业与手工部则负责所有从事食品深加工相关的食品安全管理工作，主要负责制定有关食品安全和食品标准的政策和法律框架并监督食品标准和法规的执行情况；制订和实施促进食品安全生产规范计划；对食品加工厂使用的非食品原料及其加工品的原料安全进行监督和检验，并签发产品出口许可证；制定和实施食品安全危机管理和应急响应预案。柬埔寨商务部负责加工环节中农产品初加工和深加工以及经营环节中内销食品的安全相关问题的监管。卫生部则负责加工环节中农产品、初加工、深加工和餐饮，经营环节中出口农产品和初加工食品、内销食品、餐厅和食堂的食品安全相关问题监管。柬埔寨财政部下设的海关总署，是负责在国际检查站监管食品安全问题的主要机构，负责经营环节中出口农产品和初加工食品、其他进出口深加工食品和进口食品原料的食品安全相关问题监管。柬埔寨旅游部负责签发与旅游业相关的餐厅和食堂的注册经营许可证，制定与旅游业相关的餐厅和食堂的标准和规范，并对与消费者食品安全相关问题

进行协调、监督和检查。

束埔寨食品安全管理部门在监管上有交叉的环节，因此建立顺畅的运行机制有助于保障国家食品安全。在制定规范、标准、法规或者规划时，主责部门作为牵头单位制定初稿，联合其他相关部门进行审阅、沟通和修订，单独发布或者共同制定初稿，建立跨部级的标准、规范等。食品安全问题出现时，主责部门作为牵头单位迅速建立6个部门相关单位组成的应急响应组，迅速分析原因，建立应急解决方案，并分头实施。

中国—东盟农产品质量安全国际合作的对策和建议

一、在国家层面构建中泰农产品质量安全合作机制

在"一带一路"倡议下国家间农业合作类型多样，机制越来越完善。加快建立中国—东盟农产品质量安全管理体系机制，优化中国—东盟农产品质量安全机制建设的顶层设计（包括农产品质量安全检测技术、信息溯源、风险评估平台），不仅可以提高信息交流速度，及时把握中国—东盟农产品质量最新发展动态，协调中国—东盟农产品质量安全国际纠纷，减少贸易摩擦，同时可加强宣传和培训，促进农产品质量安全控制相关科学技术交流，提高中国—东盟农产品质量安全保障技术水平。此外中国与东盟国家中高收入国家、较富裕国家和中低等收入国家进行差异化合作，针对不同国家发展水平和发展需求构建不同机制，优先与发展较好的东盟国家建立合作机制，以老带新，最终形成东盟区域的农产品质量安全合作大联盟，促进东盟区域内农业可持续发展，互惠互利，共同繁荣。

二、加强中国—东盟标准互认和农产品认证

随着"一带一路"倡议的深入实施，标准化在便利经贸往来、支撑产业发展方面的作用日益凸显。建议一是与东盟各国建立标准互认机制，包括产地环境标准认证和农产品安全管理体系标准认证，优先对技术指标基本一致的标准或者共同使用的国际标准进行互认，针对其他标准则开展一致性、可行性研究，促进中国—东盟共同提升农产品质量安全标准水平；二是积极推进中国与东盟成员国检测认证机构互认，积极参与国际实验室能力验证比对试验，对农产品质量安全结果双边互认，节省检验检测成本，为东盟成员国农产品顺利进入双方市场创造条件；三是扩大中国—东盟农产品质量统一认证范围，尤其是

自愿性产品认证、有机产品认证、良好农业规范认证以及其他国家的先进体系认证等，促进中国与东盟农产品贸易的发展。

三、加强中泰农产品质量安全科技创新基础和应用研究，培育国际化专家和顶尖团队

农产品质量安全科技创新能力的提升离不开科学研究，东盟与中国在自然气候、生物资源、农业生产状况以及人文风情习俗等方面具有相似性，在农业科研方面具有共性和互补性，在科学技术、经验和成果等方面具有很强的可移植性和适应性，具备开展合作的区位优势和地缘优势。可以建立中国—东盟食品及农产品质量安全研究领域大同行科学专家联席会，中国—东盟专家可以共同评议和商讨中泰食品及农产品质量安全研究的优先领域，并与已有良好科研基础和国际合作背景的高校、科研机构建立农产品质量安全联合实验室，积极开展农产品质量安全相关领域的基础科技创新研究。共同加强在检测新技术、新方法新材料，农产品产地溯源以及农产品真伪鉴别技术，物流运输冷藏保鲜技术等农产品质量安全高新技术合作与交流，促进两国农产品质量安全学科建设，解决中国—东盟目前存在的影响农产品质量安全的共性科研难题。

在加强基础研究的基础上，鼓励技术研究成果在合作基地孵化落地。合作的方式应多样化：除了鼓励中方农业企业投资东盟成员国之外，也可以引进资金，鼓励东盟农业企业到中国投资建立种植园、加工包装工厂等，便于东盟部分先进农产品种植技术、标准及时落地，提高信息交流分享速度。以农产品质量安全的视角，在产地环境修复改良技术，加强农产品种植过程中农药的使用和管理，农业良好规范的建立，质量安全关键控制点设立，农产品包装贮运等方面进行技术推广和合作。统筹国际、国内两个市场、两种资源，推动中国—东盟农业生产管理技术和标准协调一致，改善农业国际贸易发展环境，共同促进中国—东盟农产品质量安全交流走向常态化，并逐步形成跨区域、跨学科的农产品质量安全科研创新队伍，丰富解决农产品质量安全的技术和手段，培育国际化专家和顶尖团队。

四、加快建设电商直销农产品质量认证平台，完成"三个统一"建设

在"一带一路"互联互通政策的持续推进下，跨境电商贸易逐渐成为中国—东盟农产品贸易新型合作模式，直播电商平台提供了更多特色产品交流机会，为双方经贸合作拓展更大空间。跨境电商贸易中的农产品质量安全监管也变得尤为迫切和重要，因此应该搭建直销农产品质量快速认证平台以直接销售

农产品，加速推动建设"三个统一"：一是做到质量统一，严格检测农药残留，产品分拣分级；二是做到物流统一，加快海陆空航线和冷链建设，并以冷链运输和航空运输服务建设为主；三是做到包装统一，专门设计、制作产品标识和包装箱，在促进中国—东盟双边贸易发展的同时保护区域内农产品质量安全。

第三章 马来西亚农业研究报告

马来西亚位于东南亚中心，地处马六甲海峡要道，是海上丝绸之路的重要节点。马来西亚国土面积约为 3 300 万公顷，分为东、西两部分，东马位于加里曼丹岛北部，与印尼、菲律宾、文莱相邻，西马位于马来半岛南部，北与泰国接壤，南隔柔佛海峡与新加坡相望，东临南中国海，西濒马六甲海峡。全国分为 13 个州和 3 个联邦直辖区，2020 年人口约为 3 236 万人。

马来西亚农业以经济作物为主，经过几十年的发展，农业生产已由以橡胶为主的单一农业结构转变为以棕榈、橡胶为支柱，热带水果、大米、可可等为辅助的多元农业结构。主要经济作物有棕榈、橡胶、热带水果等。2020 年农业总产值为 276.27 亿美元（现价），占国民生产总值的 8.206%；2019 年有 10.28%的就业人员从事农业及其相关产业。

一、马来西亚农业发展现状

长期以来，农业一直是马来西亚经济增长的主要推动力量。20 世纪 80 年代随着马来西亚经济发展水平不断提高，逐步向以制造业为主的工业化转型，农业发展速度开始放缓。1980—1990 年，马来西亚年均经济增长率为 6.4%，而农业增长率只有 3.6%，是增长最慢的领域。20 世纪 90 年代的前 5 年，马来西亚经济年均增长率为 8%，但农业几乎零增长。此后，马来西亚持续不断提高对农业的投入力度，农业发展态势才逐步趋于好转。进入 21 世纪后，马来西亚的农业增长率呈波浪起伏状，在 2009 年跌入历史最低点（-10.276%），而到 2011 年再次反弹达到历史最高增长率（14.396%），此后增长率逐渐回落，2020 年农业增长率为-2.184%。

（一）资源情况

1. 自然资源

马来西亚地处热带，属热带雨林气候。内陆山区年均气温为 22~28 摄氏度，沿海平原平均气温为 25~30 摄氏度，年降水量为 2 000~2 500 毫米，每年

10月至次年3月为雨季，4月至9月为旱季。

岛内地形以山地丘陵为主，森林覆盖率达75%以上，森林资源丰富。鲜明的热带气候和热带雨林等特征因素使得马来西亚农业更加倚重于热带经济作物的生产，而粮食作物的发展受到制约。棕榈油与橡胶是其主要优势产品，产量和出口量均居世界前列。

马来西亚耕地面积约为95.4万公顷，农业生产区域明显。居民以大米为主食，但受限于土地规模等因素，主要粮食作物水稻的自给率为70%左右，玉米等饲料粮产量更低，在一定程度上依赖进口。

2. 基础设施

马来西亚地处马六甲海峡要道，地理位置得天独厚，国内交通基础设施建设比较完善，电信、互联网、邮政和物流在全国范围内均得到普及。

马来西亚的交通运输体系以水运为主，95%的货物通过水运完成。目前，马来西亚拥有包括巴生港、关丹港在内的七大国际贸易港口，其中巴生港为马来西亚最大的港口，是远东至欧洲贸易航线的主要停靠港之一。2018年其海运量达5.7亿吨，2019年处理了1358万标箱货物，全球排名第12位，是东南亚集装箱的重要转运中心，在中国所推进的"21世纪海上丝绸之路"中占有重要地位。同时，马来西亚是东南亚重要的空中枢纽之一，共有8个国际机场，2018年空运旅客1.02亿人次，货物96.6万吨。陆运方面，马来西亚拥有贯穿各大城市、港口和生产区的高速公路网和年货运量600万吨以上的铁路线路。

3. 人文资源

马来西亚是海外华人最多的国家之一。1981年马来西亚华人有441.45万人，2012年已经达到640万人，2018年华人达742万人。华人大多居住在马来西亚经济发达的城市地区。

华人一直是马来西亚的第二大族群。依托经济优势，华人在马来西亚社会经济中扮演着重要角色。基于中国"一带一路"倡议的推进，马来西亚华人在中马深度合作、共谋发展过程中将成为中马合作伙伴关系建设的桥梁和纽带，发挥重要的作用。

（二）发展现状

20世纪后期，受到政策和经济危机等外部因素的影响，马来西亚的农业发展比较缓慢。进入21世纪后，政府通过一系列振兴计划，使得农业秩序恢复稳定。目前，马来西亚农业发展已进入逐渐上升的通道。

1. 种植业

种植业是马来西亚农业的基础和核心，包括以谷类为主的粮食作物，以棕桐为主的油料作物，以橡胶、热带水果和蔬菜等为主的热带经济作物。棕榈油和橡胶是马来西亚两大最主要农产品。

马来西亚是世界上第二大棕榈油及相关制品生产国，出口量约占全球总量的50%，但占比呈逐年下降趋势。马来西亚棕榈油委员会发布的数据显示，2019年棕榈油储量为252万吨，产量为1 985.5万吨，马来西亚棕榈油产量和出口量都仅次于印尼，为世界第二大生产国和出口国。中国是马来西亚棕榈油出口的最大目的地，其他主要出口市场还包括印度、欧盟、中东、巴基斯坦、美国和日本等。

马来西亚是全球第三大天然橡胶生产国和出口国，第一大橡胶手套、橡胶导管及乳胶线出口国，及第五大橡胶消费国。马来西亚橡胶委员会发布的数据显示，2019年，马来西亚橡胶储量为24.5万吨，产量为80.15万吨。当前，马来西亚橡胶主要出口中国、美国、巴西、韩国等国家和欧盟、中东地区。

从产量上看，2010年到2019年，以水稻为主的谷物产量稳步增加（除2014年谷物产量有一定程度下滑），从251.24万吨增加到296.60万吨，同比增长9.52%；以棕榈为主的油料作物产量小幅波动增长，从8 381.17万吨增加到9 980.78万吨，同比增加0.69%；水果和糖料作物产量略有减少；根茎类作物和蔬菜产量增长幅度较大，根茎类作物产量从6.31万吨增加到10.12万吨，同比增长1.24%，蔬菜产量从84.8万吨增加到128.62万吨，同比增加2.14%，如图3-1所示。

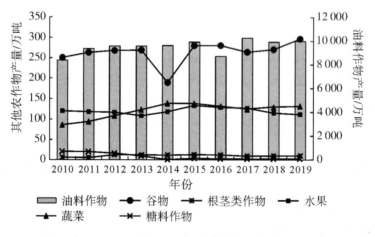

图3-1　2010—2019年马来西亚种植业的农作物产量情况

（数据来源：联合国粮食及农业组织数据库，2021年）

从收获面积上看（见图3-2），2010—2019年，水果的收获面积先增后减，从9.22万公顷增加到11.29万公顷再减少到8.34万公顷；其他农作物，除了蔬菜的收获面积小幅增加外，收获面积都保持相对稳定，2019 年各类农作物收获面积分别是谷物 69.09 万公顷、油料作物 545.12 万公顷、根茎类作物 0.61 万公顷、糖料作物 0.12 万公顷、蔬菜 5.82 万公顷。

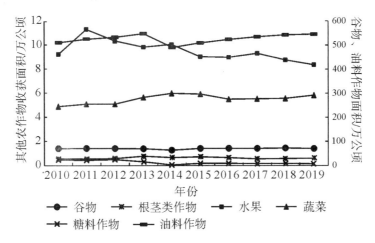

图 3-2　2010—2019 年马来西亚种植业的农作物收获面积

（数据来源：联合国粮食及农业组织数据库，2021 年）

2. 畜牧业

2000 年以来，马来西亚的畜牧业发展整体上处于上升趋势。禽蛋类和肉类产量均实现了连续较快增长。2010—2019 年，禽蛋类增长最快，产量从 60.09 万吨增至 84.87 万吨，增长 41.23%；肉类次之，产量从 154.67 万吨增至 199.19 万吨，增幅 28.79%；奶类产量略有减少，产量从 7.62 万吨减少至 4.83 万吨，减少 36.62%（见表 3-1）。

表 3-1　2010—2019 年马来西亚畜牧业的主要产品产量　单位：万吨

年度	肉类	禽蛋类	奶类
2010	154.67	60.09	7.62
2011	157.45	63.70	8.04
2012	164.91	65.98	8.13
2013	173.21	69.86	8.30
2014	184.80	74.30	8.36
2015	191.11	79.50	8.43
2016	200.35	83.64	4.50

表3-1（续）

年度	肉类	禽蛋类	奶类
2017	193.40	86.09	4.46
2018	192.91	82.04	4.62
2019	199.19	84.87	4.83

数据来源：联合国粮食及农业组织数据库，2021年。

3. 渔业

作为岛国，马来西亚拥有优越的自然条件和丰富的渔业资源，尤其是海洋渔业一直是其农业产业的重要组成部分，海产品深加工业也是马来西亚的优势产业之一。虽然马来西亚海洋渔业资源丰富，但是开发能力不足。2007年马来西亚有600余艘深海捕捞船只在内海海域开展渔业生产，而远洋深海作业船只却不足100艘。

马来西亚国家统计局公报数据显示，2019年马来西亚渔业总产量为187.73万吨，比2018年同比增加1.2%。其中海洋捕捞145.95万吨，同比减少0.2%；内陆水域捕捞5 569吨，同比减少9.3%；水产养殖41.22万吨，同比增加5.18%。

4. 农产品贸易

马来西亚特殊的地理、气候因素使得其农业发展受到诸多限制。因此，政府长期采取出口导向型经济政策，出口附加值较高的经济作物和制品，而粮食、饲料作物等农产品则在一定程度上依赖进口。农产品进出口贸易对马来西亚来说非常重要。

在政府不断出台鼓励农产品进出口政策等利好因素影响下，马来西亚在农产品国际贸易中一直保持较大的贸易顺差。联合国粮食与农业组织数据库统计显示，2010—2019年的10年间，马来西亚农产品进出口贸易总额整体呈先增后减，但总体保持增长的趋势。其中，进口额从2010年的141.65亿美元增至2014年的177.08亿美元，再下降至2015年的153.57亿美元，2019年进口额再次增加至164.67亿美元，同比减少3.14%；出口额在2010年为259.13亿美元，在2011年达到峰值357.09亿美元，此后出口额持续下跌，到2019年为217.54亿美元，同比减少3.17%，如图3-3所示。

值得注意的是，从2011年以后的进出口贸易走势来看，2011—2019年出口额都出现明显的下降趋势，这是中国与马来西亚进行农业合作所必须考虑的影响因素。

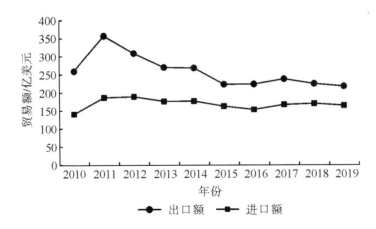

图 3-3   2010—2019 年马来西亚农产品进出口贸易走势

（数据来源：联合国粮食及农业组织数据库，2021 年）

（三）市场及管理体系

马来西亚的农产品市场运行机制以市场化为主、政府宏观调控为辅。农产品生产、销售等均依赖于市场自身交易机制。

马来西亚独立初期，农业管理体制曾经历过一系列的变化，目前农业在马来西亚的主要主管部门是农业与农基产业部、自然资源与环境部以及种植业与原产品部。

（四）发展前景

一直以来，马来西亚都是中国在东南亚的重要国际贸易合作伙伴之一，双方在三大产业的各个领域都有着深入的交流合作。农业是两国国民经济基础产业，深化两国农业产业各领域的交流合作，可以促进两国农业共赢发展局面的形成。

从农业生产角度来看，种植业生产情况走势显示马来西亚粮食作物种植面积减少，必须依靠科技手段提高生产效率，维持产量稳定增加，但在今后一个时期内粮食供给仍会一定程度上依赖进口。

对比油料作物和橡胶两大优势农作物的不同走势，可以看出以棕榈为主的油料作物发展趋势更加良好，未来可能会保持产量的增加势头，而未来橡胶则可能持续下降。

从国际贸易角度来看，马来西亚农业近两三年的出口贸易额出现较大幅度下降，考虑到马来西亚以外向型经济为发展基础，假设马来西亚政府在未来采取相应措施来应对下降压力，继续扩大本国农产品进出口规模，马来西亚未来农产品国际贸易额增加还是有空间的。

二、中国与马来西亚农业合作现状

中马两国于 1974 年建交，起初两国官方和民间的交流并不多。直到 1990 年马来西亚取消公民访华限制后，两国交往逐渐活跃。目前，马来西亚是中国在东盟十国中最大的贸易伙伴，两国在农业各领域中密切合作，取得了一系列重大成就，未来发展潜力巨大，但同时也存在一些潜在风险。

（一）合作现状

多年来，中马双方贸易不断发展。2013 年，中马双边贸易额首次突破1 000亿美元大关，创下历史新高的 1 060.8 亿美元。据中国海关统计，2019 年，中马双边贸易额达 1 240 亿美元，同比增长 14.2%，中国对马来西亚出口额为 521.3亿美元，同比增长 14.9%，自马来西亚进口额为 718.3 亿美元，同比增长 13.6%。马来西亚也成为继日本、韩国外第三个与中国贸易额超过 1 000 亿美元的亚洲国家。中国为马来西亚最大贸易伙伴国、第一大进口来源地及第一大出口目的地。

1. 农产品贸易

一直以来，中马两国之间的农产品贸易往来非常密切，总体来说，中国农产品自马来西亚的进口额大于对其出口额，处于农产品贸易逆差状态。

2010—2019 年，中国对马来西亚的农产品出口额稳定上升，进口额呈现波动上升的趋势，贸易逆差逐步减少。2010—2019 年出口额从 16.78 亿美元增至 30.19 亿美元；进口额从 45.60 亿美元减少至 30.55 亿美元（见图 3-4）。

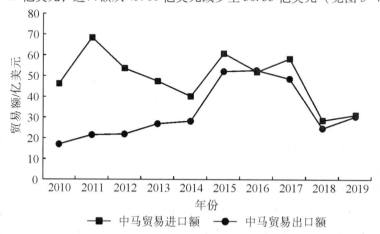

图 3-4　2011—2019 年中国—马来西亚农产品进出口贸易走势

（数据来源：联合国商品贸易统计数据库，2021 年）

中国是马来西亚最重要的农产品进出口贸易伙伴之一。马来西亚是中国苹果、玉米、大蒜等作物的最大进口国。2017 年马来西亚对中国农产品出口额位列所有国家中的第一位，自中国农产品进口额位列所有国家的第二位，马来西亚在农产品贸易中对中国的依赖程度较高。

从中马农产品贸易的品种来看，中国出口马来西亚的前 10 类农产品占农产品出口额的 87.93%，其中蔬菜占 29.15%、水果占 12%，蔬果等食品制剂占 11.08%。中国从马来西亚进口的前 10 类农产品占总进口量的 80.43%，其中动植物油脂所占的比重为 61.07%。

2010 年之前，中国对马来西亚出口的农产品主要以谷物为主；2010 年之后，谷物不再是主要的出口农产品，转而以蔬菜、水果、水产品和肉类为主。其中蔬菜占比从 2010 年的 31.00% 降至 2019 年的 25.64%；水产品则从 13.37% 降至 8.50%；水果、动物制品所占比重分别从 13.06%、5.74% 提升至 10.56%、9.75%。中国从马来西亚进口的农产品依然以油脂为主，所占比重从 67.66% 降至 49.12%，可可和可可制剂、水产品比重分别从 1.73%、0.96% 提升至 4.14%、7.63%。

2. 合作协议

中马两国依托于政府、社会和国际贸易组织进行合作，1988 年双方成立双边经贸联委会，2002 年 4 月成立双边商业理事会。中国与马来西亚建交以来，两国政府相继签订了农业合作协定、避免双重征税协定、双边投资保证协定、贸易协定、海运协定和民用航空协定等 10 余项经贸合作协定。中国与东盟签署了《中国与东盟农业合作谅解备忘录》《中国与东盟全面经济合作框架协议》等合作协议，确定 2010 年建成中国—东盟自由贸易区，至 2007 年 1 月，中国与东盟六国（含马来西亚）60% 的商品关税降至 5% 以下，2010 年自由贸易区建成时除特殊商品外进出口商品基本实现零关税。

2002 年 4 月，中国国际贸易促进委员会与马来西亚亚洲战略及领导精神研究院共同签署成立了中马联合商务理事会。双方已定期分别在中国和马来西亚召开联席会议，迄今为止已成功举办 15 次，在促进中马工商界沟通与合作方面发挥了重要的桥梁作用。2009 年 2 月，中国人民银行与马来西亚国家银行签署了 800 亿人民币兑 400 亿林吉特的双边货币互换协议，这是中国与东盟国家间第一个本币互换协议。2012 年，中国与马来西亚政府共同签署《农业产品营销与推广谅解备忘录》，就今后一段时期中马蔬菜、水果等农产品的进出口贸易达成共识，此后两国各自组织成立专门工作小组，积极推进两国市场信息共享，建立农业展示窗口，创造商业机会，为农业合作往来提供平台。

2013 年 10 月，中马签署《中马经贸合作五年规划》，为两国未来扩大与深化经贸合作奠定基础。该规划提出重点发展双边在农业、制造业、产业园合作、基础设施、能源和矿产资源、信息和通信、旅游、工程服务、清真产业、中小型企业以及物流和零售的合作，设下 2017 年达 1 600 亿美元的贸易目标。在 2017 年 5 月第一届"一带一路"国际合作高峰论坛期间，中国政府与马来西亚签署政府间《中马"一带一路"合作谅解备忘录》《"一带一路"融资指导原则》《中马交通基础设施合作备忘录》《关于加强标准合作，助推"一带一路"建设联合倡议》《中马水资源领域谅解备忘录》和《关于马来西亚菠萝输华植物检疫要求的议定书》。2018 年 8 月，中马双方签署了《中华人民共和国海关总署与马来西亚农业与农基产业部关于马来西亚冷冻榴莲输华检验检疫要求的议定书》，并续签《中国人民银行与马来西亚国家银行双边本币互换协议》。

3. 重要合作项目

2010 年后，中国—东盟自由贸易区成为两国农业合作最大依托平台。依托这一平台，两国开展了多种农业合作项目，农业经贸往来有了突飞猛进的发展。

（1）"两国双园"国际园区合作项目

2012 年，中马两国开始两国双园（Two Countries Twin Parks）的建设，分别设立了政府层面的"中马钦州产业园"和"马中关丹产业园"。钦州合作园区为中马两国投资合作旗舰项目，位于广西钦州市。园区以着力打造"一带一路"智慧走廊为出发点，在农业产业方面针对食品加工、农业生物科技和海洋科技等领域进行合作。其中，食品加工主要包括燕窝加工、海产品深加工、特色农产品加工、食品添加剂、渔业饲料与用药以及清真食品加工等方面。关丹产业园位于彭亨州首府、马来西亚重要港口城市关丹。产业园与农业相关的领域有棕榈油加工、橡胶、清真食品加工等传统优势加工业项目和农业信息化等战略性新兴产业。此外，中马两国还在物流和农业科研开发等领域展开合作。关丹产业园有着进出口、市场准入等方面的政策优惠和 100% 所得税减免等税收优惠，是中马两国合作的另一重大项目。2015 年 11 月，在李克强总理访问马来西亚期间，两国发表联合声明，双方同意继续推动"两国双园"协调发展，进一步提升两国农业合作水平。同期，召开第五次农业联合工作组会议，加强两国棕榈油贸易合作，签署《马来西亚输华棕榈油质量安全的谅解备忘录》。目前，中马依托"两国双园"国际园区合作新模式，园区建设稳步推进，双向投资日趋活跃，实现同步协调发展。

（2）中国—马来西亚清真食品国家联合实验室

2015年4月，中马合作的中国—马来西亚清真食品国家联合实验室正式落户甘肃。清真食品加工是马来西亚传统优势加工业项目，甘肃省充分发挥自身优势，在清真食品检测技术、加工技术、生物材料技术研究以及建立认证标准体系等方面，与马来西亚开展长期合作。2019年马来西亚在中国落地了第一个农业科技合作项目——中马农业科技示范基地。该示范基地的建成，是实施"一带一路"倡议结出的中马友谊合作硕果。该项目既能促进中马双方在农业高科技领域的深度合作，又能解决土壤种植产生的一系列问题，提高当地农民种植技术水平，带动当地经济发展。

（3）金融合作

在东亚金融合作的整体框架下，中马两国在金融合作领域积极探索新的合作模式，深化金融联系，两国金融合作走在中国同东盟国家合作的前列。2000年，中国银行和马来亚银行分别在吉隆坡和上海互设分行，中国银行已在麻坡、槟城、巴生、柔佛巴鲁和蒲种开设5家分行。

（二）农业合作存在的问题与风险

从农业合作的现状来看，两国合作虽已进入快速稳定发展的通道中，但也存在政治、法律、贸易壁垒等诸多方面的问题与风险。

1. 法律因素

马来西亚曾是英国殖民地，其法律体系深受英国影响，信奉"普通法系"（也叫"海洋法系"）。这种体系与中国大陆奉行的"大陆体系"之间有很大差别，例如在签订贸易合同和撤销合同时两国法律口径并不一致，在撤销合同时马来西亚法律认为随时可撤销，但中国法律则规定需要满足对方知情等一系列撤销条件方可撤销，双方容易因此造成不必要的争端。

另外，马来西亚政府在一定程度上对目前中国采取的政策扶持以国有企业为主向国外进行投资的做法持有偏见，从而采取针对国有企业制定的专门审查法律制度，这也在一定程度上增加了两国正常贸易往来的不确定性。

2. 贸易壁垒因素

虽然自2010年中国—东盟自由贸易区正式建成后，大多数出口马来西亚的农产品原则上适用零关税，但非关税的软性条款和技术性壁垒还是普遍存在的。例如马来西亚存在针对国外加工食品采取技术性贸易壁垒，国外进口谷物、罐头制品等七个大类的加工食品须强制加贴营养标签。

因为马来西亚政府部门制定技术性壁垒只是针对本国而非国际通用标准，所以在国际贸易时会因沟通不畅等原因产生不便甚至引起争端。此外，马来西亚还在卫生与植物卫生、服务贸易和劳务签证等方面设置多个壁垒，以上这些都在一定程度上阻碍了两国农业合作的推进。

3. 企业经营因素

中国企业在马来西亚投资的一个不容忽视的问题便是如何在马来西亚进行经营管理。马来西亚的许多大型基建和投资工程运作模式与国内不同，往往会给企业融资、信贷等活动带来风险。

再者，目前马来西亚并未真正对中国开放普通劳务市场，这使得中国籍工人在一定程度上受到限制，许多对外投资企业不得不选择雇用相当数量的当地工人，虽然马来西亚劳动成本比国内的劳动成本要低一些，但过多雇用他国劳动力难免会影响企业运行效率。

（三）农业合作前景

虽然两国合作存在潜在的民族、政治、法律等风险因素，但由于中马两国都以进出口贸易为经济发展主要支柱之一，两国政府均鼓励外资进出本国。马来西亚的优势包括政治稳定、语言优势、地理位置优越以及和中国友好关系等，加之马来西亚投资环境、投资政策的有利条件、中马农业资源互补性和中国农产品在马竞争优势明显等因素，两国农业合作潜力较大。

1. 投资环境较好

投资环境是中国企业考虑赴马投资和进行贸易活动的重要因素。马来西亚位于东南亚核心地带，地理位置优越，可成为进入东盟市场和前往中东、澳新地区的桥梁；经济基础稳固，经济增长前景较好；原材料资源丰富；人力资源素质较高，工资成本较低；民族关系融洽，政治动荡风险低。马来西亚在全球竞争力方面也非常具有优势，世界经济论坛《2019 年全球竞争力报告》显示，马来西亚在全球最具竞争力的 141 个国家和地区中，排第 27 位；世界银行《2020 年全球营商环境报告》显示，马来西亚营商环境在全球 190 个经济体中排名第 12 位，在东盟地区仅次于新加坡。经济学人智库发表的"全球宜居城市排名"，马来西亚的吉隆坡在全球 231 个城市中排名第 85 位，这说明了马来西亚在经商便利，尤其在优化投资环境和政策透明化方面具有一定优势。

另外，政府还通过"大吉隆坡计划"等方针，积极发展大型基础设施建设和民生工程，意在改善投资环境，鼓励外商投资。这与目前中国所大力提倡的通过"一带一路"建设加强区域间经贸往来，实现共同繁荣的政策取向存在一致性，有利于两国进行深入合作。

2. 农业是马来西亚发展的重要行业

近年来，受农业产值在国民经济总产值中的比重持续大幅度下滑、粮食安全问题日益突出等因素影响，马来西亚政府为提振本国农业产业，采取了许多措施，并将农业列为重点发展行业。

马来西亚自 2010 年已开始实行经济转型计划，重点发展高科技、知识和资金密集型产业，这个计划下的 13 个经济关键领域包括石油、天然气、金融、电子、商业服务、农业、通信、旅游、橡胶、教育、生物医药、医疗保健以及大吉隆坡计划。马来西亚政府已为这些受鼓励的行业制定长达 10 年免缴所得税、原材料及零件进口税减免等优惠政策。马来西亚自 2011 年起实施第 10 个 5 年计划，并且提出"五大经济走廊"建设规划。在"五大经济走廊"中，有"四大经济走廊"都有农业项目和农业服务政策出台。目前，马来西亚政府"国家关键性经济项目"中，要着力发展 51 个领域，欢迎中国企业在这些领域进行投资，包括健康领域、通信技术、电子、绿色能源和农业等。2015 年，马来西亚政府公布了第 11 个马来西亚计划（Eleventh Malaysian Plan, 2016—2020 年），主题是"以人为本的成长"，通过提高生产力、创新领域、扩大中产阶级人口、发展技能教育培训、发展绿色科技、投资有竞争力的城市六大策略出发，增加国民收入，提升人民生活水平和培养具备先进思维的国民。2018 年，马来西亚政府对第 11 个马来西亚计划进行中期审议，提出新的经济发展蓝图，提出包括"包容发展、惠及全民""平衡区域发展""改革行政、提高效率""发展高价值产业链""强化人力资本""发展高价值产业链"和"环保永续发展"等发展规划。

3. 农业合作优惠政策多

为扩大农业投资，马来西亚政府在农业方面专门制定了"促进行动及产品列表"，出台了一些投资鼓励措施，政府一般采取直接或间接减税的方式体现其政策优惠，以鼓励外商投资农业。主要优惠政策有：

投资农业可获得新兴工业地位和投资税赋抵减的优惠，包括土地开垦、农作物种植、农用道路开辟、农用建筑建造等方面的支出费用。马来西亚政府还规定，在大型综合农业投资项目中，农产品加工或制造过程产生的资本支出，可以享受 5 年单独的投资税赋抵减。

政府鼓励外资进入并制定出口导向型发展政策。外资在农业生产、农产品加工、橡胶、木浆制品、食品加工、生物能源科技、冷链物流等领域都可享受政策优惠，在马来西亚投资的国外企业首先享有最惠国待遇。

投资于粮食生产公司的企业，可享受与投资额相等的扣税额或 10 年内农业投资收入 100% 的免税，而且免税期间的亏损可转至免税期后。由免税收入产生的股息，被视为股东的免税收入。种植至少 10% 的橡胶树的非橡胶种植公司可以享受加速农业税赋抵减，投入的资本支出可以从 2 年减至 1 年内注销。

在马来西亚投资农业项目的企业，其固定资产投入的 60%，可于 5 年内抵消其应缴纳所得税的 70%；在马来西亚从事农业领域再投资的企业，其用于土地开垦和改良、修改排灌、改造道路和桥梁的投入的 60%，可在 15 年内抵消其应缴纳所得税的 70%。

在马来西亚从事清真食品加工业的公司，在取得加工认证后，自符合规定的第一笔资本支出之日起 5 年内所发生符合规定资本支出的 100% 享受投资税赋抵减。

4. 中马两国资源禀赋互补优势明显

资源禀赋优势互补是两国推动合作、互利共赢的最主要因素之一，中马两国在这方面的互补优势明显，客观上推动了两国经贸往来的发展。

马来西亚地处热带，热带作物如橡胶、棕榈、热带水果等资源丰富，同时国土、气候等因素又对马来西亚的粮食作物尤其是饲料粮的生产带来负面影响；而中国地处温带、热带、亚热带，是传统农业大国，粮食、蔬菜等产量世界居首，但热带作物的生产能力和生产空间均受到限制，两国产业结构的差异性产生良好互补，加之两国目前都大力推行农产品市场信息化等新兴战略，为两国农业合作创造了优良条件。

中马两国相距较近，海运、空运便利，出口产品的运费低、运输时间短，有利于鲜活农产品储运成本控制，这进一步巩固了两国农产品在此领域的优势地位，如马来西亚的榴莲、中国的富士苹果等在对方市场深受欢迎。随着马来西亚经济不断发展，人民生活不断改善，民众对农产品数量和质量的需求也会不断增加。届时，中国农产品将会凭借自身竞争优势而占据巨大的市场空间。

三、中国与马来西亚农业合作思路

当前，在"一带一路"区域合作布局逐步形成的大背景下，中马两国农业合作虽然面临一些风险和挑战，但加强农业领域的合作有利于实现两国经济共赢。因此，在今后一个时期，两国在巩固原有传统优势产业合作的同时，还要逐步开辟新路径，形成传统农业和新兴战略产业合作共同发展的新局面。中马两国的农业合作需要以两国人民利益和农业经济共同发展为目标，在原有合作定位的基础上，谋求新的更高层次、更深入的合作。

（一）合作定位

马来西亚一直以来都是中国在东盟地区最重要的经贸合作伙伴之一，两国农业合作潜力巨大。从两国政府现阶段和今后积极推行的农业和国民经济发展战略方向的角度出发，中国与马来西亚两国农业合作应以双方互惠互利、取长补短为基础，在深化传统优势领域合作，逐步倾向于开拓农业第二、三产业的加工制造和科研开发、技术推广服务领域的交流合作，并着眼于农业科技研发、农作物技术推广和拓宽农产品贸易等具体方面开展工作。

（二）合作目标

在全球化高度发展的今天，国家间不断拓宽农业合作领域，将会对两国农业产业均有裨益。中马双方农业合作的最终目的是充分发挥两国资源、技术、资金优势，取长补短，增强食物安全、经济发展、人民富裕的发展能力，进一步巩固和深化两国战略合作伙伴关系，并通过合作促进两国农业产业在合作领域中的共同发展，提升双方在区域内农产品贸易的话语权。

（三）合作思路

中马农业合作要取长补短、互利互惠，形成双方农业合作长效机制，规范合作行为、避免风险和争议。在长期合作中，中马须探索一套适于两国国情和利益的长效合作机制，提高合作效率、降低交易成本。

（四）合作平台

稳定而有效的国际间合作平台便成为两国贸易往来正常化的重要保障。中马农业合作要充分借助中国—东盟自由贸易区和"一带一路"倡议等跨区域多边合作平台，以及中马两国间现有的"两国双园"等双边产业园合作平台。由中国所倡导的"一带一路"区域布局的形成，将会成为促进双方合作的又一新型战略平台。

通过重点开展食品加工、农业科技研发、农业技术推广等领域的通力合作，合理规划战略布局，在每个领域找到突破口，采取政府牵头、企业管理、市场运作的方式，并通过项目辐射带动各个领域其他项目集群式发展，最终达到两国农业产业共同发展的目的。

四、中国与马来西亚农业合作重点

（一）重点合作领域

双方农业合作领域既要符合现阶段中马两国农业政策发展动态，又要满足两国农业及农民切身利益。据此，中马两国在农业交流合作工作的重点包括清真食品加工、渔业合作、农产品贸易、农作物生产、农业工程与科技五个重点领域。

1. 清真食品加工

马来西亚的清真标志凭借其独具特色的认证体系得到了世界范围内的一致

认可。有关资料显示，2013年，马来西亚清真产品出口额达到99.3亿美元，2014年上半年，马来西亚清真产品出口额即达到60亿美元。马来西亚清真食品每年出口到70多个国家，但其目标市场并不是中东国家，而是邻近的东南亚国家和中国。

马来西亚发展成为世界清真食品产业的中心，有其得天独厚的优势。第一，马来西亚信奉伊斯兰教的人很多，占其总人口的61.4%，为马来西亚清真食品产业发展奠定基础。第二，马来西亚有较强大的清真生产基地，完善的食品工商业基础设施，其产品容易获得伊斯兰国家的清真认证资质。第三，马来西亚是唯一的由政府颁布清真食品认证的国家。中国和马来西亚可以通过清真食品加工领域的合作，开展产品认证，将生产的食品饮料、洗浴用品、化妆品、保健品及物流服务更有效地销售到拥有16.6亿人口的市场。在马来西亚投资清真领域的中国企业，也能学习如何掌握清真产品在储存、运输、包装方面的技术和标准，生产更安全、更健康的食品。

2. 渔业合作

马来西亚拥有优越的自然条件和丰富的渔业资源，渔业产业尤其是海洋渔业产业一直是其农业产业的重要组成部分，海产品深加工业也是优势产业之一。中国南方沿海各省（自治区、直辖市）的自然条件和马来西亚相似，在很多领域有互补的基础，具有开展全方位渔业经贸合作的广阔空间。2003年中国与马来西亚的水产品贸易总量为4.11万吨，贸易额达到5 839万美元。其中，广东省与马来西亚水产贸易量达到1万吨，贸易额近2 000万美元。

中国海洋捕捞业正面临产量下降、渔场缩小、效益滑坡的严峻形势，冲出国门发展远洋渔业已经成为实现捕捞业可持续发展的当务之急。2008年1月，马来西亚农业部原副部长莫哈末沙立表示，马来西亚欢迎有实力的中国公司来马来西亚投资，与马来西亚当地企业合作，进行远洋渔业开发；马来西亚政府准备颁发部分远洋捕捞执照给予中马合资公司，以鼓励和支持双方在远洋渔业方面的合作。

3. 农产品贸易

马来西亚以农业为经济支柱，但受其境内的丘陵和低矮山区所限，粮食作物、蔬菜、水果等须大量进口。中国地域辽阔、气候多样，种植的蔬菜和水果类型多样，正好能满足马来西亚的需要。中国对棕榈油和热带水果的需求旺盛，2018年，马来西亚棕榈油产量达到2 050万吨，占世界总产量的27.9%，出口量达1 760万吨，其中10.1%（约177.1万吨）出口到中国市场，占其产量的8.6%。马来西亚有生产和出口优势，中马双方有条件在农产品贸易方面开展更多互利互惠的合作和交流。此外，中国与马来西亚交通运输便捷，储运时间较短，进口相关费用较低，中国保鲜类农产品进入马来西亚市场有较强的竞争优势。

中国—东盟自由贸易区的建立和《区域全面经济伙伴关系协定》（RCEP）的正式签署，进一步促进了中国与马来西亚的贸易发展。双方应充分利用这一有利环境，继续挖掘和完善中国与马来西亚农产品的贸易与投资政策，建立持续长效的农业贸易合作机制，进一步深化中马双边农产品贸易合作。

4. 农作物生产

马来西亚粮食自给率保持在 70% 左右，日常所需的谷物、蔬菜、水果等需要大量进口，不利于国家粮食安全。马来西亚政府发布的"促进行动及产品列表"在农作物种植、农业生产等方面提供了一系列投资鼓励措施，投资于粮食生产公司的企业，可享受与投资额相等的扣税额或 10 年内农业投资收入 100% 的免税，而且免税期间的亏损可转至免税期后，由免税收入产生的股息，被视为股东的免税收入。种植至少 10% 的橡胶树的非橡胶种植公司可以享受加速农业税赋抵减，投入的资本支出可以从 2 年减至 1 年内注销。

马来西亚农作物产量低的主要原因是生产技术落后，单位面积产量（以下简称"单产"）低、效益差。根据中国和马来西亚农作物单产的统计数据，中国谷物单产长期都比马来西亚高出 50% 左右，蔬菜单产高出 20% 左右。长期以来，中国在水稻高产栽培、蔬菜设施化栽培、农作物育种、农业生产技术、农业机械化等方面积累了丰富的经验。中国企业可以充分利用中国农业走出去的机遇，以及马来西亚提供的优惠条件，到马来西亚开展农作物生产、农业技术服务等方面的合作。

5. 农业工程与科技

长期以来，马来西亚为改善农业生产条件，在农业基础设施建设和土地联合开发上，做出了不懈的努力。1991—1995 年，马来西亚利用土地联合开发战略和现有土地再开发战略的实施，共开发了 483.10 公顷土地，以种植各种农作物。

马来西亚政府发布的"促进行动及产品列表"鼓励在马开展农业基础设施建设，投资农业项目的企业，土地的开垦、农用道路开辟、农用建筑建造等方面的支出费用，以及用于土地开垦和改良、修改排灌、改造道路和桥梁的投入的 60%，可在 15 年内抵消其应缴纳所得税的 70%。

中国在农地整理、道路、灌溉、桥梁等基础设施建设方面有着良好的基础和丰富的经验，可以充分利用现有资源，参与马来西亚农业工程建设。

（二）重点合作项目

根据中马两国在农业领域的优势和各自的特点，两国的农业合作项目可集中在以下几个方面：

一是在食品加工领域，深入开展清真食品加工、燕窝加工、特色海产品深加工等方面的合作。

二是在农业科技研发领域，着重规划棕榈提取技术、农业生物技术、农业市场信息技术等方面的长期合作方案。

三是在农业技术推广领域，双方合作的核心是中国将本国水稻种质资源研究、育种栽培技术等提质增产先进技术向马来西亚推广使用。

四是在拓宽农产品贸易范围领域，可优先扩大马来西亚热带水果进口范围。目前，中国批准从马来西亚进口的水果包括龙眼、山竹、西瓜、木瓜、红毛丹及冷冻榴莲6种，今后可根据国内市场需求适当扩展进口范围。

五是农业信息化和工程技术领域的合作。中国政府近期大力倡导"互联网+农业"、农业大数据等农业信息化建设，与马来西亚政府近年大力推行的"智慧走廊""多媒体走廊"等信息化政策举措不谋而合。双方可在农产品市场信息系统研发、农业信息服务技术等领域展开合作，共同加快两国农业发展方式转变的步伐。中马在农业工程技术方面也有广阔的合作前景。

（三）合作推进方式

项目合作可采取"四步走"的推进方式。首先，确定优先发展项目，在"四个领域"中分别挖掘适合当前两国国情发展的具体项目。其次，做好优先发展项目的规划布局。通过对优先发展的合作项目的总体设计，规划合作基地和项目建成后的规模，围绕该重点产业项目，进行科学合理布局。再次，打造产业链，形成产业集群。在优先发展的合作项目规划建成后，充分利用其带动效应，逐步在各领域内形成全产业链企业集群式的发展态势。最后，在实践中建立两国农业合作长效机制。该机制必须符合两国农业发展方向和合作企业、投资者、农民的切身利益。

五、研究结论与政策建议

马来西亚所处的地理区位，决定了其在中国提出的建设"21世纪海上丝绸之路"中成为重要节点。因此，中方应抓住有利契机，在重点领域开展长期务实合作。

（一）研究结论

马来西亚是中国在东盟最重要的经贸合作伙伴之一，两国在农业领域内资源互补优势明显，马来西亚的热带经济作物与中国的温带农作物能够形成互补，合作潜力较大。虽然双方有着政治、法律以及文化习俗等方面的不确定性，但仍可在今后一段时期积极拓展马来西亚农业市场，在清真食品加工、农产品贸易、渔业、农作物生产和农业工程等方面加强与马来西亚进行深入的交流与合作，并建立起长效合作机制，实现两国农业产业共同发展。

（二）政策建议

政府的政策支持至关重要。笔者建议政府在法律保障体系、企业扶持、争议解决和基础设施建设等方面强化政策支持力度，以促进中国和马来西亚农业合作更好地发展。

1. 选准合作领域，为开展长期合作做好务实准备

中方应选准合作领域，及时掌握马来西亚国内政治动向、消费倾向和其他相关信息，以为决策者正确制定决策提供建议；要根据中马资源、社会、经济因素，以及政治动态、文化习俗、饮食习惯和市场消费需求、消费结构等，选好、选准合作领域，并为开展合作提前做好准备；展开对马来西亚政治、文化、市场等领域的广泛、长期的研究，并及时发布研究成果，供有关企、事业单位和政府部门与马方开展合作时参考。

2. 提供全方位的指导和服务，为企业合作保驾护航

中马两国在政治、法律、风俗、标准等方面的不同，容易引起一些不必要的纠纷，建议中方政府部门为企业在法律、经营管理、人员培训等方面提供全方位的指导和服务，为"走出去"企业保驾护航。

笔者建议中方政府有关部门加强对马来西亚法律体系的研究，尤其在企业运营管理、投融资、项目建设、合作协议签署等方面的法律法规进行深入研究，切实保护本国企业、投资人在外合法权益；为合作企业、投资人和研究员进行法律普及和咨询，为中国企业在马投资提供指导。

笔者建议中方政府相关部门在现有优惠政策基础上，借鉴与东南亚各国合作的已有经验，在相关领域成立有一定权威性的行业商会、社会组织，协调农产品进出口价格和数量；扩大在两国合作产业的资金、技术投入，给予企业更多扶持和指导；给予在马投资企业更多税收和项目申请等方面的优惠政策。

3. 充分利用现有平台，建立双边争议解决长效机制

在与马方合作的过程中，中方要本着尽量协调两国利益关系，充分利用中马联合商务理事会、双边经贸联委会、政府专门工作小组等现有平台，协商解决的思路；借鉴美国 ADR 等争议解决方案，适时建立适用于两国的争议解决机制，在双方协调未果的情况下来解决问题。

第四章　印度尼西亚农业研究报告

一、印度尼西亚农业发展现状与需求

（一）印度尼西亚农业基本概况

印度尼西亚位于亚洲东南部，与巴布亚新几内亚、东帝汶、马来西亚接壤，与泰国、新加坡、菲律宾、澳大利亚等国隔海相望，是最大的东盟国家，也是世界上最大的群岛国家，由太平洋和印度洋之间 17 504 个大小岛屿组成，所辖的海域比陆地大 4 倍，海岸线总长超过 8.4 万千米，是除中国之外领土最广的亚洲国家。北部的加里曼丹岛与马来西亚接壤，新几内亚岛与巴布亚新几内亚相连。东北部面朝菲律宾，东南部是印度洋，西南与澳大利亚相望。

印尼是东盟人口最多的国家，以小农生产为主，农业生产集中在爪哇岛。近几年，印尼经济保持较快增速，农业占 GDP 比重呈下降趋势，2020 年为13.7%。种植业占农业产值比重在 60% 以上，粮食作物是印尼种植业的基础部门，水稻、玉米、木薯等主要粮食作物种植面积和产量居东盟首位，但单产水平不高；经济作物以棕榈和橡胶为主，是世界第一大棕榈油生产国、第二大橡胶生产国，也是可可和咖啡等高附加值商品的全球生产大国。此外其林业和渔业资源也非常丰富。

农业布局可按大岛划分：爪哇岛集中了全国的稻田，成为国家粮仓，玉米、水稻、大豆和木薯产量居全国前列，同时也是蔬菜、水果（芒果、榴莲、香蕉、木瓜）的主产区。由于粮食资源丰富，爪哇岛的家禽业、养羊业和养牛业也非常发达，其中牛存栏量占全国牛存栏量近一半，家禽存栏约占 70%。此外，渔业也集中于爪哇岛，以海水养殖为主。加里曼丹岛和苏门答腊岛丘陵起伏，森林覆盖率高，经济作物以橡胶、棕榈等为主，加里曼丹岛森林特许地面积占全国 50% 以上。苏拉威西岛多高山深谷，少平原，是印尼山地面积所占比重最大的岛屿，是全国最大的可可产区。

由于主要粮食作物不能完全自给自足，生产资料和设备缺乏，印尼主要进口玉米、小麦、大豆、大米等粮食和牛肉等畜产品以及肥料、农机等生产资料。2020 年，食物和活动物进口额占总进口额的 10.9%。出口产品主要是棕榈油、橡胶、可可、咖啡、茶叶等。

1. 自然资源

印尼国土面积为 19 050 公顷，东西长约 5 000 千米，南北宽约 1 800 千米，是东南亚国土面积最大的国家。各岛以山地和高原为主，仅沿海地区有平原。爪哇岛是其最主要的岛屿。

农业用地面积为 6 230 万公顷，其中耕地面积为 2 630 万公顷，永久性草场面积为 1 100 万公顷，林地面积为 10 241 万公顷。可再生水资源总量为 2.02 万亿立方米，人均达 7 627.8 立方米。农业年用水量为 1 897 亿立方米，占总用水量的 85.21%。

印尼气候是典型的热带雨林气候，年平均温度为 25~27 摄氏度，无四季分别。北部受北半球季风影响，7~9 月降水量丰富，南部受南半球季风影响，12 月、1 月、2 月降水量丰富，年降水量为 1 600~2 200 毫米。

2. 人口与经济状况

印尼人口数居全球第 4 位，是东盟人口最多的国家。2020 年人口为 2.74 亿人，约占东盟总人口的 40.7%。印尼人口密度较高，2019 年每平方千米 140 人。人口集中在西爪哇省、中爪哇省和东爪哇省，2013 年三省人口占总人口的 46.55%，人口密度分别达到每平方千米 1 394 人、1 058 人和 831 人，这三省同时也是农产品主产区。

印尼是东盟最大的经济体，占东盟 GDP 总量的 35.4%，也是东南亚唯一一个 20 国集团（G20）国家。世界经济论坛《2019 年全球竞争力报告》显示，印尼在全球最具竞争力的 141 个国家和地区中，排第 50 位。1950—1965 年 GDP 年均增长仅 2%。20 世纪 60 年代后期印尼调整了经济结构，经济开始提速，1970—1996 年 GDP 年均增长 6%。1997 年受亚洲金融危机重创，印尼经济严重衰退。1999 年年底，印尼经济开始缓慢复苏，2000—2004 年 GDP 年均增长 4.6%。2004 年政府积极采取措施吸引外资，发展基础设施建设，整顿金融体系，扶持中小企业发展，取得积极成效，2005—2009 年 GDP 年均增长 5.6%。2008 年以来，经济保持较快增长，2010—2013 年年均增速 6.2%，失业率从 2005 年的 10.3% 降至 2012 年的 6.1%。2014—2020 年 GDP 年均增长 3.82%，如 4-1 所示。GDP 总量从 2005 年的 2 847.90 亿美元增至 2020 年的 1.06 万亿美元，人均 GDP 从 1 295 美元增至 3 870 美元（现价），低于东盟 4 827.4 美元的平均水平。

表 4-1　1998—2020 年以来印尼 GDP 年均增速　　　单位:%

年度	1998—1999 年	2000—2004 年	2005—2009 年	2010—2013 年	2014—2020 年
年均增长	-6.65	4.60	5.64	6.15	3.82

数据来源：http：//www.indonesia-investments.com。

3. 农业产业结构

农业在印尼国内经济中一直占有非常重要的地位，20 世纪 60 年代曾占 GDP 的 56%。2019 年农业约占国内生产总值的 12.4%，居于制造业（23.7%）之后，如图 4-1 所示。农场规模较小，农业生产属于劳动力密集型。印尼的农业相当分散，由 14 家国营公司（PTPN）、2 000 多家大规模私营种植园（公司）以及小农户组成。

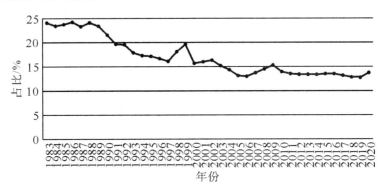

图 4-1　1983—2020 年印尼农业产值占 GDP 比重

（数据来源：世界银行，2021 年）

农村人口占总人口的 43.4%。农业从业人员（15 岁以上）总体呈现下降趋势，从 2004 年的 4 315 万人降至 2020 年的 3 896 万人，占全国劳动力总量的比重从 44.5% 降至 29.2%。

（二）近年来印度尼西亚农业发展现状与趋势（生产、政策、贸易等）

粮食作物是印尼种植业的基础部门，占农业总产值的 22%（见表 4-2）。主要农作物和农产品有：水稻、玉米、棕榈油、大豆、橡胶以及木薯。发展粮食生产、实现自给自足是历届印尼政府的首要课题，种植业在农业经济中占主导地位，2020 年其产值约占农业总产值的 63.4%。印尼是世界最大棕榈油生产国和出口国，对世界油籽价格具有举足轻重的影响；是东南亚最大的豆类生产国，但单产较低；是世界上种植面积仅次于巴西的第二大热带作物生产国。经济作物品种较多，胡椒、金鸡纳霜、木棉和藤产量居世界首位，盛产香蕉、芒果、菠萝、木瓜、榴莲和山竹等各种热带水果。

表4-2　2016—2020年印尼农业产值结构　　　　单位:%

年份	2016	2017	2018	2019	2020
粮食作物	23.7	23.4	22.8	21.6	22.0
园艺作物	10.8	10.8	11.1	11.3	11.6
庄园作物	29.5	29.7	29.6	29.9	29.8
畜牧业	11.8	11.8	11.9	12.4	12.1
农业服务与狩猎	1.5	1.5	1.5	1.5	1.5
林业	5.0	4.9	4.8	4.7	4.6
渔业	17.7	18.0	18.3	18.6	18.4

数据来源:印度尼西亚中央统计局,2021年。

印尼森林和渔业资源丰富,分别占农业总产值的4.59%和23.95%。2019年印尼全国的森林面积为9 411.41万公顷,森林覆盖率达50.1%。盛产各种热带名贵树种,如铁木、檀木、乌木和柚木;印尼海域辽阔,气候适宜,渔业资源极为丰富,苏门答腊岛东岸的巴干西亚比亚是世界著名的渔场。可捕捞的品种有金枪鱼、鲤鱼、鱿鱼、贝壳类和其他鱼类,以及虾、海藻等。

1. 粮食作物

稻谷:大米是印尼最重要的粮食作物。印尼是东盟最大的稻米生产国,占东盟稻谷总产量的29.2%(2019年)。2020年,收获面积约为1 078.68万公顷,单产和总产量分别约为5.11吨/公顷和5 516.05万吨。水稻种植主要集中在东爪哇省、西爪哇省和中爪哇省,2020年收获面积分别为175.44万公顷、166.69万公顷和158.69万公顷,占总收获面积的46.99%,产量分别为994.45万吨、948.92万吨和901.68万吨,占总量的52.06%,单产分别为5.67吨/公顷、5.69吨/公顷和5.68吨/公顷。由于水资源管理水平较低、灌溉设施较差以及生产成本不断增加,稻谷生产增长速度较慢,长期以来不能满足消费需求。为了鼓励大米生产,政府采取了多项措施,如提供特殊贷款,增加肥料和种子补贴,扩大种植面积等。

玉米:印尼玉米产量占东盟玉米总产量的53.9%(2019年)。由于政府强调自给自足,国内玉米产量呈增加趋势,从2009年的1 762.97万吨增加到2020年的1 961.12万吨。东爪哇省是印尼最大的玉米主产省,2015年产量为613.12万吨,其他主产省分别是中爪哇省(321.24万吨)、南苏拉威西省

（152.84 万吨）、北苏门答腊省（151.94 万吨）、楠榜省（150.28 万吨）、西努沙登加拉省（96.0 万吨）和西爪哇省（96.0 万吨）。主产省东爪哇省的单产仅 5.05 吨/公顷，低于全国平均水平，西爪哇省玉米单产水平最高，达到 7.57 吨/公顷。

油料作物：印尼大豆产量占东盟大豆总产量的 70.1%（2019 年）。2009—2019 年，收获面积和总产量总体呈下降趋势，分别从 72.28 万公顷和 97.45 万吨降至 62 万公顷和 94 万吨，单产水平有一定提高，从 1.35 吨/公顷提高至 1.52 吨/公顷。东爪哇省是印尼最大的大豆生产省，2013 年收获面积 21.06 万公顷，占大豆总面积的 38.2%，产量 32.95 万吨，占总产量的 42.2%，大豆单产 1.56 吨/公顷，仅次于中苏拉威西省（1.66 吨/公顷）。

花生：收获总面积和总产量整体呈下降趋势，分别从 2009 年 62.26 万公顷和 77.79 万吨降至 2019 年 26.73 万公顷和 27.65 万吨，单产水平持续提高，从 1.25 吨/公顷提高至 2013 年的 1.35 吨/公顷，而后单产水平下降至 2019 年的 1.03 吨/公顷。东爪哇省是最大的花生生产省，2015 年收获面积为 20.81 万公顷，占花生总面积的 33.88%，产量 34.50 万吨，占总产量的 35.82%，其单产水平为 1.66 吨/公顷，略高于全国平均水平（1.57 吨/公顷）。中苏拉威西省花生单产水平最高，为 1.87 吨/公顷。

木薯：印尼作为东盟最大的木薯生产国，其产量占东盟总产量的 25.8%（2019 年）。2009—2019 年，虽然收获面积下降，从 117.57 万公顷降至 2019 年 64.05 万公顷，但单产从 18.75 吨/公顷提高至 22.77 吨/公顷，总产量从 2 203.91 万吨下降至 1 458.67 万吨。主产省为南榜省、南苏拉威西省、东爪哇省和中爪哇省。

甘薯：2015—2019 年，甘薯单产从 16.05 吨/公顷提高至 20.92 吨/公顷，而甘薯的产量下降，甘薯的产量从 229.76 万吨降至 180.63 万吨，主要原因是收获面积减少，收获面积从 14.31 公顷降至了 9.64 公顷。

2015—2019 年印尼主要粮食作物情况见表 4-3。

表 4-3　2015—2019 年印尼主要粮食作物

作物	指标	2015 年	2016 年	2017 年	2018 年	2019 年
水稻	总产量/万吨	6 103.10	5 939.30	5 942.90	5 920.05	5 460.40
	单产/（吨/公顷）	5.36	5.26	5.18	5.20	5.11
	收获面积/公顷	1 138.90	1 129.30	1 147.10	1 137.79	1 067.79

表4-3(续)

作物	指标	2015 年	2016 年	2017 年	2018 年	2019 年
玉米	总产量/万吨	1 961.24	2 357.84	2 892.40	3 025.39	3 069.34
	单产/（吨/公顷）	5.18	5.31	5.23	5.33	5.44
	收获面积/公顷	378.74	444.44	553.32	568.04	564.48
大豆	总产量/万吨	96.32	85.97	53.87	95.36	94.00
	单产/（吨/公顷）	1.57	1.49	1.51	1.32	1.52
	收获面积/公顷	61.39	57.70	35.58	72.38	62.00
花生	总产量/万吨	59.15	49.82	40.63	37.49	27.65
	单产/（吨/公顷）	1.30	1.14	1.09	1.06	1.03
	收获面积/公顷	45.41	43.64	37.45	35.38	26.73
木薯	总产量/万吨	2 180.14	2 026.07	1 905.37	1 611.90	1 458.67
	单产/（吨/公顷）	22.95	24.63	24.65	23.11	22.77
	收获面积/公顷	94.99	82.27	77.30	69.74	64.05
甘薯	总产量/万吨	229.76	216.94	191.42	180.64	180.63
	单产/（吨/公顷）	16.05	17.56	18.02	19.91	20.92
	收获面积/公顷	14.31	12.36	10.62	9.07	8.64

数据来源：FAO，2021 年。

2. 经济作物

印尼橡胶种植面积居世界首位，是东盟仅次于泰国的第二大橡胶生产国，其产量占东盟橡胶总产量的 33.2%（2018 年）。种植面积总体保持稳定。2020年种植面积达 368.13 万公顷，较前几年有所增加，其中，种植园的橡胶种植面积为 37.59 万公顷，小农户为 330.54 万公顷，占种植总面积的 89.8%，如表 4-4 所示。橡胶种植集中在南苏门答腊省、占碑省、廖内省、北苏门答腊省、西加里曼丹省、南加里曼丹省和中加里曼丹省，2020 年种植面积合计占总面积的 78.2%，干胶产量占总产量的 76.1%。2016 年，干胶产量达 368.04万吨，后又逐年下降，2019 年为 330.16 万吨，2020 年仅为 288.46 万吨，其中大型种植园干胶产量 35.11 万吨，农户干胶产量为 253.35 万吨。橡胶生产公司的数量呈现下降趋势，从 2016 年的 315 个降至 2020 年 286 个。

表 4-4　2016—2020 年印尼主要经济作物种植面积

单位：万公顷

年份	橡胶		棕榈		可可	
	种植园	小农户	种植园	小农户	种植园	小农户
2016	54.67	309.24	646.21	473.94	4.21	167.87
2017	55.58	310.33	668.52	569.79	3.71	161.6
2018	43.59	323.58	850.74	581.89	2.68	158.41
2019	40.68	326.91	855.98	589.68	1.8	154.27
2020	37.59	330.54	885.45	600.38	1.91	150.93

数据来源：印度尼西亚中央统计局，2021 年。

　　棕榈油产量持续稳定增长。印尼棕榈油产量占全球产量的 56.8%。棕榈种植面积和产量持续增加，分别从 2016 年 1 120.15 万公顷和 3 148.8 万吨增至 2020 年的 1 485.83 万公顷和 4 829.69 万吨。2007 年以来，印尼超过马来西亚成为世界最大的棕榈油生产国。棕榈种植以大型种植园为主，2020 年种植面积为 885.45 万公顷，小农户为 600.38 万公顷，分别占总面积的 59.6% 和 40.4%。2020 年棕榈油产量分别为 3 198.61 万吨和 1 631.08 万吨（见表 4-5），分别占总产量的 66.2% 和 33.8%。棕榈油生产公司的数量也持续增长，从 2016 年的 1 592 个增至 2020 年的 2 335 个（见表 4-6）。

表 4-5　2016—2020 年印尼主要经济作物产量　　单位：万吨

年份	橡胶		棕榈油		可可	
	种植园	小农户	种植园	小农户	种植园	小农户
2016	60.32	275.47	1 991.24	1 157.56	2.86	62.98
2017	63.02	305.02	2 174.91	1 319.12	2.64	55.88
2018	51.91	311.13	2 758.67	1 529.68	1.57	75.17
2019	37.5	292.66	3 219.43	1 492.59	0.53	72.94
2020	35.11	253.35	3 198.61	1 631.08	0.48	70.86

数据来源：印度尼西亚中央统计局，2021 年。

　　棕榈种植集中在廖内省、西加里曼丹省、中加里曼丹省、东加里曼丹省、北苏门答腊省和南苏门答腊省，2020 年种植面积累计占总面积的 62%，产量占棕榈油总产量的 72.3%。棕榈油生产商很多，著名的有 SMART、金光集团

（Sinar Mas Group）、米南伽奥甘农业公司（PT Perkebunan Minanga Ogan）、金鹰国院集团（RGM International）等，其中金光集团是印尼最大的棕榈种植、棕榈油精炼加工和油化学品生产商之一，拥有世界上最大的棕榈油精炼厂。上述集团、公司掌握印尼大部分棕榈油市场。SMART 是印尼最大的综合性棕榈消费产品上市公司之一，该公司拥有多个专门生产棕榈食用油和食用脂的综合性业务部门。

表 4-6　2016—2020 年印尼主要经济作物生产公司数量　单位：个

年份	橡胶	棕榈	可可
2016	315	1 592	80
2017	320	1 695	78
2018	308	2 052	81
2019	286	2 056	72
2020	286	2 335	73

数据来源：印度尼西亚中央统计局，2021 年。

印尼可可豆产量居全球第三位，仅次于科特迪瓦和加纳，占全球产量的 14%（2019 年）。可可种植面积从 2016 年 172.08 万公顷减至 2020 年 152.84 万公顷。可可产量从 65.84 万吨增至 2020 年 71.34 万吨。可可以小农户种植为主，2020 年小农户种植面积为 150.93 万公顷，占总面积的 98.8%，可可豆产量为 70.86 万吨，占总产量的 99.3%。可可生产公司的数量持续下降，从 2016 年的 80 个下降至 2020 年的 73 个。可可种植主要集中在中苏拉威西省、南苏拉威西省、东南苏拉威西省、西苏拉威西省、西苏门答腊省和亚齐省，2020 年种植面积累计占总面积的 68.8%，产量占可可总产量的 68.7%。

3. 园艺作物

印尼主要蔬菜作物是辣椒、葱、马铃薯、卷心菜、大白菜、番茄，2020 年收获面积分别为 31.21 万公顷、18.67 万公顷、6.31 万公顷、6.38 万公顷、6.22 万公顷和 5.58 万公顷。印尼主要蔬菜产区为西爪哇省、东爪哇省和中爪哇省。

印尼的主要水果是芒果、榴莲、橙子、香蕉、木瓜和蛇皮果。2020 年产量分别为 276.98 万吨、119.17 万吨、236.38 万吨、788.46 万吨、93.76 万吨和 121.50 万吨。其中，芒果主产区是东爪哇省、西爪哇省和中爪哇省；榴莲主产区是东爪哇省、北苏门答腊省、西爪哇省、中爪哇省和西苏门答腊省；橙子主产区是东爪哇省和北苏门答腊省、巴厘省、西加里曼丹省和南加里曼丹省；香蕉主产省是西爪哇省和东爪哇省；木瓜主产省是中爪哇省和东爪哇省；蛇皮果以中爪哇省为主，其产量占总产量的40.8%。

4. 畜牧业

印尼畜牧业产值占总产值的12.1%（2020年），畜牧业主要由养鸡业和养牛业组成。2020年牛肉产量为54.05万吨，其中牛肉和水牛肉分别为51.56万吨和2.49万吨；羊肉产量为13.67万吨，其中山羊肉为6.98万吨，绵羊肉为6.69万吨；猪肉产量为24.14万吨；禽肉产量约为375.22万吨，其中鸡肉为327.53万吨，鸭肉为4.44万吨；禽蛋产量为526.83万吨，其中鸡蛋为529.54万吨，鸭蛋为33.29万吨；牛奶产量为94.77万吨。

受益于牛肉自给自足政策，牛存栏量持续增加，从2015年约1 541.97万头增至2020年约1 746.68万头，年均增加2.2%，主产区是东爪哇省、西爪哇省、中爪哇省和南苏拉威西省，合计约占总牛存栏量的50%。奶牛存栏量从2015年约51.86万头增至2020年约56.82万头。奶牛主产区是东爪哇省、西爪哇省和中爪哇省，合计占总牛存栏量的97.3%。水牛存栏量总体呈降势，从2015年约134.69万头降至2020年约117.93万头，年均下降2.1%，主产区为亚齐省、北苏门答腊省、西门门答腊省、西爪哇省、西努沙登加拉省、东努沙登加拉省、南苏拉威西省、中爪哇省和万丹省，合计占总牛存栏量的77.9%，如表4-7所示。

表4-7　2015—2020年印尼畜禽存栏量

年份	2015	2016	2017	2018	2019	2020
牛/头	15 419 718	16 004 097	16 429 102	16 432 945	16 930 025	17 466 792
奶牛/头	518 649	533 933	540 441	581 822	565 001	568 265
水牛/头	1 346 917	1 355 124	1 321 904	894 278	1 133 815	1 179 342
马/匹	430 404	424 268	409 122	377 929	374 566	392 137
山羊/只	19 012 794	17 847 197	18 208 017	18 306 476	18 463 115	19 096 381
绵羊/只	17 024 685	15 716 667	17 142 498	17 611 392	17 833 732	17 769 084
猪/头	7 808 087	7 903 450	8 260 995	8 254 108	8 520 947	9 069 892
地方鸡/只	285 304 305	294 161 691	299 701 400	300 977 882	301 761 386	308 476 957
蛋鸡/只	155 007 388	161 349 806	258 843 681	261 932 627	263 918 004	281 108 407
肉鸡/只	1 528 329 183	1 632 567 839	2 922 636 196	3 137 707 479	3 169 805 127	2 970 493 660
鸭/只	45 321 956	47 424 151	57 557 451	59 551 713	57 229 088	58 243 335

数据来源：印度尼西亚中央统计局，2021年。

羊存栏量持续增加，从2000年的1 999.3万只增至2020年的3 686.6万只，以山羊为主，但绵羊存栏量也快速增加。山羊存栏量从2000年的1 256.6万只增至2020年的1 909.6万只，年均增长2.1%，存栏比重从62.9%降至

51.8%，主产区为西爪哇省、中爪哇省、东爪哇省和楠榜省，合计存栏量占总存栏的 56.7%。绵羊存栏从 742.7 万只增至 1 776.9 万只，年均增长 4.5%，存栏比重从 37.1% 增至 43.3%，主产区为西爪哇省、中爪哇省和东爪哇省，合计存栏量占总存栏的 90.6%。

猪存栏量总体呈增长趋势，从 2000 年的 535.7 万头增至 2020 年的 907.0 万头，年均增长 2.7%。主产区为东努沙登加拉省、北苏门答腊省、巴布亚省、南苏拉威西省、巴厘省、西加里曼丹省等，合计存栏量占总存栏量的 74.5%。

家禽业主要由地方鸡、蛋鸡、肉鸡和鸭组成。家禽业是印尼增长最快的畜牧产业，总存栏量从 2000 年的 8.89 亿只增至 2020 年的 36.18 亿只，年均增长 7.3%。地方鸡存栏从 2000 年的 2.59 亿只增至 2006 年的 2.91 亿只后开始下降，2008 年降至 2.43 亿只后开始逐年恢复，2020 年存栏量恢复至 3.08 亿只，年均增长 0.87%，主产区为中爪哇省、东爪哇省、西苏拉威西省、北苏门答腊省、占碑省、楠榜省、万丹省、东努沙登加拉省和东南苏拉威西省，合计存栏量占总存栏量 66.2%；蛋鸡存栏量从 2000 年的 0.69 亿只增至 2020 年的 2.81 亿只，年均增长 7.3%，主产区为西爪哇省、东爪哇省和中爪哇省，合计存栏量占总存栏量的 45.8%；鸭存栏量从 2000 年 0.29 亿只增至 2020 年 0.58 亿只，年均增长 3.5%，主产区为西爪哇省、中爪哇省、东爪哇省和南苏拉威西省，合计存栏量占总存栏量的 55.5%。

5. 林业

印尼是世界第三大热带森林国家，2013 年森林面积约为 1.24 亿公顷，占国土面积的 64.9%，占土地面积 68.5%。活立木蓄积量约为 83 亿立方米。森林面积和活木蓄积量分别名列亚洲第一和第二。印度尼西亚热带常绿雨林以东南亚有代表性的龙脑香料树种为主，其中树种分布最多的是加里曼丹岛，约有 300 个树种，主要树种有龙脑香料及柳桉等。

根据不同的经营目的，森林又分为生产林、有限生产林、防护林、保护区和转换林，2019 年其面积分别为 2 921.6 万公顷、2 677.2 万公顷、2 741.0 万公顷、2 957.8 万公顷和 1 284.1 万公顷，分别占总面积的 23.2%、21.3%、21.8%、23.5% 和 10.2%。生产林用于木材生产，有限生产林用于木材生产和水土保持，防护林用于水土保持，保护区用于生物多样性保护，转换林是转变为农田的林地。

森林集中分布在加里曼丹岛、伊里安岛、苏门答腊岛、苏拉威西岛和爪哇岛五大岛。其中加里曼丹岛森林面积最大，其次是伊里安岛、苏门答腊岛、苏拉威西岛和爪哇岛。森林以阔叶林为主，针叶林主要分布在加里曼丹岛。

印度尼西亚是世界上最大的热带木材生产国之一，2015—2019 年，木材产量从 3 885.36 万立方米增至 4 584.02 万立方米，锯木 2015 年产量为 177.92 万立方米，2018 年产量为 207.86 万立方米，但是胶合板的产量有所降低，2015 年产量为 367.47 万立方米，2019 年降至 41.57 万立方米，如表 4-8 所示。生产的木材主要用于出口。20 世纪 70 年代初期，印尼成为世界上最大的热带木材出口国。20 世纪 70 年代末期，政府为发展本国的木材工业，生产出口产品，开始由原木出口转向木材加工出口。1979 年政府提高了木材出口税，1985 年又颁布法令，全面禁止原木出口。同时，政府提供各种优惠政策，发展国内木材加工业。随着国家林产工业政策的转变，国内木材加工业迅速发展，各种木材加工产品出口创汇不断增加，到 20 世纪 80 年代中期，印尼已由原来的原木出口国转变为热带木材加工品出口国，木材制品出口产值在国民经济中的比重不断增大。2013 年木浆、纸浆纸板出口量分别占其产量的 57.2% 和 39.1%。

表 4-8　2015—2019 年印尼木材产量　　单位：万立方米

年度	原木	锯木	胶合板
2015	3 885.36	177.92	367.47
2016	3 807.66	187.38	368.36
2017	4 368.17	191.24	376.12
2018	4 796.64	207.86	421.36
2019	4 584.02	—	41.57

数据来源：印度尼西亚中央统计局，2021 年。

为了保持森林的可持续性利用，政府对生产林采取了很多限制性的措施，如实行发放许可证制度，即森林经营权（Hak Pengusalla Hutan，HPH），规定只有获得政府允许才能经营木材销售。近几年来，森林特许地面积呈下降趋势，从 2006 年的 2 842 万公顷降至 2017 年的 2 064.36 万公顷。其中，加里曼丹岛的森林特许地面积最大，2017 年占总面积的 53.8%，经营单位数量最多，2017 年达 177 个，占总量的 62.54%。

6. 渔业

印尼海岸线长 5.47 万千米，水域面积为 58 000 万公顷，包括 27 000 万公顷领海渔业区和 31 000 万公顷专属经济区，海洋鱼类多达 7 000 种。2019 年印尼渔业的捕捞业产量达 772.21 万吨，产值为 204.11 万亿印尼卢布，水产养殖业产量达 1 530.64 万吨，产值达 185.94 万亿印尼卢布，如表 4-9 所示。

表 4-9 2019 年印尼渔业产量和产值

部门	产量/万吨	产值/万亿印尼卢布
捕捞业	772.21	204.11
海洋捕捞	716.43	187.49
内陆开放水域捕捞	55.78	16.62
水产养殖业	1 530.64	185.94
海上浮网	1.49	1.43
淡水浮网	46.66	9.87
淡水围栏	4.06	1.01
笼养	19.13	5.41
流水塘养	8.74	2.09
静水塘养	264.48	57.02
其他海洋养殖	4.79	0.63
稻田养殖	28.89	6.82
海藻养殖	854.72	27.78
集约式微咸塘养	26.11	17.24
传统微咸塘养	231.95	39.42
半集约式微咸塘养	39.61	17.22
合计	2 302.85	390.05

数据来源：印度尼西亚中央统计局，2021 年。

渔业产量持续增加。渔业总产量从 2000 年的 512 万吨持续增至 2019 年的 2 302.85 万吨，年均增长 8.24%。2019 年水产养殖和捕捞产量分别占总产量的 66.5% 和 33.5%。水产养殖总产量从 1999 年的 88.3 万吨增至 2019 年的 1 530.64 万吨，年均增长 15.33%，受产量增加影响，水产养殖产量占渔业产量比重持续增加，从 18.0% 增至 66.5%。印尼的主要养殖方式为海水养殖、淡水塘养殖、咸水塘养殖、浮笼网养殖，2019 年以上各类养殖方式的产量占水产养殖产量的比重分别为 55.8%、17.3%、15.2%、3.0%。海水养殖产量年均增长 23.0%，从 2000 年的 13.60 万吨增至 2019 年的 854.72 万吨。

水产养殖主产区是雅加达省、中苏拉威西省、东加里曼丹省和西爪哇省，合计占水产养殖总面积的 55.4%。其中，雅加达是海水养殖主产省，占海水养殖总面积的 41.4%；咸水塘养殖以东加里曼丹省和中苏拉威西省为主，占咸水塘养殖总面积的41.6%；淡水塘养殖以雅加达和西爪哇省，合计占总面积33.7%；稻田养殖集中在西爪哇省，占总面积的35.5%。

捕捞渔业以海洋捕捞为主，2019年其产量比重为92.8%。捕捞渔业产量增速较慢，年均增长3.33%，从2000年的401万吨增至2019年的772.21万吨，其中海洋捕捞产量从368万吨增至716.43万吨，年均增长3.39%。

尽管渔业产量持续增长，从业家庭数持续下降，但渔业企业数量呈现出先降后增趋势。水产养殖家庭数从2000年的204.80万户降至2016年的159.68万户；捕捞渔业家庭数从2000年的204.79万户降至2016年的96.8万户。渔业企业数量从2000年的143个降至2006年的27个，之后开始增加，2019年为104个，其中外资企业3个，国内投资企业59个，其他类型企业42个，如表4-10所示。

表4-10　2000—2019年印尼渔业企业　　　　单位：个

年份	外资	内资	其他	总计
2000	16	52	75	143
2001	16	52	74	142
2002	7	14	9	30
2003	8	17	9	34
2004	10	22	19	51
2005	6	10	15	31
2006	4	3	20	27
2007	7	4	22	33
2008	7	11	25	43
2009	10	17	22	49
2010	9	21	25	55
2011	10	24	28	62
2012	9	32	33	74
2013	11	40	33	84
2019	3	59	42	104

数据来源：印度尼西亚中央统计局，2021年。

7. 农业贸易

（1）农产品及农业生产资料进口

印尼小麦全部依靠进口，小麦进口量持续增长。由于经济稳定增长和收入不断提高，印尼小麦消费量不断增长，2013年面粉消费量达530万吨，约合小麦消费量700万吨。政府希望将面粉进口量降至最低，2013年小麦面粉临时进口关税增至20%，限制了小麦面粉的进口，而小麦进口关税为零，因此印尼主要进口小麦。小麦进口量1989年为181万吨，1991年以后增至200万吨以上，2011年以后在500万吨以上，2020年为1 029.97万吨，进口额为26.16亿美元。进口小麦主要来自乌克兰、阿根廷、加拿大和美国等国，2020年进口量分别占总进口量的28.7%、25.6%、22.7%、12.4%，合计占89.4%。

受益于国内生产能力的提高，大米进口量有所下降。1999年大米进口量曾经创475万吨的历史高点。2000年以后进口量开始不同程度下降，大部分年份低于100万吨，其中2011年由于国内产量下降，进口量较高，为275万吨，2013年进口量减为47万吨，2016年进口达到128.32万吨，2020年又减少到了35.63万元（见表4-11）。进口大米主要来自巴基斯坦、越南、泰国、缅甸，分别占总进口量的32.0%、25.7%、25.6%和16.7%。

大豆进口量变化总体平稳。1998年之前进口量不足100万吨，1999年增至130万吨，之后总体呈增加趋势，2011年为208.9万吨，之后2年有所下降。2020年进口247.5万吨，进口额为10.0亿美元。进口大豆主要来自美国，占90.4%（见表4-11）。

表4-11 2010—2020年印尼主要农产品进口量

年度	大米		大豆		肉类		水果	
	贸易量/万吨	贸易额/亿美元	贸易量/万吨	贸易额/亿美元	贸易量/万吨	贸易额/亿美元	贸易量/万吨	贸易额/亿美元
2010	68.8	3.6	174.1	8.4	14.0	3.9	66.7	6.6
2011	275.0	15.1	208.9	12.5	10.3	3.2	80.7	8.3
2012	181.0	9.5	192.1	12.1	4.0	1.6	79.0	8.5
2013	47.3	2.5	178.5	11.0	5.5	2.4	50.7	6.7
2014	84.4	3.9	196.6	11.8	10.5	4.3	54.8	7.9
2015	86.2	3.5	225.7	10.3	5.1	2.4	43.5	6.7
2016	128.3	5.3	226.2	9.6	14.7	5.6	48.1	8.5

表4-11（续）

年度	大米		大豆		肉类		水果	
	贸易量/万吨	贸易额/亿美元	贸易量/万吨	贸易额/亿美元	贸易量/万吨	贸易额/亿美元	贸易量/万吨	贸易额/亿美元
2017	30.5	1.4	267.2	11.5	16.0	5.7	66.4	11.9
2018	225.4	10.4	258.6	11.0	20.7	7.1	66.3	13.1
2019	44.5	1.8	267.0	10.6	26.2	8.3	72.4	14.9
2020	35.6	2.0	247.5	10.0	22.3	7.0	63.9	12.7

数据来源：印度尼西亚中央统计局，2021年。

化肥进口量总体呈上升趋势。1996年以前进口量不足100万吨，之后进口量快速增加，2012年创纪录达到652.36万吨，进口额达到26.19亿美元。2013年进口量有所下降，为498.65万吨，进口额为17.48亿美元，主要从加拿大和中国进口，两国合计约占总进口量一半。2020年进口量为624.87万吨，进口额为13.45亿美元（见表4-12）。

表4-12　2010—2020年印尼化肥进口情况

年度	化肥进口额/亿美元	化肥进口量/万吨
2010	14.03	419.66
2011	25.88	640.68
2012	26.19	652.36
2013	17.48	498.65
2014	18.22	665.39
2015	17.86	689.52
2016	14.22	651.06
2017	17.08	792.75
2018	19.17	808.31
2019	15.35	613.45
2020	13.45	624.87

数据来源：印度尼西亚中央统计局，2021年。

农机进口额大幅增加。进口额从2000年17.81亿美元增至2012年146亿美元，2013年有所下降，为130亿美元。2000年进口农机主要来自日本和美国，合计占农机进口额的 42.1%。2000 年后日本总体份额稳定，而美国持续下降。2007 年中国超越美国成为印尼农机第二大进口市场，2012 年超越日本，成为最大的进口市场。2013 年，从中国、日本和新加坡进口的农机贸易额分别占农机进口总额的 30.6%、18.5% 和 6.8%。

（2）农产品出口

印尼出口量最大的农产品为棕榈油，出口量持续增长，从 2012 年的 1 967.5 万吨增至 2013 年的 2 733 万吨，如表 4-13 所示。棕榈油主要出口印度、中国、巴基斯坦、荷兰，2020 年对以上各国出口量分别为 457 万吨、439 万吨、249 万吨和 68 万吨，合计占总出口量的 44.4%。

生胶出口量、出口额均居全国第二位，出口量呈增加趋势，从 2012 年的 237 万吨增至 2020 年的 220.8 万吨，如表 4-13 所示。生胶主要出口美国、日本、中国和印度，2020 年对以上国家出口量分别为 43.93 万吨、38.08 万吨、30.77 万吨和 17.76 万吨，合计占总出口量的 59.2%。

其他主要出口农产品包括咖啡、水果。咖啡出口量不太稳定，起伏波动比较大，2020 年出口量为 37.56 万吨，主要出口美国、马来西亚、埃及和意大利等；水果出口量稳步增加，从 2012 年的 29.2 万吨增至 2020 年的 107.3 万吨，主要出口马来西亚、中国、越南和泰国等，合计占总出口量的 83.1%。

表 4-13　2012—2020 年印尼主要农产品出口量和贸易额

年度	生胶		棕榈油		咖啡		水果	
	贸易量/万吨	贸易额/亿美元	贸易量/万吨	贸易额/亿美元	贸易量/万吨	贸易额/亿美元	贸易量/万吨	贸易额/亿美元
2012	237.0	76.3	1 967.5	184.6	44.7	12.4	29.2	1.7
2013	262.7	67.1	2 177.1	167.9	53.2	11.7	30.6	1.2
2014	255.0	46.0	2 397.0	186.2	38.3	10.3	51.7	1.8
2015	254.4	35.6	2 767.1	164.3	50.0	11.9	67.5	2.5
2016	249.4	32.4	2 406.7	159.7	41.2	10.0	76.6	2.8
2017	292.3	49.6	2 877.0	203.4	46.4	11.8	103.4	3.6
2018	274.2	38.4	2 930.2	179.0	27.7	8.1	79.2	3.0
2019	244.1	34.3	2 954.8	155.7	35.6	8.7	75.3	3.2
2020	220.6	29.0	2 732.6	184.4	37.6	8.1	107.3	4.4

数据来源：印度尼西亚中央统计局，2021 年。

8. 食用农产品法规和标准

印度尼西亚食用农产品的基本法是食品法，该法于 1996 年颁布，并于 2012 年修订。食品法共有 17 章 154 条，规定了食用农产品标准，主要涉及污染物、食品添加剂和营养强化剂、微生物、农兽药残留、食品标签、食品产品标准和食品接触材料等方面，范围覆盖了农业、种植业、渔业、林业、畜牧业、供水系统。由于在印度尼西亚农产品生产和贸易中，新鲜水果、蔬菜占了很大比重，印度尼西亚很重视新鲜植物源性食品的质量安全控制，2011 年颁布了《新鲜植物源性食品进出口安全管理措施》。

印度尼西亚的农产品国家标准主要是由国家标准局（Badan Standardisasi National，BSN）制定，印度尼西亚标准协会（Masyarakat Standardisasi Nasional，MASTAN）进行管理，通过 MASTAN 调查了解标准制定的可行性。印度尼西亚十分重视农药最大残留限量标准的制定，在食品法中规定了农产品中农药残留量的总体要求，印度尼西亚规定了 196 种农药和 1 084 项农药限量指标，在东盟国家中印度尼西亚的农药最大残留限量种类和数量算是较多的。印度尼西亚为了保证食用农产品质量，也制定了一系列农产品产品标准。截至 2017 年年底，印尼制定了 486 个农产品标准，其中水产制品产品标准有 185 个，水果蔬菜产品标准共有 54 个，是东盟国家中产品标准最多的国家。农产品质量等级标准是对农产品质量进行分级、反映农产品特征和品质的标准。东盟各国农产品质量等级标准差异比较明显，是制约国家农产品贸易的潜在影响因素，印尼水果质量等级标准有 16 种，蔬菜质量等级标准有 10 种，印尼在标准的制定过程中非常重视市场化和国际化，积极采用国际标准并参与国际标准的制定。

（三）印度尼西亚农业发展的技术需求

1. 农业科技交流和合作研发

建立政府、科研机构和企业联合体，围绕水稻、玉米等主要粮食作物，兼顾油料、蔬菜和水果，建立农业科技合作平台。以联合研发、知识共享、技术转移和培训示范的方式，与印尼农业研究和发展局、茂物农业大学等主要科研机构、政府部门、农业企业进行合作，输出中国成熟的农业科技成果。通过种质资源交换、联合研发培育新的适用于中国和印尼的作物品种，以企业为主体，以科研机构为媒介，通过新品种、新设备、新方法和新技术的公益性推广示范，为印尼培育科研人才、实用型农业人才。提高农民种植管理技术，同时为研发成果的商业推广打好基础。

2. 种植业全产业链合作

中国企业已经"走出去"到印尼进行种植业和加工业投资，但缺乏有效合作，没有形成强有力的力量，在合作层次、合作领域方面仍具有很大的拓展潜力。坚持"以我为主、优势互补、共同发展"的合作方针，在充分尊重印尼需求的前提下，突破小农业和地域局限，着眼大农业产业链，建立企业联合体及有效的合作机制。布局种植业上下游环节，发挥技术、资金上的优势，通过开展农用基础设施建设的合作，改善当地的生产条件；结合农业技术推广和示范，提高当地政府和民众对中国企业投资的接受度。围绕水稻、玉米、棕榈、橡胶、木薯等粮食作物和经济作物，进行从育种、生产资料一直到作物种植、农产品加工和仓储物流系统的产业合作，在提升印尼粮食作物生产能力、保障粮食安全的同时，通过农产品精深加工、物流等投资合作，提高投资合作效益。

3. 农产品和农用物资贸易

除了继续鼓励传统农产贸易外，中国的温带果蔬很好地弥补了以热带果蔬为主的印尼消费市场的需求，此外像小麦、大米等粮食也具有广阔的市场潜力。印尼和中国一样，均采用以小农生产为主的生产方式，因此，中国的农业技术和农业机械设备较欧美国家更适合印尼的农业生产，但产品质量和服务仍有待提升。中国企业应该结合当地市场实际需求，研发和出口适合印尼当地的农资产品，提高服务质量。

二、印度尼西亚农业（企业、科教单位等）走出去的情况

（一）印度尼西亚农业科技管理体制与运行机制

2000 年 3 月，印尼农业部长签署并颁布了第 160 号部长法令，印尼农业图书馆及技术传播中心（PUSTAKA）成立。根据第 160 号部长法令规定：农业图书馆及技术传播中心负责印尼全国范围内的农业信息和农业技术汇总、传播、应用工作；统筹其他政府部门及非政府部门机构以加强全国范围内的农业科技传播工作；指导地方政府发展本地区的农业生产，推动地方农业科技传播；负责收集国内及国外农业科技发展的动态信息并及时向公众传播。需要指出的是，因为印尼地方政府拥有自治权，所以印尼在农业行政机构的设置上并不统一。省与省之间、同省区的县与县之间在农业科技传播机构的设置上都会有所差异，因此，农业科技传播部门名称并不统一。比如，日惹特区农业署的农业科技传播部门是技术服务局，而西爪哇省则是种植园发展和管理局。西爪哇省茂物县（印尼茂物农业大学所在地）农业局的农技传播部门是培育及发

展处，而德波县（印度尼西亚大学所在地）的农业及渔业局的科技传播部门则是生产和指导处。在印尼，镇级政府部门一般不设专门的农技传播部门，农技推广工作由镇农业综合事务办公室统一负责，村一级的农技传播事务由村长和村议事会共同负责。

印尼农业科技传播的组织及其体系特征明显，但问题也很突出。就其特征而言，政府主导下的农业科技传播主体具有多元化的特征。作为农业科技传播的主要力量，高等院校群体在印尼农业发展和农技传播事务上发挥着举足轻重的作用。农业合作社作为基层农民组织在技术与农民之间起到承接的作用。金融机构信贷支持与技术结合的模式有效地促进了农业技术的传播和应用。国际援助组织在苏哈托时期对印尼农业发展和农业科技传播起到了巨大的帮助作用。自进入民主改革时期以来，国际组织的援助项目不断减少，但是印尼借助外部的力量发展本国农业的理念得以延续。苏西洛政府为了加强印尼农业的国际交流与合作，分别在意大利罗马、比利时布鲁塞尔、日本东京、美国华盛顿四个驻外使馆设置了农业参赞，以更好地加强国际交流与合作。然而，政府农业部门官僚作风普遍、行政效率低下、机构臃肿、条块分割、职能碎片化及传播有效性等内耗问题突出。农业合作社组织内部管理混乱、私人操纵、缺乏自主性等问题需引起重视。非政府组织数量大、作用小，组织功能错位的问题不能忽视。农业企业数量少，农业经营领域狭窄，涉农物资供应链断裂等问题严重制约着印尼农业的发展，涉农市场亟须变革完善。总之，多中心治理视角下的印尼农业科技传播的体系既表现出了主体多元化的特征，也暴露了结构不合理、行政主导失灵、市场力量缺失、社会组织参与度不强、优势缺乏整合、传播效果未优化等问题。印尼要构建一主多元、运行高效、分工明确、结构合理、支撑有力、公平竞争的多中心参与式的农业科技传播体系仍需要一个漫长的发展过程。

1. 科技管理体系

民主改革以来，印尼各类型的合作社组织在政府的指导和帮扶下得到了良好的发展，合作社的组织程序、组织结构、经理制度、员工职责等内容得到科学、规范的发展，合作社经济被列为印尼国民经济三大支柱之一。印尼中小企业与合作社国务部网站统计数据显示，截至 2013 年 6 月 30 日，印尼全国共有200 808 个合作社，成员共计 34 685 145 人，开展活动的合作社有 142 387 个，其中农村合作社占有重要比例。根据规定，农业合作社具有 7 大职责：①增强和发展农村自立能力；②作为农村经济活动的服务中心；③拥有自身的活力和收益；④作为村民自己管理自己的组织；⑤维护村民的利益，为农村的建设服务；⑥制订基本计划，明确自身发展方向；⑦合作社的活动是全国建设不可分割的组成部分。

2012 年，苏西洛政府启动了"印尼现代化合作社纲领"，计划 3 年内发展 10 万个现代化合作社。现代化合作社以互联网和现代信息技术为载体，在农业生产、农业技术传播、种子农药化肥购买、农产品销售、低息小额贷款、三农保险、土地监管、数字化集成会计机制等领域，推广现代化的电子农业服务，提升农村地区的信息化水平。按照计划，2012 年、2013 年和 2014 年已分别建立 4 万、4 万和 2 万个现代化合作社。农村合作社成为新时期印尼农业科技传播的核心力量之一。

以大学为主的高等院校群体，在该时期的农业科技传播工作中继续扮演着重要的角色。印尼农业部网站信息中心的数据显示，包括茂物农业大学、卡查玛达大学、乌达亚纳大学、己布亚国立大学、北苏口答腊大学、日惹穆罕玛迪亚大学、三宝垄大学等共计 23 所印尼高校设有农业学院，专业涵盖农村社会经济发展、粮食作物、蔬菜、畜牧业、渔业、农业肥料、农产品加工等。随着印尼农业发展进程的加速，高等院校在涉农科技内容上较之前有所变化。以茂物农业大学为例，2003 年 11 月，茂物农业大学农业研究和机构授权中心成立，该中心下设包括农业和农村发展研究中心在内的 21 个涉农项目部。农业和农村发展研究中心主要职责是提高农业及农村社会经济的科技水平，增强农村社会经济发展动力，减少贫困。该中心研究内容涉及农业及农业商务发展、农村地区贫困消减、农业及农村地区组织和人力资源能力提升等。据不完全统计，目前印尼全国共有一百多所涉农高等院校，印尼高等院校群体依托自身教学、科研、培训等优势，在农业技术传播工作中发挥了重要的推动作用。

在民主改革时期，金融机构在农业科技传播工作上出现了新的变化，不仅扩大了农业信贷范围，而且参与农业信贷的金融机构数量也不断增加，地方金融组织作用突出。印尼农业部网站信息中心的数据显示，2011 年印尼全国共有 22 家银行参与农业领域内的生产应用信贷，包括 9 家全国性银行和 13 家地方发展银行。2012 年印尼共有 19 家银行参与农业生产信贷，包括 8 家全国性银行和 11 家地方发展银行。2013 年，印尼共有 28 家银行参与本年度的农业生产及技术传播信贷业务，截止到 8 月 31 日，28 家银行已累计发放助农贷款 4.721 955 万亿印尼盾，贷款涉及购买良种、肥料、发动机、灌溉动力车、农用拖拉机、水稻脱粒机、插秧机、家畜幼仔、家禽种苗等内容。印尼金融机构成为印尼农业发展及农业科技传播的重要动力之一，依靠银行惠农信贷为农业发展提供资金保障已成为印尼农业生产的惯例。

印尼中小企业在这一时期得到迅猛的发展。印尼中小企业及合作社国务部网站的统计数字显示，截止到 2012 年年底，印尼全国共有企业有 56 539 560 家，其中，中小微企业 56 534 529 家，占总企业数的 99.99%。但是，中小微企业的经营领域集中于家具、纺织品及服装、家庭旅馆、各种手工艺品等行业，涉及农业领域的很少。在农业科技传播起着比较重要作用的还是国有企业如印尼国有种子公司及大型私人企业以及先前的印尼亚洲种植集团、印尼金光集团、印尼三林集团等企业，涉足领域集中在水稻、蔬菜、甘蔗、速生林、油棕、可可等传统作物的种植上。对于印尼这样一个农业生产大国而言，国有及大型私人企业在农业科技传播事务上的作用十分有限，市场力量的缺失成为印尼农业发展及农业科技传播的关键问题。

进入民主改革时期，国际组织对印尼的援助不断减少，国际援助组织在农业科技传播上的作用减弱。但是，印尼各类社会组织在这一时期蓬勃发展，表现为数量多、组织形式丰富，不仅有传统形式上的行业协会、非政府组织（NGO）、非营利组织（NPO），还包括私人志愿组织、自助促进组织、基金会、社会宗教组织（如印尼伊斯兰教宣教委员会）等。其中，诸如种植协会、农林渔服务协会、害虫防治协会、饲料协会、肥料生产商协会、农用设备及机械协会、森林采伐协会、卡珪基金会、农村扶植秘书处、农村自立基金会、农村地区技术促进协会等涉农组织在农业科技传播方面扮演着重要的角色。印尼内政部网站信息显示，进入民主改革时期以来，印尼全国共有各类型的社会组织超过 10 万个，广泛分布于农业、工业、经济、教育、宗教、社会文化等领域，成为推动印尼经济发展、社会建设的重要力量之一。

综上所述，进入民主改革时期后，印尼农业科技传播体系在原有基础之上继续发展和完善并最终形成现在的传播体系。中央和地方政府的农业行政部门继续主导农业科技传播事务。合作社发展成为农村地区最为活跃的基层组织，在政府的支持与推动下，印尼农村合作社进行了现代化的升级改造，加大了信息技术在农业生产中的普及和应用的力度，以适应新形势下的农业发展及农业科技传播的要求。以大学为主体的高等教育机构依旧扮演着农技传播"主力军"的角色。金融机构在扶持农业发展、推动农业技术应用方面显示出重要的作用，地方金融机构积极参与农业科技传播工作成为本时期的一个新亮点。中小微企业群体庞大，但是较少涉足农业领域、作用有限，市场力量的缺失成为制约农业发展的关键因素。社会组织的蓬勃发展弥补了国际援助组织在农业科技传播工作上的缺位，农业领域内的各行业协会、传统的 NGO、NPO，具有印尼本土特色的私人志愿组织、自助促进组织、基金会、社会宗教组织等主体参与农业科技传播工作，成为农业科技传播的新兴力量。民主改革时期以来，印尼不断调整农业科技传播模式以适应农业发展的实际需求，并逐渐形成目前政府主导的多主体参与模式。

2. 科技政策

农业科技传播工作在政府的农业发展政策、方针、规划的指导下稳步推进。苏西洛执政后，印尼农业部先后实施了"农村地区农业商务发展计划""信息农民计划""农业信息与技术助力农民计划"等项目，旨在加大信息技术在现代农业生产中的普及与应用的力度。除了农业部的农业发展项目外，各地方政府也制定了本地区的农业发展规划及实施项目。印尼以各级行政部门的农业科技传播机构为主体，以不同时期的农业发展政策、战略、规划为指导，以政府的财政、人力、物力为保证，开展农业科技传播事务。政府主导是印尼农业科技传播体系最典型的特征。

（二）农业技术推广和培训状况

进入民主转型期后，印尼加快了农业现代化的发展步伐，注重农业科技的推广和应用，倡导科技助农、兴农。印尼善于利用国际援助、重视大学的作用、提倡金融助农、鼓励农村合作社自我管理。印尼提高农业科技水平的突破口在于引进、培育并大力推广优良品种，各级政府应加强宣传和引导，同时在主要环节提供发展贷款、技术指导以及必要的政策性帮助。

1. 农业合作社在印尼农业科技传播的发展历程中一直扮演着重要的角色

农业合作社上承政府下启农民，同时与企业及其他社会组织联系密切，在农业生产与农技传播上意义重大。合作社经济被列为国民经济三大支柱之一，可见合作社组织对印尼经济建设、社会发展的重要性。巴厘岛的苏巴克合作社是印尼众多合作社中最具代表性的一个。巴厘岛自然地理条件优越，种植水稻的历史悠久，是印尼大米的主产区。受制于地势，引水灌溉困难成了巴厘岛地区水稻种植的一大问题。在政府的支持和指导下，巴厘岛成立了苏巴克合作社，主要目的是在水稻生产中充分发挥农民的自组织优势，以解决稻田灌溉问题。苏巴克合作社组织当地村民在原有的地势上利用泥土和竹管构筑灌溉工事，因地制宜地充分利用河流的水速和走向修筑引水渠，同时依据当地习惯法来调节每户稻田的水量。苏巴克合作社的成立，使得原本复杂的灌溉体系管理变得科学、有序。巴厘岛的水稻灌溉技术在原有灌溉系统的基础上，经苏巴克合作社的发展已经形成了一套包括引水灌溉、稻田家禽混养、稻田观光旅游、宗教祭祀等技术和内容在内的完整苏巴克体系，该技术体系曾在东南亚及其他地区进行推广。

2. 高等院校法明确了印尼高等院校的三大职责，即教学、科研和为社会服务

以茂物农业大学为代表的印尼高校群体既是本国农业科技的生产源，又是人才的培养摇篮，同时也是农业科技传播的主体。作为农业教学和研究中心，印尼的涉农院校具有学科齐全、资源丰富、人才集中、传播能力强、传播方式多样等优势。一方面，涉农院校利用自身优势进行农业新技术、新成果的研究和转化；另一方面，学校利用自身的科技力量和设备资源，发挥教学基地的示范作用，为农业生产培养了大批的农业科研人才、农业技术人才和农民技术骨干。通过对涉农人员尤其是农民技术骨干的培养和教育，涉农院校为印尼农业生产及农技传播培养了大批懂技术、能管理、有见识、农业综合素质过硬的人才，提高了农业科技成果的转化率。

3. 利用国外援助组织进行农业科技推广

苏哈托在执政时期，积极利用外部力量发展农业，国际援助组织成为印尼农业生产和农业技术传播不可忽视的力量之一。在此时期，国际援助组织在农业水利灌溉技术推广、农业科学研究、农业技术教育培训、农业技术普及应用、移民开荒、推动农村地区发展等事务方面提供了大量的资金和技术支持。进入民主改革时期后，虽然国际援助组织在印尼农业生产方面的作用逐渐减弱，但是联合国粮食及农业组织、世界银行、亚洲开发银行等机构依然在印尼农村减贫、农业生产力提升、落后农村地区发展、消除农村地区性别歧视等方面继续发挥着重要的作用。2009年2月印尼农业部在世界银行的援助下启动了"农业技术和信息助力农民"的P3TIP援助计划项目，目的是通过向印尼落后地区的农民传授农业技术，普及现代农业信息，提高农民的农业生产技能，帮助其脱贫致富。

4. "贷款加技术"金融模式促进了农业科技推广

政府的农业技术推广人员选定贷款对象的做法，保证了资金和技术的良性互动。优惠贷款为农业技术的普及提供了资金保障，同时，农业技术的应用又保证了优惠贷款真正用到实处。进入民主改革时期，"信贷助农"进一步发展。一方面，参与"信贷助农"的金融机构数量不断增多，不仅有全国性的金融机构，还有地方性发展银行。另一方面，信贷的范围不断扩展，不仅有常规性的农业技术的推广应用信贷，还有农业教育、农业技术信贷项目，以及农业商贸信贷。以印尼人民银行为代表的金融机构在推动农业发展上的做法和经验受到了联合国粮食及农业组织的称赞并被推广至非洲及东南亚其他国家和地区。

三、印度尼西亚与中国的合作基础

(一) 合作基础 (企业、科教单位)

1. 农业科技合作

在农业科技交流方面，中国农业部为东盟国家举办了多个技术培训班，内容涉及动物营养与饲料加工、动物疫病监测控制、马铃薯丰产栽培、农村能源与生态、农业信息化、食用菌生产和种子管理等领域。2011 年 12 月中国—印度尼西亚科技周活动在雅加达成功举办，对来自中国的 120 多家企业、科研单位、大学的 243 项科技成果和产品，以及来自印尼 20 多家单位的科技成果和展品进行了集中展示，重点展示了双方在农业、传统医药和新能源等领域的先进适用技术及产品。

中国以农业技术试验示范的方式，向印尼展示农业技术实力，推动农业科技成果输出。自 2001 年起，湖南省农科院和袁隆平农业高科技股份有限公司（隆平高科）共同在印尼发展杂交水稻，进行杂交水稻的试验、示范和推广，最终使杂交水稻种子进入了印尼市场。中国与印尼杂交水稻技术合作项目启动仪式于 2012 年 12 月 29 日在印尼农业部隆重举行，该合作项目是在中国、印度尼西亚两国政府关于援印度尼西亚杂交水稻技术合作项目的换文的框架协议下立项实施，由中国商务部和印尼农业部监管，袁隆平农业高科技股份有限公司和印尼农科院执行。该项目实施的目的是通过在印尼进行杂交水稻技术试验示范，组织印尼技术人员到中国参加培训，在印尼选育更加适合当地土壤和气候条件的杂交水稻新品种，实现粮食增产。该项目执行期为 2010 年至 2013 年。2014 年，中国广西科技厅支持广西农业科学院、广西亚热带作物研究所、广西农业职业技术学院、广西瑞特种子有限责任公司等单位在印尼建立农业科技示范基地，进一步促进先进农业技术在印尼的示范与推广。

2. 农业产业合作

2007 年，印尼政府实施了新版的投资法（2007 第 25 号法），替代了 1967 年的旧法，对一系列政策进行了改革以吸引外资。2007 年版的投资法减少了投资限制，保障对所有投资平等对待，无最低投资要求，自由分配投资和利润，建立争议调节措施，提供投资服务。同时，印尼为增加当地就业岗位，改善基础设施，传播技术，开发新能源；在边远地区投资，与微型、小型和中型企业合作，利用资本商品、机械或者设备在当地生产的国外投资给予奖励。另外，该法还给予新公司或者新投资税务优惠以及免除进口关税等。就土地权和拥有权来说，2007 年版投资法做了如下规定：①商业种植用地为期 25 年，可以延期 25 年，甚至再延期 35 年；②建筑用地为期 30 年，可以继续延期 20 年或者 35 年；③非商业用途的土地使用权为期 25 年，可以继续延期 20 年或者 25 年。该法还允许外国投资者对主要粮食种植产业的个人公司拥有 49% 的所有权，而旧法禁止国外投资者进入该领域。

最近几年印尼农业产业国外投资持续增加，在 2011 年至 2020 年期间，投资已为印尼经济增长提供了约 32% 的支持，在国民经济中所占的份额在使用部门中占第二位，仅次于消费支出。如果再次细分，超过一半的投资比例是来自外部投资的。

中国在印尼的投资近年来快速增加，投资项目从 2010 年的 113 个增至 2014 年的 501 个，投资金额从 1.74 亿美元增至 2014 年 8 亿美元，但占印尼投资数量和金额的比重并不大，2014 年分别为 5.6% 和 2.8%。

中国与印尼进行农业产业投资合作的企业目前有 66 家，主要来自天津、辽宁、江苏、浙江、福建、山东和广西等省市，其中投资领域偏向于渔业、种植业（木薯、水稻、橡胶和棕榈）。其中福建省投资企业数量最多，有 18 家，其次为山东省，有 10 家，主要领域均为渔业捕捞，如表 4-14 所示。中国企业在印尼投资渔业，建立渔业加工厂和建造渔船，主要分布于马老奇、德纳德、杜亚儿。其中，大连长海渔业公司于 2005 年收购印尼材源帝集团（Djayanti Group）属下 PT Daya Guna Samudra 的渔产公司，在印尼东部的北马鲁古的杜亚儿（Tual）、巴布亚的比亚克（Biak）、北苏拉威西的比栋（Bitung）兴建渔产加工厂。2006 年 10 月，福建远洋渔业集团与印尼 AG 集团签订中国福建—印尼远洋渔业合作项目，共同投资 2 000 万美元在印尼成立合资公司，双方各占 50% 股份，计划在印尼建立远洋渔业基地，组建 300 艘渔船规模的渔业捕捞船队，从事渔业捕捞、加工、销售及渔船补给等业务。

表 4-14　2014 年中国主要省（直辖市）对印尼投资的数量和领域

省（直辖市）	数量	领域
天津	5	棕榈种植、加工
河北	1	农具生产、销售
辽宁	6	渔业、棕榈加工
吉林	1	种植、畜牧业
江苏	5	种植业
浙江	6	远洋捕捞

表4-14（续）

省（直辖市）	数量	领域
安徽	1	农药
福建	18	远洋捕捞、水产养殖、棕榈和椰子种植加工
山东	10	渔业捕捞、农产品种植加工
湖南	3	种植和种子繁育
广东	5	橡胶、木薯加工种植
广西	2	木薯种植加工
四川	1	畜禽饲料生产

数据来源：印度尼西亚中央统计局，2021 年。

投资印尼种植业的省（直辖市）主要是天津、湖南和广东，投资农产品为橡胶、木薯和棕榈等印尼重要的农产品。

3. 农业贸易合作

中国与印尼建交以来，两国经贸关系的发展经历了三个阶段，即 1950—1966 年的缓慢发展阶段、1967—1984 年的经贸中断阶段以及从 1985 年开始到现在的快速发展阶段。自从 1985 年中国和印尼签订直接贸易谅解备忘录、恢复中断近 20 年的直接贸易以来，特别是 1990 年恢复外交关系后，双方在经贸领域的交往与合作得到了全面恢复和发展。

中印双方贸易额呈不断增长的势头。1998 年受东南亚金融危机影响，中印双边贸易额比上年锐减 27%，1999 年双边贸易又大幅回升，进出口总额为 32.51 亿美元，2002 年达到 79.30 亿美元，2005 年突破 150 亿美元，2020 年印尼与中国贸易总额为 714.17 亿美元，其中出口 317.82 亿美元，占印尼非油气类产品出口总额的 20.5%；自中国进口 396.35 亿美元，占印尼非油气产品进口总额的 31.1%，印尼贸易逆差 78.53 亿美元，同比减少 53.7%。中国为印尼非油气产品的第一大贸易伙伴，日本和美国分居第二位和第三位。

中印农产品贸易结构存在互补性。印尼对中国的出口产品仍以资源型为主，主要出口产品为胶合板、木材及其制品、橡胶等。2020 年，印尼出口到中国的棕榈油为 439.4 万吨，占总出口量的 16.1%，出口生胶 30.7 万吨，占总出口量的 14.0%，仅次于美国和日本；中国对印尼的出口产品以一些农产品（大米、小麦，但量较少）和生产资料（化肥和农机）为主，双方贸易存在一定的互补性。

（二）存在问题

1. 双边农业合作未能形成完整的组织协调和统筹机制

中国与印尼的农业合作规划和统筹能力薄弱，农业合作涉及农业、林业、渔业，领域涉及科技、产业和贸易，主管部门又受到农业部、商务部等不同部门管理。合作资源存在分散性和短期性的缺点，合作企业规模小，未能形成有效的产学研结合，合作项目不可持续，中方农业合作优势未能得到充分体现。

2. 双边农业合作的结构性矛盾突出

合作结构单一，合作层次不高。合作项目小而分散，合作项目过度集中于种植和渔业领域。种植业又局限于育种与栽培技术，农产品加工和物流系统的技术合作较少，没有从产业链的角度全方位布局农业合作区域。各产业链环节的合作机构也缺乏有效地结合，未能形成深层次的合作。

3. 农业科技合作与农业产业合作结合不紧密

中国与印尼的农业产业投资合作的企业目前大约有 66 家，主要来自天津、辽宁、江苏、浙江、福建、山东和广西等省市，其中投资领域偏向于渔业和种植业（木薯、水稻、橡胶和棕榈）。除袁隆平印尼种子公司杂交水稻投资合作是基于两国农业科技合作以外，其余产业投资合作均没有与农业科技有效结合。同时中印企业间缺乏有效合作，同质化严重，未能形成有效的力量，它们之间的合作规模和合作层次都不高。

（三）今后的合作重点

1. 作物种质资源保护与可持续利用

一是作物种质资源保护和利用合作平台建设。根据相互之间的需求，中国与印尼联合开展作物种质资源全面调查、交换和引进工作，交换引进的重点作物是水稻、玉米、蔬菜和热带水果等作物地方品种、育成品种、自交系和野生种。二是联合开展优异作物种质资源示范与利用。建立水稻、玉米、蔬菜展示基地，中国通过主要作物种子研发机构、大型种子公司与国外研究机构、种业公司开展技术合作，继续推广杂交稻技术，共同培育适合印尼等东南亚国家的杂交稻、杂交玉米等新品种，进一步输出具有中国自有知识产权的杂交作物新品种。中国举办国际培训班，为印尼培训杂交水稻和玉米技术骨干，确保种子和技术出口的本土化成效。

2. 农作物开发利用

一是粮食作物的开发利用，包括水稻、玉米等种植基地的建设，提高综合生产能力，加强良种推广与技术合作，粮食综合加工利用，加强粮食仓储物流基础设施建设；二是橡胶资源的开发利用，加快橡胶种植园基地建设，挖掘橡胶的种植潜力，加强橡胶种植和加工等技术合作研发和成果的转化以及橡胶加工的综合利用；三是木薯资源的开发，以木薯原材料基地建设为载体，进行良种与各种先进技术的实验转化，以木薯干片和木薯淀粉为重点，加快木薯产业链的延伸；四是棕榈资源开发，积极发展"种植+加工"一体化项目，加强棕榈种植与开发的技术合作，积极拓展产业链和其他领域合作，把棕榈产业向深度延伸。

3. 经济林木资源开发

一是投资以农林产品加工为基本内容的制造业，包括胶合板、锯材、废材、木工和家居工业、纸浆和造纸等林产业；二是推动山林开发可持续经营，开展热带保护，联合开展林木资源、珍稀濒危动植物保护，开发速生林，合作建设林化企业，促进印尼森林的可持续开发利用；三是开发热带水果、花卉等资源，交换种质资源，开发新品种，增强两国林果产业生产能力。

4. 渔业资源开发

一是开展水产养殖技术研发和水产养殖产业合作，兼顾远洋捕捞产业合作；二是渔业加工技术合作交流和产业合作，开发深加工渔产品，提高产业附加值。

5. 重点项目

（1）油料作物综合开发

印度尼西亚气候适宜棕榈和可可的种植，政治社会经济比较稳定，劳动力较丰富且低廉。中国应充分发挥中国人才、资金和市场等方面的优势，以中国乃至世界棕榈市场需求为导向，以种植、加工一体化项目为重点，与印尼积极推行棕榈全产业链开发，既为印尼发展壮大棕榈产业，促进经济发展做出贡献，又能满足中国棕榈市场需求，确保粮油安全，通过棕榈资源合作开发探索中国与印尼合作的新模式。在棕榈适宜开发区，系统分析评价可利用土地资源，以种植园建设为基础，规划新建种植—加工一体化项目；在现有棕榈经营区，在系统分析评价现有经营企业的基础上，筛选合作企业，改善并提高现有企业的经营水平和规模；按全产业链合作开发的思路，棕榈合作开发项目不仅包括种植园的建设、初轧厂的建设和精炼厂的建设，还包括种源、肥料、物流及营销一系列相关内容的建设。

合作区域布局于加里曼丹岛，该地区是最大的棕榈种植地区，基础设施较完善，便于原料的运输以及加工产品的销售，更可以利用地理优势辐射该岛上马来西亚棕榈产区，扩大合作范围和影响力。

（2）粮食作物综合开发

从全产业链的角度，以境外战略性农业和粮食资源综合开发利用和中国农业具有比较优势的领域为重点，围绕稻谷、玉米、小麦和木薯等主要粮食作物，采取产品、技术、设备和人力资本输出等多种方式，基于种植和示范基地建设，侧重粮食加工、种子繁育和投入品贸易以及物流中心建设，建立从稻谷深加工、种质研发生产基地、化肥和农药生产、农机生产和贸易到物流配送的粮食作物全产业链投资合作。

合作区域布局于爪哇岛，该地区是粮食作物主产区，同时交通基础设施完备，人口众多，具有极大的消费潜力，生产产品既可以用于满足当地市场需求，也可以销往国际市场。同时，以稻谷等主要粮食作物为纽带，辐射缅甸、柬埔寨和越南等GMS国家，带动整个东盟的粮食产业开发。

（3）林业综合开发利用

中国在森林资源可持续利用、木材生产加工、生物质能源培育方面具有优势，在人才、资金、技术等方面有充足的保障。印尼在林业对外合作的政策方面注重木材的深加工、提高附加值、保护本国生产者利益。首先，中国应加强与印尼在植树造林和森林资源保护方面的合作，帮助印尼大力植树造林和保护尚存的森林资源，培育新的热带经济林，实现森林资源的可持续发展；其次，中国应在保障印尼林业资源可持续发展基础上，选择水运条件较好、森林资源丰富、地势平坦、适宜开展森林采伐和木材加工的地区，建设面向印尼国内市场的林产品加工基地，从事林产品深加工，扩大林产品出口；最后，中国应以印尼政府允许的方式建立林业基地和木材加工、家具制造、纸浆、造纸等合资、合作企业，开发利用当地的森林资源，结合中国先进的技术设备、较高的管理水平，优势互补。这样既可生产国内所需的木材产品返销中国国内市场，又可供应印尼国内市场，满足其对木材产品、纸浆和纸张等的需求，提高生产技术水平，达到加大出口、增加就业和税收一举多得、互利双赢的目的。

合作区域应布局加里曼丹岛。该地区森林资源丰富，铁路运输设施较完善，具备投资合作的基础条件。

四、中国与印度尼西亚开展农业科技国际合作的建议

2013年10月，中国与印尼共同宣布在原有的基础上将双边关系提升为全面战略伙伴关系。在此新背景新机遇下，中国涉农企业应充分把握机遇，实施"走出去"发展战略，以中国—东盟合作为平台，充分利用自由贸易区的优惠政策、便利规则（如"中国—东盟科技伙伴计划"等），果敢布局印尼农业市场，加大对印尼农业市场技术输出、产品出口的力度，加强与印尼农业领域开展联合研究、技术示范、人才培训等多种形式的农业科技合作。中国企业入驻印尼，一方面充实了印尼农业市场的力量，带动了农业技术的传播与应用；另一方面为中国农业实施"走出去"战略提供了良好的实践平台，以实现中国与印尼农业发展的双赢。

中印两国在粮食、油料作物和林业资源等产业的开发、生产和管理、农业研究与开发、物流加工和贸易及相关产业具有广阔的合作空间。以农产品加工为核心，以农产品贸易为纽带，以科技为支撑，将中国和印度尼西亚的农业合作从单一作物种植业扩展到林业、渔业等多个产业，由单一的生产、贸易和推广合作渗透到研发、加工和物流等更多环节，实现全产业链的综合开发利用。中国可以通过印尼辐射东盟其他国家，带动中国与东盟各国的农业合作向纵深发展，推动区域粮食安全水平提高和中印经济的可持续发展。

未来的合作不能一蹴而就，要通过综合考量、科学规划，以政府为保障，以科技为媒介，以企业为主角，建立产学研合作主体，既要充分认识到两国的互补优势和合作需求，也要认真评估产业合作可能存在的风险，建立具有操作性的合作计划和风险防控机制，逐步推进中印两国农业合作。

（一）整合农业合作项目资源，提高竞争力

农业部、商务部、海关等部委之间需要建立统一的管理协调机制，解决多头管理、权限分散的状况。通过调整机构和职能，建立大项目平台以实现资金整合，改变资金供给分散的现状，集中在重点合作领域，如粮食生产合作、农村能源建设、跨境动物疾病防控、农村发展与减贫、农业合作信息平台建设等。建立对印尼农业投资企业联盟，形成有效的力量，与政府、合作组织地对印尼合作项目有效对接，增强"走出去"主体的竞争力和话语权。

（二）产学研结合，提高农业合作的可持续性

对农业合作项目进行规划时，中国需要考虑项目结束后的可持续性问题。要使项目可持续就必须解决三个问题。第一，维持项目可持续的资金从何处来？在设计农业合作项目时，中国可考虑多设计一些可以开展社会化服务的内容和将来企业能够承接做下去的内容。第二，项目结束后，合作方的技术人员的能力是否达到了能够独立工作的程度？第三，项目结束后，合作方能否获得维持设备正常运转所需的配件？这需要建立良好的贸易渠道。改变现在政府、科研机构和企业平行合作的局面，将各级政府开展的农业合作项目、农业援外项目与企业"走出去"有效结合起来；建立产学研联合体，整合资金、人才和资源，分工协作，推动对印尼农业合作项目的可持续性。

（三）出台扶持政策，多渠道帮助企业解决融资难题

企业要迈出国门，就要先解决资金问题，政府可以考虑为涉外农业企业放宽融资条件。对"走出去"的企业，凡具备上市条件的，优先推荐进入资本市场上市融资，支持和鼓励有条件的企业进入国际资本市场直接融资，优先推荐"走出去"农业企业申报国家高新技术产业化推进项目、农产品精深加工项目和技术改造贴息项目。建立农业"走出去"专项基金，为"走出去"的企业予以支持，包括项目前期启动工作、示范项目经费安排等。

（四）建立和完善保险体系和服务体系，降低风险

国家通过补贴支持的方式鼓励保险公司设立专门针对农业对外投资的保险险种，主要承保企业在境外农业投资之后可能发生的各种风险；加强信息服务能力建设，如建设农业信息交流平台，为对外投资企业提供各种信息资料；对已经"走出去"的企业进行跟踪了解，做好咨询服务等。

（五）充分利用区位优势和资源差异性

扩大农产品和农用物资贸易。印尼自然资源丰富，天然橡胶、棕榈油、木材、水产品等都是主要输出到中国的产品。中国出口印尼的农产品主要有谷物、蔬菜、水果，其中苹果、梨、猕猴桃、红枣、石榴等温带水果在印尼非常受欢迎，市场效益显著。此外中国每年还向外输出大量农用物资，如农机、化肥、农药、稻种、果苗等。今后，中国除了要继续鼓励现有的农产品贸易外，还应结合印尼特点，开发更多符合当地需求的产品。

（六）发挥各自优势，开展农业科学技术合作

首先，印尼在热带经济作物的栽培方面积累了丰富经验，同时中国也有许多农业生产技术领先印尼，如杂交水稻等农作物栽培、食用菌栽培、畜牧和淡水养殖、海洋捕捞、动物健康防治、农村能源技术、农产品食品加工和饲料加工技术等，有必要在这些领域加强与印尼的交流与合作。此外，中国采用农业技术试验示范的方式，推动农业科技成果输出，取得了很好的示范效应，大大促进了印尼杂交水稻的生产。在技术实验和示范的同时，中国还应重视技术合作与商业合作的结合，鼓励中国农业企业到当地投资，充分利用当地市场和当地资源。

（七）开展农用基础设施建设合作

印尼的农业基础设施还很落后。以水利灌溉系统为例，印尼全国稻田灌溉面积仅占总面积的55%，现有水利设施远不能满足生产的需求。并且有限的设施在印尼分布很不平衡，很多地区特别是新垦荒地区的水利设施基本为零，因此改善灌溉系统对推动印尼的粮食生产有着非常重大的意义。此外，印尼的农

村公路网、仓储设施等也有待改善。在农用基础设施建设方面，中国有丰富的经验，完全可以发挥技术和资金上的优势与印尼开展合作。

（八）鼓励企业走出去实施农业产业投资

印尼自然资源丰富，为它的农业发展提供了优越的内在条件。长期以来由于资金和技术的限制，印尼开发程度还很低，未来仍有巨大的发展空间。因此在继续发展农业贸易的同时，中国政府还应鼓励国内有实力的企业去印尼投资，帮助其开发和利用当地资源。

第五章 菲律宾农业研究报告

菲律宾共和国，简称"菲律宾"，是亚洲、大洋洲两大陆和太平洋之间以及东亚和南亚之间的桥梁。北邻中国、日本、朝鲜半岛；西接泰国、越南、柬埔寨、老挝、缅甸、印度；东临太平洋；南部和西南与印尼、马来西亚隔海相望。

菲律宾由 7 100 多个岛屿组成，其中 11 个大岛占全国总面积的 94%。菲律宾的地貌复杂多样，有山脉、平原、高原、峡谷、湖泊、大河、火山、草原、森林等诸多形态，其中山地面积占总面积的三分之二，海陆对比明显，西侧是中国南海，东侧是太平洋。

菲律宾人口增长较快，2011—2020 年人口年均增长 1.537%，2020 年菲律宾人口约有 1.095 8 亿人。其中，农村人口约占总人口的 52.592%，城镇人口约占总人口的 47.408%。菲律宾是一个多民族国家，有 90 多个民族。

近几年，菲律宾经济发展迅速。2020 年菲律宾国民经济总产值为 3 309.10 亿美元，人均 GDP 为 3 102.71 美元，菲律宾农业、工业和服务业三个产业的占比分别为 10.185%、28.398% 和 57.4%。菲律宾是全球主要劳务输出国之一，在海外工作的劳工有 1 000 多万人。2019 年菲律宾吸引外商直接投资净额 86.71 亿美元，占 GDP 的 2.301%。随着经济的快速增长，菲律宾失业率有所下降，但贫困发生率仍然较高。

一、菲律宾农业发展现状

（一）资源情况

1. 自然资源情况

菲律宾气候属热带海洋性气候，全年阳光充足，一年分湿季和干季两季。湿季为 5 月至 10 月，高温多雨；干季为 11 月至次年 4 月，炎热干燥。菲律宾国土南北狭长，东西有山脉分隔，因此南部与北部，东海岸与西海岸之间的气候均有差别。全年平均气温在 26.6 摄氏度上下。菲律宾境内野生植物有近万种，其中高等植物有 2 500 余种，主要有松柏、竹子、龙脑香、红树、松树等。菲律宾境内野生动物以哺乳类为主，多达 200 种。

菲律宾有着丰富的水资源，包括海洋和内陆水资源。海洋是渔业的重要资源，菲律宾拥有 22 000 万公顷的海域，其中 2 660 万公顷的海域是沿海海域，19 340 万公顷的海域是远洋海域。内陆水资源包括 20 万公顷的湖泊、19 万公顷的水库、3.1 万公顷的河流、22.2 万公顷的鱼池和 33.8 万公顷的沼泽地，这些水资源是渔业生产和农业灌溉用水的重要保证。菲律宾海岸线蜿蜒曲折，总长 18 533 千米，颇多天然良港。菲律宾海岸有 61 个自然港，马尼拉湾是世界上最好的港湾之一，水域达 77 000 公顷。菲律宾群岛遍布河流，最长的河流是卡加延河，流经亚洲最著名的烟草生产地区卡加延河谷。贝湖是菲律宾最大的淡水湖，位于吕宋岛拉古纳省和黎刹省的环绕之中。

菲律宾有 3 000 万公顷的国土面积，41.74% 是农业用地，农业用地集中在城市附近及人口稠密地区。其中，耕地面积为 559 万公顷，占国土面积的18.63%，人均耕地面积为 0.06 公顷；永久性作物覆盖面积为 535 万公顷，占国土面积的 17.83%；永久性草地和牧草为 150 万公顷，占国土面积的 5%；森林面积为 804 万公顷，占国土面积的 26.80%；其他土地面积为 933.7 万公顷，占国土面积的 31.13%；内陆水域面积为 18.3 万公顷，占国土面积的 0.61%。

2. 社会经济资源

菲律宾劳动力资源丰富，老龄化程度低。2019 年，菲律宾 15～64 岁的劳动力人口总量接近 7 062 万人，占总人口的 64.446%，劳动人口的平均参与率为 62.3%，其中男性劳动力的参与率占 15～64 岁男性人口的 75.24%，女性劳动力的参与率占 15～64 岁女性人口的 62.3%。农业、工业、服务业就业人员分别占就业总数的 22.86%、19.12%、58.03%。近年来，随着经济的发展，菲律宾劳动力的受教育水平逐渐提高，据世界银行统计，2018 年，菲律宾中学入学率占总人口的 84.045%，高于世界同期平均水平；而高等院校的入学率在 2017 年为 35.475%，略低于世界同期平均水平（37.856%）。在成人识字率方面，2015 年菲律宾的成人识字率高达 98.183%，远远高于世界同期平均水平（86.478%）。

（二）发展现状

菲律宾拥有丰富的水资源和肥沃的土壤，适宜发展农业。2020 年，农业增加值为 368.17 亿美元，占 GDP 的 10.185%。种植业是农业的主体，产值在农业总产值中占 2/3 以上。菲律宾的主要出口产品为香蕉、鱼和虾、糖及糖制品、椰丝、菠萝和菠萝汁、未加工烟草、天然橡胶、椰子粉粕和海藻，主要进口的产品有稻谷和玉米。

1. 种植业

（1）谷物

菲律宾的谷类作物以稻谷和玉米为主。稻谷是最重要的粮食作物。菲律宾稻谷生产发展较快，是世界第八大稻谷生产国，约占世界稻谷总产量的3%。菲律宾稻谷产量在2010—2014年逐年增加，从1 577.23万吨增长到1 896.78万吨，2015—2016年有所下降，但在2017年后又呈快速恢复增长态势，2018年产量达1 906.61万吨，2019年产量有所下降为1 881.48万吨。2010—2014年年均增长率达4.72%，2016—2017年平均增长率则达到9.36%。人均稻谷占有量从2010年的167千克增加到2019年的174千克。尽管产量有所增长，仍然满足不了国内的消费需求，菲律宾需要进口一定的稻谷。稻谷的进口量波动较大，主要与当年产量有关。2018年和2019年，稻谷进口量分别为176万吨和302万吨，如图5-1所示。稻谷的自给率在2010—2016年呈"提高—降低—提高"起伏状态，到2016年达到最高，为97.53%；2017—2019年自给率再次快速下降，从97%降低到86.1%。

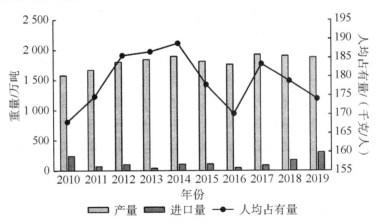

图 5-1　2010—2019 年菲律宾稻谷的产量、进口量和人均占有量

（数据来源：联合国粮食及农业组织数据库，2021 年）

玉米是菲律宾的第二大粮食作物，产量从2010年的637.68万吨增长到2019年的797.88万吨，年均增长率为2.52%，2010年玉米的人均占有量为67.86千克，到2019年人均占有量增加为73.80千克。同样，玉米也是产不足需，需要一定进口。玉米的进口量较小，2018年和2019年分别为91万吨和45万吨，如图5-2所示。

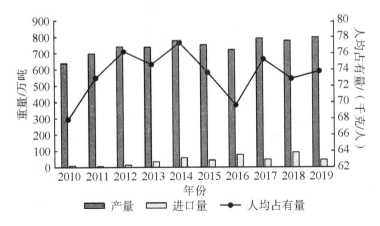

图 5-2　2010—2019 年菲律宾玉米的产量、进口量和人均占有量

（数据来源：联合国粮食及农业组织数据库，2021 年）

（2）油料作物

菲律宾的油料作物主要是蓖麻、椰子、油棕、花生、籽棉、大豆等，其中椰子油是最主要的油料作物。从 2010—2019 年生产情况来看，油料作物总产量略微减少，从 1 611.70 万吨减少到 1 530.70 万吨，但减少的幅度并不大，总的来说还是保持相对稳定。同期，人均占有量从 171.52 千克/人减少到 141.58 千克/人，如图 5-3 所示。

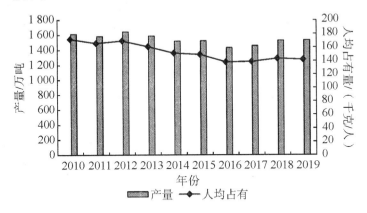

图 5-3　2010—2019 年菲律宾油料作物产量

（数据来源：联合国粮食及农业组织数据库，2021 年）

（3）水果

菲律宾的热带水果主要有香蕉和芒果，主要用于出口创汇。菲律宾香蕉的产量由 2010 年的 910.13 万吨增长到 2012 年的 922.68 万吨，从 2013 年开始，菲律宾香蕉产量逐年下降，到 2016 年减少为 582.91 万吨，2017 年香蕉产量再次增加，2018 年和 2019 年菲律宾香蕉产量分别是 614.43 万吨和 604.96 万吨，如图 5-4 所示。菲律宾香蕉的消费量由 2010 年的 751.13 万吨减少到 2019 年的 362.95 万吨，其余部分用于出口。由于菲律宾国内香蕉产量的缩减，相对 2000—2010 年，菲律宾香蕉的出口量总的来说是在减少，虽然从 2010 年的 159 万吨增加到 2013 年的 326 万吨，但随后出口量减少到 2016 年的 139 万吨，2017—2019 年香蕉出口量又有所回升，2019 年为 242 万吨，占香蕉产量的 40%，出口额为 36 亿美元。

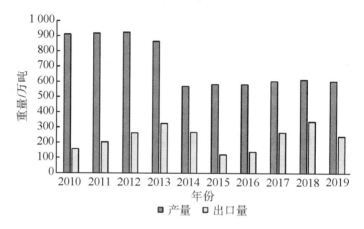

图 5-4　2010—2019 年菲律宾香蕉产量和出口量

（数据来源：联合国粮食及农业组织数据库，2021 年）

芒果的产量相比香蕉来说稍少。2010—2019 年芒果的产量变化不大，2010 年其产量为 84.35 万吨，出口量为 2.37 万吨，国内消费量约为 81.98 万吨。到 2019 年，国内芒果的产量为 75.39 万吨，同比上年增加 3.98%，比 2010 年减少 10.61%，约为 9 万吨，出口量为 4.3 万吨，同比增加 1.51 倍，比 2010 年增加 81.18%（见图 5-5），出口额达 6 152.1 万美元，同比增长 1.65%，比 2010 年增长 40.40%。

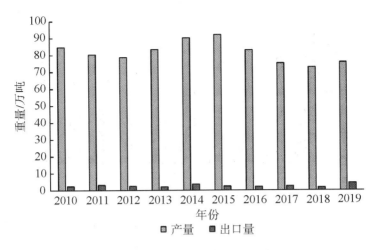

图 5-5 2000—2012 年芒果产量和出口量

（数据来源：联合国粮食及农业组织数据库，2021 年）

2. 畜牧业

菲律宾的畜牧业发展也较为快速，肉类产量增长较快。2010—2019 年，肉类产量从 2010 年的 290 万吨增加至 2019 年的 369 万吨，增加了 27.15%，年均增长率为 2.7%。其中，猪肉是最主要的肉类产品，2010 年猪肉产量为 163.58 万吨，占肉类产量的 56%，但猪肉产量的增长速度相对较慢，2019 年猪肉产量为 184.08 万吨，占肉类总产量的比重下降为 49%。禽肉是第二重要的产品，增长较快，从 2010 年的 89 万吨增加至 2019 年的 146 万吨，年均增长率为 5.58%。禽肉占肉类的比重也有所提高，从 2010 年的 30% 提高到 2019 年的 39%。牛羊肉的产量较少，2019 年牛肉和羊肉的产量分别为 30 万吨和 6 万吨，分别占肉类产量的 8.38% 和 1.62%。相对而言，牛肉产量增长较慢，羊肉由于基数较低增长较快，如图 5-6 所示。虽然肉类的产量增长较快，人均肉类产量从 2010 年的 30 千克提高到了 2019 年的 34 千克，但仍满足不了国内的消费需求，需要进口一定的肉类，其中主要是猪肉。2010—2019 年进口量都在快速增长，从 2010 年的 16 万吨增加到 2018 年的 35 万吨，年均增长率达 10.24%，2019 年猪肉进口量略有回落，为 31 万吨；进口额也从 2010 年的不到 1 亿美元增长到 2018 年的超过 4 亿美元，达 4.8 亿美元，年均增长率达 24.39%，2019 年略有下降，为 4.42 亿美元。由于猪肉进口量的增加，菲律宾的猪肉自给率也从 2010 年的 90.89% 下降为 85.42%。

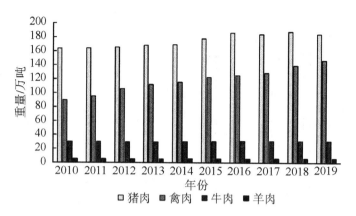

图 5-6　2010—2019 年菲律宾各种肉类产量

（数据来源：联合国粮食及农业组织数据库，2021 年）

菲律宾鲜奶的产量增长较快，2000 年鲜奶产量仅 1 万吨，到 2010 年就增加到 1.59 万吨，到 2014 年就超过 2 万吨，2017 年后鲜奶产量略有下降，2019 年鲜奶产量为 1.48 万吨，2010—2017 年年均增长率为 3.43%。由于奶类的产量过低，菲律宾主要依靠进口来满足国内的消费需求。奶类的进口量从 2010 年的 31 万吨增加到 2019 年的 45 万吨，同期进口额从 7.06 亿美元增加到 9.95 亿美元，如图 5-7 所示。

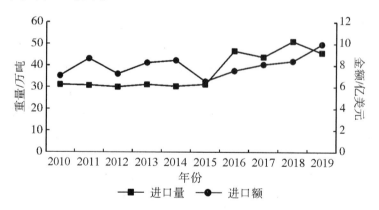

图 5-7　2010—2019 年菲律宾奶类进口量和进口额

（数据来源：联合国粮食及农业组织数据库，2021 年）

3. 渔业

菲律宾的渔业资源、渔产品比较丰富，渔业是菲律宾国民经济的重要产业之一，自 20 世纪 70 年代菲律宾实施渔业发展规划以来，渔业经济发展迅速平稳。2010 年菲律宾渔业产品总产量 505 万吨，此后至 2018 年渔业产品总产量逐年小幅减少，到 2018 年总产量 435.69 万吨，同比增加 5.54%，比 2010 年减少 13.73%；人均渔产品占有量从 2010 年的 53 千克减少到 2018 年的 40 千克，如图 5-8 所示。菲律宾的渔业产品丰富，是世界主要渔业产品贸易国之一，但进口量大于出口量。2010—2018 年菲律宾的渔业产品进口量逐年持续增加，从 2010 年的 14.76 万吨一直增加到 2018 年的 40.59 万吨，年均增长13.48%；出口量从 2010 年的 14.74 万吨增加至 2018 年的 21 万吨，但 2015年、2016 年的出口量减少。

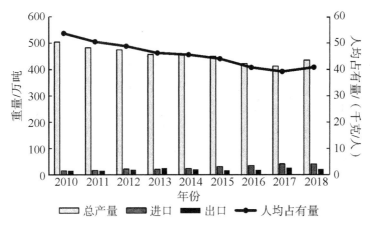

图 5-8　2010—2018 年菲律宾渔业产品的产量、人均占有量和贸易

（数据来源：联合国粮食及农业组织数据库）

4. 林业

菲律宾的林业以橡胶为主，近几十年来菲律宾的天然橡胶产量一直呈增长趋势，从 2000 年的 21 万吨增长到 2010 年的 39 万吨，再到 2019 年的 43 万吨，年均增长率为 3.7%。天然橡胶也是传统的出口创汇产品，出口量从 2010 年的3 万一直增加到 2019 年的 12.29 万吨，增长了 3 余倍，如图 5-9 所示。

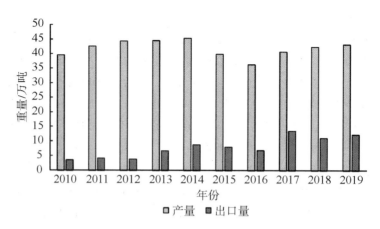

图 5-9　2010—2019 年菲律宾橡胶的产量和出口量

（数据来源：联合国粮食及农业组织数据库，2021 年）

（三）市场及管理体系

菲律宾政府推行面向市场的农业发展战略，减少对农业部门的直接干预。菲律宾是 WTO 中的发展中国家，在 1995 年至 2004 年的 10 年内进行关税减让，到 2004 年除一些敏感的农产品外，几乎所有产品的税率在 0 至 5% 之间。1997 年，菲律宾颁布的《农业和渔业现代化法案》（RA8435）规定，在农村地区推行《高增值农作物发展方案》（GMA），取代以前的《高增值经济作物发展方案》（GA）。其主要措施为：取消进口限制，并对农业投入物的进口免征关税，以加强农业部门的竞争力；政府不再对非公共货物与劳务实行补贴贷款，包括不再对贷款的获得和出口进行补贴；公共投资将集中在基础设施、政府的基础服务、社交与商务合作的准备和其他发展活动，以及基本公共货物的供给方面。但菲律宾仍存在非关税保护，如仍对大米实行关税配额限制，对新鲜水果、蔬菜、活牲畜、肉及肉制品实行进口许可限制，菲律宾农业部通过使用动物检疫证书和进口检验来限制禽肉进口。

菲律宾农业部门细分为 9 个服务中心，每个服务中心都包含相应的部门进行更加细致的管理。同时畜牧局、种植业局、农业培训机构、农业和渔业标准局、渔业和水产品资源局、农业研究局、土地和水资源管理局，分别对农业、渔业、水产品、土地、水资源等进行监督和管理以保证农业生产所需要的土地和水资源充足、安全，保证农产品的生产、消费、运输安全，确保菲律宾的农业市场稳定和快速发展。

（四）发展前景

菲律宾农业产值占 GDP 的 10% 以上。由于基础设施落后、资金技术匮乏，菲律宾农业总体上还停留在靠天吃饭的阶段，粮食自给的目标也尚未实现。作为世界上较大的粮食进口国，菲律宾的粮食安全问题一直备受关注，国际上粮食价格的风吹草动都会影响到菲律宾的粮食安全问题。为解决国内粮食安全问题、改变处于不利的被动地位，菲律宾历届政府都把解决粮食安全问题作为其在任期间的一个重要目标。

阿罗约上台后至2004年，菲律宾完成了804个涉及农村道路建设的项目，共计994千米；完成92个灌溉项目，灌溉辐射的农田面积为17 154公顷；投入10.9亿比索对10万余户农民进行培训。2008年，菲律宾政府宣布拨款10亿美元用于复兴农业，主要用于农业科研和基础设施建设，为进一步提高粮食产量，在全国建立了45个粮食中心，同时还签署了《农业—土改信贷法》以强化信贷对农业发展的支持。此外，菲律宾还积极引进外资以增强农业发展的后劲。

阿基诺三世上台后非常重视粮食安全问题，其强调执政的目标之一是解决粮食安全问题，增加农民收入，提高农业对气候变化风险的弹性。阿基诺政府制定《粮食自给计划2011—2016》，主要涉及加大对农业发展的支持力度，为粮农提供价格支持和完善市场流通体系，加强小农信贷在农业发展中的作用及扩大针对气候变化风险的保险范围。阿基诺政府重视农村区域的基础设施建设，至2012年6月，在农村建设和修复的道路共计1 752.7千米；在灌溉方面，新建设的灌溉设施面积为1 756公顷，修复的面积为81 468公顷。阿基诺政府积极推进建立和完善国内和国际流通市场，保证农民能够真正参与到市场流通环节中，进而提高他们的收入；通过信贷优惠等措施鼓励发展农业公司，加大发展农产品加工以提高农产品附加值，这不仅可以提高农产品的市场竞争力，还可以提供更多的就业岗位。

二、中菲农业合作现状

（一）农业合作现状

中菲两国农业互补性强，合作潜力较大。自1975年建交以来，中菲两国的农业合作交流不断增多，特别是20世纪90年代后期以来，农业合作进入新阶段，签订了农业合作协议，在农业技术培训、兴修水利、培育良种等方面开展了合作。两国在农业机械、渔业等领域的合作也都有新的进展，农产品贸易更加频繁，贸易额逐年增加，农业合作已成为经贸合作的典范。

1. 签订多份农业合作协议

1999年7月中菲签署了关于《加强两国农业合作的意向书》和《向菲律

宾提供商业杂交水稻良种的谅解备忘录》。1999 年 9 月两国签署了《中华人民共和国政府和菲律宾共和国政府关于农业及有关领域合作协定》。2000 年双方有关部门签署中方向菲方提供 1 亿美元信贷协议书。由中方援建的"中菲农业技术中心"于 2003 年 3 月竣工。中国优良杂交稻种和玉米在菲律宾试种成功，并逐步推广。2004 年两国签署《渔业合作谅解备忘录》。2007 年 1 月，两国农业部签署《关于扩大深化农渔业合作的协议备忘录》。2011 年两国经贸部门签署《中菲经贸合作五年发展规划（2012—2016）》，旨在加强农业和渔业、基础设施与公共工程、矿业、能源、信息通信技术、加工制造业、旅游业、工程服务和林业方面的合作。2016 年中国与菲律宾发表联合声明，并签署了《中国农业部与菲律宾农业部农业合作行动计划（2017—2019）》。2017 年中菲农业合作联合会第五次会议召开，会议肯定了《中菲农业合作行动计划（2017—2019）》实施进展，一致认为在各方共同努力下，双方在能力建设、水产养殖、水稻玉米种植、农渔产品加工和农机合作等各个领域都取得了积极进展；双方同意在中菲农技中心三期、农业产学研一体化合作、蚕桑叶发展、产后机械化开发、农业投资与农产品贸易、橡胶研究推广等领域进一步加强合作。

2. 双边农产品贸易活跃

2005 年以后，中国成为菲律宾第三大贸易伙伴，菲律宾则是中国在东盟的第六大贸易伙伴。2011 年以后中菲贸易增长较快，2020 年，中国对菲律宾的出口总额为 418.4 亿美元，同比增长 26%；中国对菲律宾的进口总额为 193.1 亿美元，同比减少 4.4%；贸易差额 225.3 亿美元。但总体来说，菲律宾在中国对外贸易中的比重较小，进出口额均占全部进出口额的 1% 左右。在农产品贸易方面，2010—2018 年，菲律宾从中国进口的水果和蔬菜分别占菲律宾水果和蔬菜进口总额的 40%、60% 左右。从品种来看，中国向菲律宾出口的蔬菜类主要有生鲜或冷藏的葱蒜；而水果类主要是新鲜的苹果、梨、木瓜、柑橘类等温带水果。2018 年中国向菲律宾出口大蒜 7.9 万吨，出口额达 4 502 万美元；出口苹果 12.06 万吨，出口额达 1.46 亿美元，出口梨 2.09 万吨，出口额 2 205 万美元。中国主要从菲律宾进口香蕉、菠萝、椰子等热带水果，2018 年中国从菲律宾进口香蕉 102 万吨，进口额达 6 亿美元；进口菠萝 14.3 万吨，进口额达 1.27 亿美元；进口椰子 4 520 吨，进口额为 917 万美元。

3. 开展多项农业技术合作

1999 年中国承诺帮助菲律宾建设"菲中农业技术中心"。为落实双方达成的有关协议，中方于 1999 年 8 月组织农机企业家代表团访菲，并运送 8 套 14

台件农机具到菲律宾做示范表演，随后将这些农机具正式赠送给菲律宾政府。1999 年 10 月和 11 月，中国分两批送给菲律宾 1 吨杂交水稻种子。中国赠送的杂交稻种在菲试种成功，受到菲律宾政府和农民广泛关注，菲律宾政府决定进一步扩大杂交水稻的种植面积，2000 年从中国购买 60 吨杂交水稻种子。2003 年1 月，中国和菲律宾正式签订了《中菲农业技术中心项目技术合作》会谈纪要，2003—2007 年双方专家共同在"中菲农业技术中心"开展杂交水稻、农业机械等方面的技术合作，中国向菲律宾传授并推广中国粮食（主要是杂交水稻）增产的先进实用技术，展示相关的农业机械和装备，提供农机使用和维修服务，培训当地的农业技术人员。2016 年中国与菲律宾发表联合声明，双方承诺扩大在包括农业科技和基础设施、农业贸易、灌溉、适应和减缓气候变化、遵循动植物卫生标准等领域的合作；承诺扩大在包括农业科技和基础设施、农业贸易、灌溉、适应和减缓气候变化、遵循动植物卫生标准等领域的合作；中方承诺支持菲方遵照国内法律提升粮食生产能力、培训农业技术人员、发展农渔业和能力建设；并签署了《中国农业部与菲律宾农业部农业合作行动计划（2017—2019）》。2017 年 4 月 24 日中菲农业合作联合会第五次会议召开，2019 年召开第六次中菲农业合作联合会，在第六次会议上，双方在工作层面磋商制定《中菲农业合作行动计划（2020—2022）》，引导中菲农业合作项目有序开展。2018 年 4 月，中国与菲律宾签署了 9 项双边协议，其中包括中国政府提供旨在加强菲律宾农业生产的援助资金协议。这些资金将用于菲律宾杂交水稻中心的现代化改造，从而提高该国水稻产量；该协议将由菲律宾农业部执行，涵盖菲律宾农业技术中心技术合作项目的第三阶段①。

4. 农业投资规模小

中国对菲律宾的对外直接投资规模较小，但增长较快，从 2005 年 457 万美元增加至 2013 年的 5 440 万美元，2017 年突破 1 亿美元，2018 年减少为 5 882 万美元。中国对菲律宾投资主要涉及农业、矿业、纺织、机电加工等领域。但总体来说，中国在菲律宾的农业投资额度较小。

（二）农业合作存在的问题与风险

近些年，菲律宾经济增长较快，但仍受到自然灾害频发等因素的困扰，失业率高，贫困人口多。农业合作同样面临诸如自然灾害频发、政治不稳定和腐败、基础设施落后、政策法律和中菲关系发展等问题和风险。

---

① 中国商务部. 菲律宾从中国获得农业技术援助资金［EB/OL］.（2018-04-18）［2021-12-24］.http://cebu.mofcom.gov.cn/article/jmxw/201804/20180402733887.shtml.

1. 自然灾害频发

菲律宾是太平洋西北部的列岛国家，属于海洋季风性气候，全年的降雨量较多，受暖湿气流的影响，遭遇台风的可能性较大，海岸线受狂风巨浪的影响较多。农业收成主要依赖气候，自然灾害频发致使生产呈不稳定状态，对农业经济造成严重影响。

2. 基础设施落后

菲律宾交通基础设施落后，物流成本高，运输速度慢。菲律宾公路通行里程约20万千米，国家级公路占15%，省级公路占13%，市镇级公路占11%，其余61%为乡村土路，可全天候通行的里程不及一半。高速公路总长200多千米。铁路总长1 200千米，集中于吕宋岛，其中可运营的铁路仅400多千米，其余均须改造升级。菲律宾共有203个机场，但机场设施落后，许多省会机场是简易机场，只有土石跑道。中国和菲律宾的农产品贸易主要采取海洋运输的方式，周期长，不适合生鲜农产品的运输。另外，菲律宾在农产品储存和加工能力上十分薄弱，也限制了双方农产品贸易。

3. 政治和腐败问题

菲律宾的国内政治斗争不断，政局不稳，公共部门的腐败一直比较严重。非政府组织"透明国际"的《2014年全球清廉指数报告》中的数据显示，在177个调查国家中，菲律宾的公共部门清廉度排名第85位。世界银行也曾估计菲律宾每年因腐败造成的损失达28亿~43亿美元。政府部门办事效率低下，法令难以实施，不利于企业的生存和发展。

4. 对外关系急剧变化

从2011年开始，菲律宾对外政策与对外关系，尤其是菲中、菲美、菲日的关系进入一个急剧变动的时期。菲律宾在南海问题上的强硬态度，并拉拢东盟其他国家在南海问题上对抗中国，这将成为影响中菲关系发展的最主要因素。如果菲律宾不能理性地调整外交政策，势必影响中菲关系的未来发展，也会对经贸关系产生不可预估的影响。

（三）农业合作前景

过去受各种因素的影响和制约，中国与菲律宾在农业方面的合作不是很多。未来双方的农业合作潜力仍较大，在农产品贸易和农业技术合作方面有着广泛的合作前景。

中国与菲律宾在贸易发展上具有很强的互补性。2010年1月，中国—东盟自由贸易区如期建成，为中菲贸易的发展带来了契机。菲律宾位于热带和亚热带地区，而中国的出口产品大多产自亚热带和北温带地区，气候条件在很大程度上决定了中国和菲律宾在农业资源上的禀赋差异和产品的互补性。中国从菲律宾进口的农产品主要包括坚果、纸浆、木薯、葛根、番薯、棕榈油、椰子、蕉麻、蔬菜、橡胶及橡胶制品等。中国向菲律宾出口柑橘、苹果、猕猴桃、棉花和烟草等农产品。

在农业技术方面，科技进步对中国农业的贡献率已经超过50%。中国农业科技发展取得重大成就，超级稻、转基因抗虫棉、禽流感疫苗等的科技水平均处于世界领先，但是长期以来耕地面积不断减少已成为中国农业发展的瓶颈，菲律宾则具有良好气候条件和丰富的自然资源，具有发展农业的优势。菲律宾全年都能种植稻谷，但菲律宾的农业经营分散，栽培管理粗放，农业生产效率低下。中国的稻谷、玉米、蔬菜等农业生产技术也比较适合菲律宾，双方开展合作的潜力比较大，合作必然会带来共赢的局面。近些年，中国的机械化水平明显提高，中国机械价格便宜，与菲律宾在农业机械设备方面也具有很大的合作潜力。

三、中国与菲律宾农业合作内容

（一）合作定位

中国与菲律宾地域位置相邻，农业资源互补，在农产品贸易、技术合作和投资等领域有着广泛深入的合作。双方应进一步改善双边关系，完善投资环境，促进双边农产品贸易。中国可为菲律宾提供更多的农业技术支持，同时也可充分利用菲律宾的热带资源，丰富中国的农产品市场供给。

（二）合作目标

中菲充分利用两个市场，两种资源，充分利用农业优势互补，深化农业合作，建立长久合作伙伴关系和经济利益共同体，促进农业共同发展。

（三）合作思路

中国重视和加强同菲律宾的农业合作，加强双方在重大国际粮农问题上的协调和配合，继续实施好双边农业合作项目。首先，基于中国—东盟自贸区和"一带一路"倡议的框架，进一步改善双边贸易环境，充分利用双方的资源互补优势，加大双边农产品贸易；其次，充分发挥中国的农业技术优势，深化和拓宽双方的技术合作，帮助菲律宾提高农业生产能力，解决粮食安全问题；最后，共同致力于改善菲律宾的基础设施，尤其是农业灌溉问题，加强对菲律宾的直接投资，提高其农产品的生产和供给能力。

（四）合作平台

借助中国—东盟自由贸易区和"一带一路"倡议契机，拓宽双方的合作领域，逐步展开粮食、渔业和养殖、农村能源、动物防控和经济作物以及基础设施等方面的合作，实现中国和菲律宾的农业双赢。

四、中国与菲律宾农业合作重点

（一）重点领域

基于中国的农业科技水平和菲律宾的自然资源，中国与菲律宾的农业合作重点在于加强农产品贸易合作、科技合作和海洋渔业资源开发。

1. 扩大农产品贸易合作

中菲扩大农产品贸易合作，尤其是要加强蔬菜和水果的贸易合作。菲律宾出口香蕉到中国能为菲律宾提供众多的就业机会。香蕉业属于农业中的劳动密集型产业，由于香蕉需要保持新鲜，许多处理过程不能自动化，因而每公顷的香蕉种植、培育和收获过程平均需要 2 名蕉农来打理；在香蕉出口过程中，每公顷香蕉出口需雇佣 8 名服务人员（包括材料的生产、运输、装卸和配送人员）。按照菲律宾香蕉种植及出口企业协会的方式估计，从事向中国出口香蕉的蕉农人数在 2011 年达到 3.5 万人左右，从事向中国出口香蕉服务人员约在 14 万人。中国作为菲律宾香蕉出口的重要市场，菲律宾从事向中国出口香蕉行业的就业人数会不断增加。此外，菲律宾的主要蔬菜进口国有中国、美国和加拿大等，中国出口到菲律宾的蔬菜有明显的价格优势。加大从中国进口蔬菜的数量，有利于降低菲律宾的蔬菜进口成本，改善菲律宾中低收入人群的生活水平。

2. 加大科技合作力度

中国需要加大农业技术在菲律宾的推广力度，以有效帮助菲律宾解决粮食等主要农产品供应短缺的问题。目前，中国已经在菲律宾建立了技术合作中心，也开展了一些培训活动，但受到合作资金的限制，规模较小，培训的科技人员数量有限。今后两国应加大双边的科技交流与合作，共同解决农业的技术瓶颈问题。

3. 加强渔业资源开发合作

菲律宾岛屿众多，海岸线很长，渔业资源丰富。由于技术、设备落后、缺乏陆地设备和冷却系统，菲律宾的大量海洋渔业资源未被开发。中国也是世界产鱼大国，在渔业养殖技术、水产品种苗培育、水产品冷藏和加工等方面有着明显的优势。渔业合作如果能够优势互补，在联合捕鱼、海水养殖、渔产品的冷藏方面进行合作将有非常广阔的前景。

（二）重点项目

根据双方实际情况，中菲可以优先发展良种技术和农业机械设备等重点合作项目。

1. 良种技术合作

菲律宾目前农业发展滞后，大米缺口达10%～15%，每年需进口大米200万～240万吨维持平衡。解决粮食自给是菲律宾政府的重要目标。菲律宾可以继续从中国引进先进的杂交水稻技术来提高本国的产量，如加大杂交稻的推广力度、建立示范区，以及培训技术人员和农民等。

2. 农业机械设备合作

虽然基础条件薄弱，但从长远来说，菲律宾农业机械的发展蕴藏着很大的潜力，发展前景广阔。菲律宾使用的农机以小型、简单、低价为主，如手扶拖拉机、割晒机、脱粒机、烘干机、碾米机、水泵等。中国农机企业应抓住时机，在提高自身产品质量、树立品牌的基础上，通过示范推广，逐步拓展菲律宾的农机销售和服务市场。

（三）合作推进方式

近年来，两国保持高层官员互访，民间交流不断扩大，相互了解不断增多，这些都为经贸合作奠定了坚实的基础。中国—东盟自由贸易区的建立和"一带一路"倡议的实施，也有利于改善两国的经贸合作环境，通过改善投资环境和加强农业科技人才的教育和培训等方式逐步推进双方的深入合作。

1. 改善投资环境

两国各级政府通过签订政府间投资合作协议等方式，确保农业招商引资政策的稳定性和连续性，吸引农业投资，保证投资者利益。为了吸引更多的投资，菲律宾政府采取和执行开明的自由化与放开私有化并行的政策。同时，菲律宾政府继续努力为现有的和将来的投资者改善经营环境，包括降低在菲律宾经营的成本以及改善基础设施等工作。

2. 加强农业科技人才的教育和培训

中国派出一些技术性人才到菲律宾传授先进农业技术，以加强中国农业技术在菲律宾的推广和应用。同时，两国加强双边科技人员的互访和合作研究，中国不断加强对菲律宾农业技术人员的教育和培训，以解决农业合作过程中的人才问题。

五、结论与建议

（一）结论

近些年，菲律宾政府制定了一系列措施促进经济发展，经济形势总体向好，农业产值保持增长。粮食、蔬菜和畜产品等农产品仍然产不足需，需要进口来满足国内需求，但粮食自给率明显提高。

中菲两国都是发展中国家，农业在两国经济中都占有十分重要的地位。两国政府都高度重视农业合作，先后开展了多种形式的合作交流。双方贸易不断扩大，中国从菲律宾进口热带水果，向菲律宾出口蔬菜和苹果、梨等温带水果。同时，两国在杂交水稻、农业机械方面已经开始了技术合作，取得了显著的效果。

受历史和政治等因素的综合影响，与其他东盟国家的合作相比，中菲农业合作的范围和力度相对较小，双边贸易额不大，双边农业投资规模较小，新品种新技术的推广面积十分有限。未来两国在农产品贸易合作、农业科技合作和海洋渔业资源开发等领域具有广阔的合作空间，尤其可以优先推进果蔬贸易、良种技术和农业机械化等方面。

（二）建议

中菲两国在农业方面互补性强，合作潜力较大。为更好地推动农业合作，双方需建立稳定的技术合作机制，完善双边合作环境。

首先，充分挖掘两个市场、两种资源的优势，互通有无，稳定市场预期，扩大双边贸易。在中国—东盟自由贸易区和"一带一路"倡议下，中菲两国进一步改善双边贸易关系，加强相互了解和信任，排除贸易障碍，建立互利共赢的合作模式。

其次，加大中国对菲律宾的农业技术示范和推广力度，建立稳定的合作机制。目前，中国在菲律宾的农业技术示范点还比较少，推广力度较小。中国应加大农业技术的推广和示范效应以及农技人员的教育和培训，并带动菲律宾引进中国的种子、农药、化肥和农机设备等产品。

最后，要进一步改善双边关系和投资环境，降低农业投资风险，扩大双边农业投资。目前中国企业投资菲律宾农业的规模较小，而且分散，菲律宾需要外商的投资来提高农产品的生产效率和竞争力。因此，菲律宾有必要加强双边谈判，改善投资环境，吸引中国企业到菲律宾投资，促进菲律宾农业发展并改善居民生活。

第六章 泰国农业研究报告

泰国，位于亚洲中南半岛中部，是东南亚心脏地带的热带国家。泰国主要有四个自然区域：北部山区丛林、中部平原的广阔稻田、东北部高原的半干旱农田，以及南部半岛的热带岛屿和较长的海岸线，而国境线大部分为低缓的山地和高原。2020 年总人口为 6 980.0 万人，其中农村人口为 3 390.18 万人，占 48.57%。泰国国民经济发展较快，工业、农业水平不断得到提高，第三产业特别是旅游业发展迅速，农业作为泰国传统经济部门，也是泰国经济重要组成部分。2020 年泰国 GDP 为 5 017.95 亿美元，人均 GDP 达到 7 189.04 美元，其中农业占 GDP 比重为 8.64%。

一、泰国农业发展现状

(一) 资源情况

1. 自然资源

泰国国土面积为 5 131 万公顷，其中土地面积为 5 108 万公顷，自然条件优越。全境东西最宽距离为 780 千米，地势北高南低，以平原为主。农业用地面积为 2 211 万公顷，其中耕地面积为 1 681 万公顷，永久性草场面积为 80 万公顷，林地面积为 1 440 万公顷。可用水资源总量为 2 245 亿立方米/年，人均 3 243.76 立方米/年。农业年用水量为 2 028.81 亿立方米，占总用水量的 90.37%。

2. 社会经济资源

1984—1995 年，泰国年均经济增长率为 8%，增长动力主要来自出口和服务业。由于 1997—1998 年亚洲经济危机，泰国年均经济增长率减少 10.2%，1999 年开始恢复，2004 年 12 月的海啸造成泰国南方省份大量财产损失。2013 年年末至 2020 年，泰国国内的政局动荡已对泰国的整体经济带来了严重影响，导致 2014 年泰国经济增长率增幅减小，甚至出现负增长，国内消费放缓。2015 年后经济增速稳步提升，2018 年达到了 4.19%，2019 年又下降到了

2.27%，受新冠肺炎疫情影响，2020年下降了6.09%。

3. 技术资源

泰国在一些应用技术和实用小技术方面具有一定优势，每年都会推出水稻、水果和蔬菜新品种。泰国农业科研成果转化和生产经营管理模式促进了农业发展，农业科研体系与生产相适应，农业科研与生产密切结合。泰国政府领导的农业科研机构和科技推广、管理机构，能使研究所、中心和试验站与泰国农产品种植区域更加协调一致，可以满足不同自然资源和社会经济条件地区的农民需要，让科研成果更快、更有效地传递给农民，并确保出口农产品在国际市场上的优势地位。中小型农场和养殖场的经营管理模式较为成熟。

（二）发展现状

泰国是世界上大米和天然橡胶最大出口国，农产品是外汇收入的主要来源之一。泰国海域辽阔，泰国湾和安达曼海是得天独厚的天然海洋渔场，曼谷、宋卡、普吉等地是重要的渔业中心和渔产品集散地。泰国是亚洲第三大海洋渔业国，位居日本和中国之后。

1. 农业生产情况

（1）种植业

泰国主要生产水稻、玉米、木薯、橡胶、甘蔗、油棕果等。2009—2019年，除玉米和稻谷的产量波动比较大外，其他农作物产量均呈增长态势。稻米产业在泰国农业中具有举足轻重的地位，稻田占全国耕地面积的52.0%，从事水稻生产的农户占总农户数的77.5%。2019年水稻产量达2 835.686 9万吨，比2009年减少了12.5%。甘蔗和木薯是泰国的大宗农产品，2009—2019年分别增长了3.3%和96.06%。油棕果生产增长最快，从2009年的816.270 3万吨增加到2019年的1 677.243万吨，增长了105.48%，如表6-1所示。

表6-1　泰国主要农作物生产情况

年份	2009			2019		
作物	收获面积/公顷	产量/吨	单产（千克/公顷）	收获面积/公顷	产量/吨	单产（千克/公顷）
香蕉	133 162	1 528 082	11 475.4	60 830	1 297 590	21 331.4
木薯	1 326 743	30 088 024	22 678.1	1 386 655	31 079 966	22 413.6
椰子	237 882	1 380 980	5 805.3	124 374	806 026	6 480.7
水果	1 190 249	10 801 195	9 074.7	1 084 926	9 609 732	8 857.5

表1（续）

年份	2009			2019		
作物	收获面积/公顷	产量/吨	单产（千克/公顷）	收获面积/公顷	产量/吨	单产（千克/公顷）
玉米	1 104 870	4 616 119	4 178	958 170	4 309 480	4 497.6
芒果、山竹果和番石榴	308 026	2 469 814	8 018.2	209 038	1 628 192	7 789
油棕果	510 003	8 162 703	16 005.2	896 322	16 772 430	18 712.5
菠萝	90 656	1 894 862	20 901.7	74 640	1 679 668	22 503.6
水稻	11 141 447	32 397 856	2 907.9	9 715 358	28 356 869	2 918.8
橡胶	1 856 072	3 090 280	1 665	3 272 927	4 839 952	1 478.8
甘蔗	963 646	66 816 446	69 337.1	1 835 085	131 002 173	71 387.5
蔬菜	453 218	3 236 911	7 142.1	349 816	2 725 007	7 789.8
小麦	1 253	1 063	848.4	1 244	1 351	1 086

数据来源：联合国粮食及农业组织，2021年。

（2）畜牧业

泰国主要牲畜品种有牛、水牛、猪、羊等。2009—2019年，牛的存栏数从664.73万头下降到460.0万头，增长了14.3%。山羊从38.38万只增长到47.86万，增长了157.2%。鸡、猪和马的存栏数也有一定幅度增长，但水牛、绵羊、马和鸭的存栏数却大幅下降。2009—2019年，肉类产量从228.3188万吨增加到285.4235万吨，增长-25.0%；蛋类产量从98.2118万吨增加到110.4355万吨，增长了12.4%；奶类产量从84.0691万吨增加到120万吨，增长了42.7%，如表6-2所示。分品种来看，鸡肉产量一直位居第一，2019年为171.8865万吨，比2009年增长了49.0%。从增长速度来看，奶类产量增幅最大，其次是肉类和蛋类。

表6-2　泰国主要畜禽产品产量　　　　单位：吨

产品	2009年	2019年
牛肉和水牛肉	178 948	133 922
蛋类	982 118	1 104 355
带壳鸡蛋	603 000	704 355

表6-2(续)

产品	2009 年	2019 年
鸡肉	1 153 550	1 718 865
鸭肉	77 250	55 098
猪肉	871 019	943 670
奶类	840 691	1 200 000
肉类	2 283 188	2 854 235

数据来源:联合国粮食及农业组织,2021 年。

(3) 渔业

泰国是世界第一大产虾国。泰国湾和安达曼海是丰富的海洋天然渔场,还拥有 110 000 多公顷的淡水养殖地。曼谷、宋卡、普吉等地是重要的渔业中心和渔产品集散地。目前,泰国已成为世界渔产品市场主要供应国之一,2020 年泰国虾产品出口量为 17 万吨,出口额为 499.87 亿泰铢,分别较 2019 年下降了 3.41% 和 3.35%。其中冷藏和冷冻虾出口量为 10.2 万吨,出口额为 266.81 亿泰铢,加工虾出口量为 6.8 万吨,出口额为 233.06 亿泰铢。泰国虾出口的主要市场为美国、日本、中国、缅甸和韩国。泰国的海虾肥大鲜美,尤以"虎皮虾"驰名世界,适宜加工出口。泰国冻虾主要出口至美国、日本、欧盟等市场。

2. 农业布局

泰国农业结构以种植业为主,种植业比重约占 61.85%,畜牧业和渔业分别占 26.68% 和 11.47%。种植业中,水稻仍占首要地位,占农业总产值的 15.2%,重要经济作物天然橡胶产值占农业总产值比重为 14.79%。此外,榴莲、油棕、木薯、甘蔗、玉米也排在前列。畜牧业中,肉鸡和生猪生产占主要地位,肉鸡产值和猪肉产值分别占农业总产值的 8.24% 和 10.04%。种植业方面,泰国稻米生产主要集中在中部、北部和东北部地区。北部地区中部以水稻为主,产量占全国总产量的 50%,北部和东北部以旱稻为主,占全国总产量的 33%,南部仅占 6%。木薯种植集中在东北部,其种植面积占全国的 2/3,此外,中部的春武里和罗勇府也有种植。橡胶种植集中在南部马来半岛(胶园数量占全国的 90%)和东南部的庄他武里地区。目前,比较干燥的东北部高原地区也开始试种。甘蔗生产主要分布在泰国中部、北部和东北部。畜牧业方面,泰国共分为 9 个畜牧区,其中,种猪、肉牛和种牛集中在北部,蛋鸡、肉鸡、蛋鸭、肉鸭、肉猪和奶牛等集中在中。

3. 农业贸易

（1）贸易总体情况

农产品出口是泰国外汇收入的主要来源之一。近年来农产品出口占总出口比重不断下降，但农产品出口额总体呈增长态势，在国家外汇收入中仍占重要地位。2019 年，泰国农产品出口额为 338.1 亿美元（见表 6-3），比 2009 年增加 61.5%，农产品出口额占商品出口总额比重约为 13.7%。

表 6-3　2010—2019 年泰国农产品进出口情况

年份	2010	2011	2012	2013	2014	2015	2016	2017	2018	2019
贸易总额/亿美元	340.8	474.8	435.5	430.0	428.4	406.1	398.8	446.2	464.6	455.4
同比增速/%	26.6	39.3	-8.3	-1.2	-0.4	-5.2	-1.8	11.9	4.1	-2.0
农产品进口/亿美元	74.3	97.9	109.0	109.9	110.9	112.2	111.8	113.8	122.5	117.3
农产品出口/亿美元	266.5	376.9	326.4	320.2	317.5	293.9	286.9	332.4	342.1	338.1
进口占比/%	21.8	20.6	25.0	25.5	25.9	27.6	28.0	25.5	26.4	25.8
出口占比/%	78.2	79.4	75.0	74.5	74.1	72.4	72.0	74.5	73.6	74.2
贸易顺差/亿美元	192.1	278.9	217.4	210.3	206.5	181.6	175.1	218.6	219.6	220.8

数据来源：联合国粮食及农业组织，2021 年。

（2）进出口产品结构

泰国发展属于外向型农业，80% 的农副产品出口创汇。大米、天然橡胶等农产品一直是泰国出口创汇的主要来源，一些加工类食品，如冻虾、罐装金枪鱼、罐装菠萝、罐装海鲜、鸡肉制品和罐装水果也是泰国的主要出口产品。其中大米是泰国出口农产品中的重中之重，2016 年大米及其制品的出口额约为 1 725 亿泰铢，2020 年出口额约为 1 378 亿泰铢，虽然出口额有所下降，但是仍占全球大米贸易 25% 以上，一直在世界市场上保持第一位。橡胶的出口比重保持平稳，2020 年橡胶的出口额约为 1 819 亿泰铢，保持在 17% 左右。木薯也是泰国的重要出口农产品，每年生产的木薯有 80% 加工成颗粒后销往国外，是仅次于巴西的世界第二大木薯出口国家，2020 年木薯及其制品的出口额达约 823 亿泰铢，如表 6-4 所示。2016—2020 年泰国主要农产品出口情况见表 6-5。

表 6-4　2016—2020 年泰国主要农产品出口情况　单位：万泰铢

年份	2016	2017	2018	2019	2020
农产品合计	124 946 700	143 518 000	140 637 500	131 792 600	128 881 800
水果及其制品	12 633 200	14 296 600	14 232 800	16 733 000	18 235 100
天然橡胶	19 993 200	28 768 800	22 510 600	19 063 900	18 193 100
大米及其制品	17 255 400	19 375 900	20 123 700	15 105 200	13 780 800
鱼及其制品	11 074 400	10 964 600	11 280 600	10 685 800	11 164 800
鸡肉及其制品	8 906 300	9 602 500	10 039 800	10 502 900	10 389 100
木薯及其制品	10 159 300	9 379 200	9 864 700	7 982 900	8 231 200
糖及其制品	9 539 500	10 216 100	10 677 700	10 771 100	7 040 400
虾及其制品	6 884 000	7 041 900	5 887 700	5 220 700	4 504 500
蔬菜及其制品	2 472 100	2 853 100	2 905 300	2 681 300	2 683 900
食物的残留物	1 966 300	2 174 000	1 964 600	1 814 500	1 977 700
其他	24 063 000	28 845 300	31 150 000	31 231 300	32 681 200

数据来源：联合国粮食及农业组织，2021 年。

表 6-5　2016—2020 年泰国主要农产品进口情况 单位：万泰铢

年份	2016	2017	2018	2019	2020
农产品总计	49 867 200	50 890 200	51 469 200	51 090 400	52 241 500
鱼及其制品	8 417 200	9 273 000	9 651 200	9 044 500	8 645 700
粮食作物及其制品	6 421 700	5 193 800	5 431 000	6 075 100	6 880 400
油料植物	4 718 500	4 390 400	4 101 700	4 325 700	5 511 700
食物的残渣	5 988 100	6 290 600	6 555 800	6 272 600	5 496 300
水果及制品	3 815 800	3 678 400	3 366 300	3 407 000	4 031 200
其他食品	2 405 800	2 449 700	2 450 200	2 625 300	3 034 600
蔬菜及制品	1 852 800	1 984 300	2 383 300	2 660 300	2 137 100
牛奶及制品	1 642 400	2 058 100	2 034 000	2 053 200	2 109 900
饮料	1 259 400	1 196 200	1 357 400	1 351 000	1 042 800
未梳理的棉花	1 529 800	1 667 800	1 690 500	1 224 800	688 900
其他	11 815 700	12 707 900	12 447 800	12 050 900	12 662 900

数据来源：联合国粮食及农业组织，2021 年。

（3）主要贸易伙伴

泰国重要的农业贸易伙伴有中国、日本、美国、越南、柬埔寨、印度尼西亚、缅甸等国家和地区等。大米出口目的地主要有美国、南非、中国、贝宁、安哥拉、喀麦隆等国家和地区，2020年出口金额为2.72亿美元。泰国小麦出口目的地主要有老挝、新加坡、柬埔寨、缅甸、越南、中国等，2020年出口金额为39.98万美元。泰国玉米出口目的地主要有越南、马来西亚、老挝、缅甸等国家和中国香港等地区。泰国牛肉和杂碎出口目的地主要有老挝、缅甸、柬埔寨等国家和中国香港等地区，中国香港为第一出口目的地，2020年牛肉和杂碎的出口额分别为12.42万美元和100.06万美元。泰国橙子出口主要国家是越南、新加坡和中国，2014年对三国的出口额分别为611万美元、43.3万美元和19.6万美元。

（三）市场及管理体系

为促进农业发展，泰国政府倡导组建了近4 000家农业合作社。农业合作社在泰国农业经济的发展过程中起到非常重要的作用，在选种、农业技术、廉价化肥的提供、产品深加工以及产品销售等方面都给予社员很大的帮助。目前，泰国的合作社包括农业合作社、渔业合作社、土地改革合作社、消费合作社、储蓄合作社、服务合作社、信用合作社7类。农业合作社包括纯农业合作社、渔业合作社和土地改革合作3类。到2020年年底泰国合作社达7 976个，资本金达2.1万亿泰铢，成员达1 143.34万人，其中农业合作社达4 422个，资本金达2 032亿泰铢，成员达639.59万人，占农民总数的55.9%左右。

科技研究与开发的主要力量是政府部门的研究机构和大学，国有企业和私营部门的科研力量较弱。公共科研机构主要有国家研究理事会、泰国科技研究院、国家科技发展局。主管农业科技工作的是泰国农业合作部的农业科技厅，该厅下有6个直属研究所，其中有园艺研究所、橡胶研究所、蚕业研究所、农业工程研究所。这些研究机构的主要任务是从事与农作物与养蚕业有关的各农业学科的调查、研究和开发工作，提供有关土壤、水、肥、植物、农业投入物等农业生产要素方面的分析、检疫和咨询。研究机构的成果主要由农业发展厅负责向农户推广，并通过举办培训班，有计划地培训农民。泰国的科研投入中，政府投入约占60%，大学、企业和非政府部门投入约占40%。泰国政府对生物技术研究和开发较为重视，在农业生物技术和医学生物技术领域有较高的研究水平。对外科技合作均由外交部统一管理，具体工作由总理府技术经济合作厅负责协调执行。

泰国目前已经形成了一个遍布全国的农业科技推广网络。农业和合作社部专门设立了农业技术推广司，并在各府、县都建有分支机构。另外，泰国各地都设有科研机构，大学设立农业研究中心。这些研究机构和研究中心与国际水稻研究所开展广泛的学术交流活动，并合作培养了许多水稻研究方面的青年专业人才。泰国政府还积极推动"农村网"的发展，运用网络对农民进行技术培训，"农村网"覆盖地区的大部分农民已经可以操作电脑、上网查询信息、收发电子邮件、向网上专家请教水稻种植和病虫害防治等问题。农业部门专门组织20多位来自政府部门、科研机构的专家定期为"农村网"供稿，回答农民在电子邮件中提出的问题。农业部门还利用"农村网"向农民传播各类农业信息，普及农业科学知识和农业实用技术，让农民能更快、更准确地了解农业生产资料和农产品的有关供求信息，更合理地安排农业生产，及时地购买农业生产资料，安排好播种和销售等，从而增加农民收入。

（四）发展前景

近年来，泰国政府为发展本国经济，制定了一系列战略规划，拟定了多项重点发展项目，率先闯出一条适合农业国走工业化的新道路——农业资源促进型模式，并获得了很大成功。泰国所创造的这条道路将会在未来的实践中不断完善，而且将为发展中国家提供机遇。

1. 加大农业政策支持，营造良好发展环境

为了促进农业发展，近年来，泰国政府实行了增加对小农户偿还贷款的新政策，延长了规定小农户偿还贷款期限，并可根据情况减免偿还贷款利息。同时，政府还降低了农业税收，并从技术和种质方面扶持农户提高农业生产水平。泰国还对投资泰国农产品加工业和以泰国农产品原料为基础的制造业部门的国外资本给予优惠政策。

2. 大力发展农业机械化，增强农业支持

泰国政府专设了农业机械化委员会，负责制定详细的农机化政策和措施，这些政策包括：改善农业机械的研究开发恶性循环政策、产品标准化政策、农机销售价格政策、农机培训使用管理政策、农机出租维修政策等。政府还要求金融机构扩大农业长期贷款业务，支持农民购买农业机械。

3. 坚持走以农业为依托的工业化道路

在工业化的过程中，泰国政府一直强调要充分发挥本国农业的自然资源优势，并实施了符合本国国情的、具有连续性的农业发展战略。不论泰国政府内阁如何频繁更迭，国家政治环境如何变化，泰国始终坚持以农业为依托的工业化战略这一大政方针。在农业合作部下属的农业政策制订和农业管理机构的领导下，泰国始终坚持致力于发展多样化农业。

4. 坚持对外开放，发展外向型经济

40多年来，泰国之所以能够从农业国顺利地向工业化国家迈进，这与一直采取对外开放的方针有很大关系。在亚洲国家中，泰国是最早实行开放政策的国家之一，20世纪70年就确立了外向型市场经济模式。这为泰国扩大对外开放，引入国际上有利的各项生产要素创造了优越的条件。

5. 利用优势资源，大力发展旅游经济

20世纪80年代后期，泰国政府再次大规模投资东海岸开发区，同时又提出"南部海岸开发计划"，重点发展石油化工、电子电器工业。在这一调整过程中，泰国的产业结构从劳动和资源密集型，开始逐步转向技术和资本密集型。泰国风景秀丽，历史遗迹众多，具有浓厚的异国风情，在旅游业上有得天独厚的条件。泰国政府在大力实施工业化的同时，抓住机遇，充分利用旅游资源上的优势，大力发展旅游业，获得了显著成就，这也是泰国未来发展的重点。

二、中国与泰国农业合作现状

（一）农业合作现状

中国和泰国是友好邻邦，多年来中泰两国农业合作水平不断提升，开展的农业合作主要有：

（1）在《中华人民共和国农业部与泰王国农业与合作部农业合作谅解备忘录》框架下，中泰两国农业合作工作组作为中泰两国农业部合作的一个非常重要的渠道，一直得到了双方农业部门的高度重视，包括交换优良动植物种质资源在内的一系列项目都在不断落实。

（2）中泰两国蔬菜水果零关税协定和"早期收获"计划的执行使双方提前享受自由贸易的好处。例如，该协定实施后，泰国热带水果出口到中国口岸的价格总体下降了18%。泰国水果竞争力迅速增强，中国现在已经成为泰国最大的水果出口市场。中国品种繁多的蔬菜、肉类和温带水果以及其他农产品，也以优惠税率进入泰国市场。

（3）活畜、海产品贸易频繁。泰国对肉牛有巨大的市场需求，年需求量达60万头，目前主要从别国进口。由于路途遥远，运输成本较高，近几年，云南省西双版纳、思茅等地区开展了对泰国的活牛出口，边境地区的农民赶着活牛到泰国，年出口量达到10万头以上。

（4）云南省与泰国在农业科技合作交流方面的项目比较丰富，主要涉及农业生态可持续性发展、蓖麻优质丰产新品种选育、热带药用植物研究、作物种质资源的交换与高效利用、植物学研究、传统泰国药医药与保健食品产业开发、赠送种苗（当归、杨梅、猕猴桃）及栽培试验示范、家禽饲养等方面。其中，为纪念中泰政府科技协定签订20周年而开展的长期合作项目"云南省和泰国南部旱地农业生态系统与热带雨林可持续发展合作研究"是两国农业科技合作交流的代表性事件。

（二）中国与泰国农产品质量安全合作存在的问题

1. 中国与泰国在农产品质量安全合作深度尚浅

农产品质量安全是农业中一门交叉型学科，在农产品质量安全上的合作涉及范围广，从产前产地环境建设，到产中投入品控制再到产后贮运包装以及全程监督管理等，涵盖了整个农业生产的全链条。中泰两国的农业合作虽然覆盖了各个传统的农业领域，但是产业链相对独立，交叉型的合作模式并不多，在农产品质量安全上的合作形式单一，尤其是农产品质量安全国际领域的创新技术等科研联合协作尚不足，缺乏跨区域、跨学科的农产品质量安全合作机制和科研创新人才队伍。

2. 中泰两国进出口检验标准不统一，贮运保鲜等农产品质量安全问题影响两国区域农产品贸易进程

中国与泰国农产品检验标准不统一，给农产品质量安全合作带来了阻碍。泰国多年来在东盟国家中农产品出口一枝独秀，出口中国的农产品主要有大米、天然橡胶，木薯制品以及热带特色果蔬，2020年泰国对华出口前六大农产品依次为榴莲、木薯、木薯淀粉、番石榴、芒果和山竹，2021年泰国榴莲、山竹、红毛丹、龙眼等6大水果总产量估计在300万吨左右。但是由于泰国出口中国的农产品贸易多依赖于陆地运输，农产品的贮运和保鲜也成为影响农产品质量安全的一大问题。2015年泰国向中国出口的果蔬产品，查出质量问题的批次高达89次，占泰国向中国出口果蔬产品总批次的29.66%，至2018年，查出质量问题的批次累积达到23次，占总批次的9.61%，接近产品总量的1/10。中国出口泰国的蔬菜较少，出口蔬菜主要有大蒜、洋葱、蘑菇、胡萝卜、苹果和西兰花等，绿叶蔬菜较少，这是由于中国蔬菜产品没有统一的出口标准，果蔬产品性状和大小不一，存在不重视产品的包装的情况，从而影响中国蔬菜出口。中泰两国由于检验检测、包装标准不统一，以及农产品贮运、保鲜等环节的质量安全问题，双方果蔬产品供应商造成较为严重的损失。因此，中泰两国有必要针对中泰两国进出口果蔬产品，制定统一的质量安全检验检测标准，从源头上把关，提升质量。

3. 存在贸易竞争，技术贸易壁垒制约两国农产品质量安全合作与交流

中泰两国相似的地域环境和农业生产模式导致存在农产品贸易竞争。近年来，泰国不断制订严格的农药残留标准，这对我国出口贸易也产生了不少负面效应。2020 年 5 月，泰国出台了新的农药残留检测规定，并发布了中国企业及其产品"黑名单"。因泰方新旧规定差别较大，且未给中企留出充足的过渡时间，导致出口农产品检测费用、通关时效等大幅上升，中国出口果蔬企业纷纷中止后续贸易合同或停止发货，这给中国农产品出口带来了麻烦，增加了出口成本。以农产品出口大省山东为例，超过 15 亿元的出口泰国果蔬受到影响。在中方多次通过交涉后，2020 年 7 月，泰国食品药品监督管理局重新发布了已修订的进口新鲜果蔬农药残留监控实施指南，并于 2020 年 8 月 1 日正式实施。泰国食品药品监督管理局将进口新鲜果蔬分为"极高风险"产品、"高风险"产品和"低风险"产品 3 类风险等级，对于不同风险等级产品实行不同监管措施。涉及中国的"极高风险"新鲜果蔬品种有白菜和生菜等 20 种蔬菜和橙子、柑橘和苹果等 8 种水果，这极大地限制了中泰在农产品领域的合作与交流。因此如何寻找两国农产品质量安全合作突破口，最大程度降低竞争带来的负效应，是两国农产品质量安全合作方面的重点问题。

（三）中泰农业合作的风险

中泰建交近 50 年，经过双方的共同努力，两国经贸关系获得较大的发展。尤其是 20 世纪 90 年代以后，两国间的经济交往日益密切，双边贸易不断扩大，相互投资不断增多，中泰经贸关系进入了一个新时期。同时，双方也存在一些潜在风险。

1. 政治风险

中国和泰国的农业合作没有出现过大的障碍，两国关系整体和谐，贸易往来更加频繁，但是潜在政治风险不容忽视。一是泰国政治稳定性和连续性较差。泰国军政变动对国内环境影响很大，而泰国国内的军政变动又十分频繁，议会解体、选举提前、政党相争等现象屡见不鲜，不稳定的国内政治环境对中泰两国合作造成一定影响。二是中泰两国的合作关系易受到美国的影响。美国国内政策再度青睐泰国，导致原有的亚太经济格局被打破，尤其是美国拉拢泰国加入其主导的区域经济合作体制，将会平衡中国在亚太区域的经济影响力，势必会对中泰两国贸易产生深远影响。

2. 产品风险

中泰两国市场竞争加剧的原因之一就是双方产业结构趋同、产品档次类似、出口产品结构和市场重叠，双方不可避免地会在一些领域产生竞争。首

先，在产业结构上双方大都集中在劳动密集型产业上，劳动密集型产品在国际市场上的相互竞争相当激烈。其次，泰国与中国的市场竞争主要不是在双方的境内市场上，而是表现在第三方市场上的竞争。例如泰国出口的主要市场是日本、美国、韩国、新加坡等国以及欧洲等地区，而中国出口市场集中在日本、美国和欧洲。

3. 设施风险

由于泰国国内经济发展不平衡，除首都曼谷及其周围地区外，其他地区的基础设施不够完善，中国想要在这些地区投资办厂就需要克服诸多困难。因此，为加强贸易的深入发展，中泰两国需要进一步解决这些问题。

（三）农业合作前景

中泰农业双方合作虽面临一些挑战，但同时也面临前所未有的机遇。中泰地域相近，特别是中国南方诸省和泰国农业生产自然条件相似，决定了中泰两国部分农产品具有竞争关系。近几年特别是中泰"早期收获"计划实施后，泰国农产品的价格适中，质量上乘的水果、蔬菜和花卉等产品已对中国国内的相似产品造成冲击。两国以蔬菜产品和水果类产品为代表的园艺产品和水产品、禽肉等在国际市场竞争也异常激烈。因此，中泰两国应加强合作，促进两国资源的整合利用，调整产业结构，争取规模效益和差异化收益，减少利益冲突。

在竞争的同时，中泰两国农业也具有互补性。中泰两国在科技发展水平上有不同优势。例如，在科技人员数量、基础研究以及一些尖端科研方面，中国具备世界领先水平；在技术发展总体水平和高新技术方面，中国也要领先于泰国，但在一些应用技术和实用小技术方面，泰国具有优势。另外，相对中国而言，泰国的农业科研体系与生产相适应，农业科研与生产结合得更紧密。

三、中国与泰国农业合作思路

在"21世纪海上丝绸之路"区域合作布局逐步形成的大背景下，两国在巩固原有传统优势产业合作的同时，要逐步开辟新路径，形成农业传统和新兴战略产业合作共同发展的新局面，实现两国经济共赢。

（一）合作定位

泰国是东盟最早发起国之一，也是区域较有影响力的国家，同时又是东南亚的农业大国和农业强国。在中国—东盟自由贸易区的实施进程中，农业合作是首位的，而中国东盟农业合作又以中泰合作先行起步。中泰两国距离相近，开展农业合作的条件也要好于区域内其他国家，中泰两国农业合作必将为自由贸易区内其他国家在区域内的合作提供示范作用，进而加快中国—东盟自由贸易区的建立，在深化传统优势合作领域的基础上，加快现代农业、食品、生物医药、新能源与可再生能源等重点领域产业合作步伐，并通过发展双边互补型产业，开创两国合作双赢新局面。

（二）合作目标

中泰农业合作的主要目的是巩固和深化两国战略合作伙伴关系，并通过合作促进两国农业产业在合作领域中的共同发展。一是提高两国产品质量与附加值，以合理的产业结构参与国际分工，推动农业产业化发展。二是巩固和发展两国乃至中国与东盟国家之间的互信伙伴关系，建立和平稳定的周边环境，提升两地居民的收入水平和农业生产方式。三是尽快让中泰两国人民享受到"一带一路"建设成果。

（三）合作思路

中国应该加强亚太经济合作组织（APEC）以及澜沧江—湄公河流域经济合作以及"21世纪海上丝绸之路"区域合作布局等国际性经贸合作，不断提高对外开放程度，扩大相互投资的领域，推进"一带一路"倡议，合力发展亚洲基础设施建设，尽快与泰国启动大的、实质性合作项目。

（四）合作平台

目前，中国与泰国之间的农产品经贸往来主要依托泛亚铁路、澜沧江—湄公河流域经济合作和"中国—东盟自由贸易区"这一跨区域平台。在东盟国家中，泰国市场规模优势明显，从泰国地理位置角度来看，泰国位于东盟地区中心位置，可作为东盟的运输、分销中心。此外，中泰两国在文化和传统上的相似性有利于加强相互之间的信任，形成双方合作与交流的天然优势。中国所倡导的"21世纪海上丝绸之路"区域布局形成后，将会成为促进双方合作的又一新型战略平台。

四、中国与泰国农业合作重点

（一）重点领域

1. 科技合作

鉴于中泰农业现代化的需要，中泰两国农业科技合作的重点放在以下三方面。

第一，生物工程与优良种质资源的交流与合作。中国在农业科学的基础研究如育种研究、培育高产和优势多抗的新品种以及农业生物技术的研究等方面已走在世界前列。泰国水稻遗传育种有优势，在稻米品质的改良上也取得了明显成效，几乎每年都能推出几个水稻新品种以取代退化的品种。

第二，在农村能源领域加强大中型沼气工程和户用沼气技术以及谷壳发电技术的交流与合作，共同探讨农村能源开发利用的新途径。

第三，在动物胚胎移植和克隆、畜禽疫病诊断及动物基因工程疫苗、生物制剂等领域开展技术合作。

2. 投资合作

中国目前正在推进"一带一路"建设，如何"走出去、引进来"以增强竞争力和农业生产的经济效益则是中国农业当前必须解决的重要问题。泰国以外向型农业为主，在一些领域具有较高水平。为了获取更高的经济效益，一些具有实力的泰国农业企业要走出国门。与此同时，农业和农业加工也是泰国政府促进投资时优先考虑的行业，包括食品加工、农作物种植和动物饲养等多个部门，泰国政府十分欢迎外国企业以合资方式投资农业生产和农产品加工业。可以说泰国农业和农产品加工业的发展潜力很大，重点是从基础农业向高增值的农产品加工转变，发展生物农业，提高产品质量，实现可持续发展。

3. 贸易合作

中泰两国可以在如下领域重点开展贸易合作。①农业生产资料贸易。近几年来泰国的农业机械化获得了较大程度的发展。为了克服劳动力短缺、降低农业成本、提高单位面积的产量和提高农业劳动生产率，泰国更迫切需要农业机械，尤其是中国生产的小型农业机具。②农产品贸易。中泰两国蔬菜水果零关税协定和"早期收获"计划的实施，使得两国农产品贸易迅速增长。中泰两国的农业各具特点，农产品贸易具有一定的互补性。未来中泰仍应加快现代农业、食品、生物医药、新能源与可再生能源等重点领域的贸易往来。

4. 产业合作

近年来，泰国投资者通过在中国的投资实践，普遍认为中国政治稳定、政策开放、劳力充足、工资低廉，经济特区的政策更为优惠，中国市场辽阔，具有投资吸引力，中国也看好泰国市场。两国可以加强热带作物的培植及其加工工业方面的合作。中国一方面可适当引进泰国种植业的品种和技术；另一方面，在品种优化和产量提高上可与泰国进行合作研究和开发。

（二）重点项目

泰国作为"21世纪海上丝绸之路"的重要一站，是"一带一路"建设的重要枢纽，可重点开展以下合作。①在泰国设立中泰（崇左）产业园"姊妹园"，采取"两国双园"模式，互促双边集群式产业发展和泰国"经济特区"建设。②合作研发生物质液体燃料、等离子体技术，并在催化剂的工艺流程及优化设计、天然气柴油机及净化设备、外燃机发电系统等方面开展合作。③中国将联合组织京津冀、长三角以及珠三角等发达地区的创新资源，围绕泰国的现代农业、食品、生物医药、新能源与可再生能源等重点领域产业开展合作。④在橡胶产业、稻米及其加工产业、食品加工及有机食品领域、养殖和饲料行业开展合作。⑤在传统生物技术、气候预警、农业监测等高新科技农业领域开展合作。⑥可签订农村社区水资源管理信息合作方面的协议，进一步深化两国在农业科技和农村可持续发展等领域的合作。"一带一路"的建设，需要沿线各个国家提升基础设施水平，两国可利用此契机展开基础设施建设合作。⑦加强两国在热带农产品质量安全方面的合作，推动热带农业标准走出去和引进来。

（三）合作推进方式

把握"一带一路"建设的历史机遇，积极推进中泰两国深入合作发展，把农业产业结构调整融入区域合作的大格局中，努力健全政策和资金支撑体系，改善并优化合作环境，多渠道、宽领域地开展中泰两国农业合作。

1. 政府部门提供优质服务

政府部门本身不参与市场活动，但要为企业从事市场活动提供完善的信息服务和良好的投资环境。应加强企业对泰国农业资源开发及农林产品加工等投资行为的宏观调控，引导企业按市场需求和产业导向投资经营，营造良好的合作环境；建设以昆明为中心的农业信息服务网络，为投资者提供云南省及泰国农业市场、政策法规等投资环境信息以及其他科技咨询服务；建立符合世界贸易规则的农产品出口促进基金，对农业合作开发项目和农产品出口给予信贷支持和提供信用保险；在基础较好的地区成立边境农业合作区，以优惠政策吸引中国和泰国企业，尝试新产品、新技术的试验和推广。

2. 根据两国比较优势调整农业结构

中泰两国农业产业结构各有优势，应当取长补短达到共赢，依托优势产业，培育对泰国的重要出口产品，同时引进泰国优势产品。泰国的粮食生产潜力巨大，是中国大米进口的一个重要来源国。中国可以采用租用土地的形式，重点向泰国北部租购宜农土地，进行种养结合的开发合作，建立示范农场或农业中心，通过培育水稻良种、推广现代农业技术提高稻谷产量。除了传统果蔬贸易，泰国有大量的荒山荒地，中国可组织有实力的企业租购宜林荒山，规模化开发种植柑橘、龙眼等热带水果，满足国内市场需求。

3. 充分发挥两国农用机械和种苗优势

泰国大多数地方土壤肥沃，但是农业机械化程度较低，泰国对农机具需求旺盛，如拖拉机、柴油机、水泵、播种机、烘干机、收割机、碾米机等中小型农机。但是泰国多数从欧洲、日本和韩国进口这些产品，从中国进口的产品很少。中国可通过与泰国的农业合作，向泰国出口农机产品。此外，中国也可向泰国出口化肥、农药、稻种、蚕种、龙眼、荔枝果苗和菠萝种苗等。同时中国可以引进泰国的动物良种，如种猪、种禽和虎纹蛙等一些水产养殖品种。

4. 扶植中国外向型农业企业投资泰国

企业是资源配置的主体，也是对外农业合作的主体，中国应该重点扶植一批具有果蔬生产竞争优势的农业企业或企业集团，使它们能够成为中泰两国农业合作的主力军。泰国政府十分欢迎外国企业以合资方式到泰国投资农产品加工，并制定了许多优惠政策。中国企业可以到泰国利用当地农业资源进行生产，以打开当地市场，也可作为进入欧美市场的基地。中国要以农业生产或和经贸企业为龙头，建立具有竞争优势的农业生产基地，走集约化、规模化道路，提高农产品生产的规模效益，提高优势农产品的产品和品质，改变低端低价农产品出口的不利局面。

5. 广泛应该科技交流与培训

两国应该开展农业科技人才培训合作，争取将昆明建成中国面向东盟国家的农业技术培训基地；开展先进农业技术交流，重点在农林畜果的种养殖技术推广以及病虫害防治技术的研究应用方面加强交流合作；合作开展动植物疫病疫情监督和防控，防止动植物疫病跨国传播；开展作物种质资源的考察、收集、评估、保存和利用合作，促进各方生物资源的保护与持续利用；开展农业生物多样性和农业生态系统的合作保护研究；组团调研考察，开展学术交流，举办学术会议以及举办培训交流等。

五、研究结论与建议

总体上看，中泰两国农业互补性较强，合作潜力大，尤其是随着"一带一路"建设的推进，中泰两国合作空间进一步拓宽。为促进两国农业合作健康发展，笔者提出如下建议：

（一）加大两国政府之间农业合作的参与和支持

"一带一路"建设的推进需要两国政府通力合作，提供相应的政策服务，补充和修订相应的法规，努力完善合作的政策。积极搞好规划统筹，拟定相应的目标，分阶段、分重点地展开工作。两国政府应顺应世界经济和区域性一体化潮流趋势，积极推进共同建设"一带一路"等重大合作倡议，改善投资环境，简化投资手续，放宽投资限制，提供投资方便，不仅要让对方产品、要素在公平条件下顺利地进入本国市场，还要在产业政策上，更多地支持两国优势产业的发展，鼓励和吸引对方有优势的厂商投资本国，参与市场竞争。两国应以建交47周年为契机，为两国农业合作的开展创造有利环境条件。

（二）坚持两国企业作为农业合作的主体和重点

中泰两国农业合作单靠政府力量去推动和落实是不够的，市场竞争主体是企业，尤其是有竞争优势的企业和企业集团。合作需要企业家和跨国公司的参与，只有它们积极参与市场竞争，才能有效地激活市场，积极传导信息，优化资源配置，引导企业产品结构调整和技术提升。两国应积极培育有竞争优势的企业或企业集团积极参与农业合作，以推动中泰两国农业合作的发展。中泰两国有实力的企业应尽快抓住"一带一路"倡议的投资战略期，对资源进行区域性的合理配置和布局，充分了解中泰两国市场的情况及投资的相关法律法规，建立生产销售网络。

（三）明确中国企业参与泰国投资的方向和目标

中国企业应该利用泰国优势要素资源投资中国生产要素短缺的领域。如中国可以根据国内实际情况，选择在泰国开办一些渔业、林业企业来补充国内资源不足，投资于一些自然资源行业（如钾盐、橡胶）充分发挥中国产业优势，把在国内市场上具有竞争优势的产品推向泰国市场。中国的农机、化肥、农药、食品加工等行业发展迅速，在价格方面具有明显的竞争优势。国内一些生产出口企业，在泰国有长期稳定的贸易合作伙伴，可以借此在泰国投资设厂生产，风险小且成功机会大。

（四）加快两国农业产业结构的合理分工和调整

目前，中泰农业合作主要局限在农产品贸易上，而没有很好地形成能够充分发挥各自优势的合理分工。中泰两国应根据国际环境变化和自身经济发展需要，不断进行产业结构调整，对粮、油、橡胶、原木、蔬菜、水果、蔗糖、水产等进行合理的国际分工，增强双方贸易互补性，更多地输出对方的稀缺的农副产品，以避免双方不必要的激烈竞争。同时，中国应该用好"一带一路"倡议的发展机遇期，为泰国许多重大项目提供资金支持，实现双赢。

第七章　越南农业研究报告

一、资源条件

越南，全称为越南社会主义共和国，是亚洲的一个社会主义国家。其位于东南亚中南半岛东部，地理坐标为8°10′~23°24′N、102°09′~109°30′E，北与中国广西、云南接壤，西与老挝、柬埔寨交界，东面和南面临南海。其南北长1 600千米，东西最窄处为50千米。越南的陆地面积为32 955 600公顷。其紧邻南海，海岸线长3 260多千米。

2020年越南人口为9 733.86万人，世界排名第15位。男性占49.8%，女性占50.1%。城市人口占33%，农村人口占62.66%。越南有54个民族，京族人口占总人口的85.3%；少数民族有岱依族、泰族、芒族、高棉族、赫蒙族、侬族、华族等。2019年越南人口普查数据显示，华族为823 071人（占越南总人口的0.96%），根据越南各民族人口数量排名，华族是越南第八大民族。越南地处北回归线以南，高温多雨，属热带季风气候。年平均气温为24摄氏度左右，年平均降雨量为1 500~2 000毫米。北方分春、夏、秋、冬四季；南方雨旱两季分明，大部分地区5—10月为雨季，11月至次年4月为旱季。越南矿产资源丰富，种类多样，主要有近海油气、煤、铁、铝、锰、铬、锡、钛、磷等，其中煤、铁、铝储量较大。越南有6 845种海洋生物，其中鱼类2 000余种、蟹类300余种、贝类300余种，虾类70余种。越南森林面积约有1 449.13万公顷，2005年至2008年期间种植了大量橡胶树林。

二、农业政策及经济概况

越南属发展中国家，1986年开始实行革新开放。1996年越共八大提出要大力推进国家工业化、现代化。2001年越共九大确定建立社会主义定向的市场经济体制，并确定了三大经济战略重点，即以工业化和现代化为中心，发展多种经济成分、发挥国有经济主导地位，建立市场经济的配套管理体制。实行革新开放后的 20 多年，越南经济保持较快增长速度，1990—2006 年国内生产总值年均增长 7.7%，经济总量不断扩大，三大产业结构趋向协调，对外开放水平不断提高，基本形成了以国有经济为主导、多种经济成分共同发展的格局。2007 年，越南正式加入 WTO，并成功举办 APEC 领导人非正式会议。

三、农业概况

（一）农业生产的自然条件

越南是传统农业国，农业人口约占总人口的 75%。耕地及林地面积占总面积的 69.2%。粮食作物包括稻米、玉米、马铃薯、番薯和木薯等，经济作物主要有咖啡、橡胶、腰果、茶叶、花生、蚕丝等。2020 年越南农林渔业 GDP 为 524.33 万亿越盾，比 2019 年增长 2.68%，其中农、林、渔业产值分别增长 2.55%、2.82%、3.08%。

越南位于中南半岛东部，国土形状大致呈 "S" 形，与中国、老挝、柬埔寨相邻，是个传统的农业国家。越南地形狭长，平原面积大约占国土总面积的五分之一。越南有茂密的森林，整体西高东低，北部地区由高原和红河平原组成，东南部有湄公河三角洲，平均海拔 2 600 米。越南的气候属于热带季风气候，雨季多雨，年平均气温为 23～27 摄氏度，湿度常年偏高，约为 84%，年均降水量 1 800～2 000 毫米，大部分地区 5 月到 10 月为雨季，全境年平均日照时间为 1 200～1 900 小时。越南的气候条件对发展种植业很有优势，大部分地区可栽培 3 季作物。越南境内河流密集，多为西北至东南流向，其中主要河流为湄公河和红河，均为跨境河流。越南土地面积约为 3 300 万公顷，其中 46.7% 为森林、22.5% 为耕地、12.1% 为稳定优势农作物、1.9% 为永久性草地草场、20.2% 为其他。位于越南北部的红河平原地势平坦，面积约为 150 万公顷，水系发达，灌溉条件好，是越南农作物的主产区之一；地处越南南部的湄公河三角洲，土壤肥力较强，且面积几乎是红河平原的 4 倍，也是越南农产品的主产区。红河三角洲与湄公河三角洲的自然条件好，开发时间较长，适宜农作物生长，是越南主要的产粮基地，在越南农业经济中所处的地位极为重要。越南南北方的土壤分别属于不同类型，北方的土壤属于黏沙壤，南方的土壤属于红酸壤。

广阔的土地、适宜的气温、长时间的日照和充沛的降水量为越南农业发展创造了优越的自然条件。越南农业以种植业为主，主要的粮食作物包括稻米、土豆、玉米、甘薯和木薯等，经济作物主要有咖啡、可可、天然橡胶、胡椒、蚕丝等。越南的咖啡、腰果、胡椒和稻米出口均位于世界前列。

（二）农业体制及变革

越南农业在革新过程中，不断尝试并总结经验教训，取得了显著成就。1989 年越南首次实现在自给自足基础上的稻米出口，当年稻米出口量为 103 万吨。到了 2011 年，越南粮食总产量则达到了 5 000 万吨，是 1945 年粮食总产量的 2 000 倍，出口粮食 710 万吨，出口额达到 31 亿美元。越南海关的有关统计数据显示，2014 年越南仅稻米出口量就达到 638 万吨。近几年越南稻米出口持续保持全球前三，实现了越南从稻米进口国向世界稻米出口大国的转变。

越南农业在经历了全面的革新开放后取得了丰硕的成果，越南国内的农产品在国际市场上也逐步占有一席之地。据有关资料统计，2000 年越南国内的农副产品对外贸易出口金额达到 23 亿美元，到 2005 年，其农副产品贸易出口金额达到 36 亿多美元，比 2000 年时增长了超过 50%。随着越南农业的发展和越南农产品进出口交易的增多，越南农业开始走上国际化的发展道路。

2007 年，越南加入 WTO，这意味着越南的农产品市场与国际农产品市场的融合，越南的农产品获得了进入国际市场的资格，而其出口的农产品将享受到最低的关税甚至零关税。这对于越南农业发展来说，是一个机遇与挑战并存的机会。农产品市场的开放，意味着越南有更多农产品可以流入国际市场，面向全球几十亿人口的巨大消费群体，这将会给越南农业发展带来无限的动力和收益。但与此同时，越南的农产品也将面临国际市场严格的质量标准和强有力的国际农产品竞争，而越南本国国内农产品市场将会受到来自全球各地进口的农产品所带来的冲击。越南本国的农产品不再单一受到国内市场的影响，同时要考虑到国际农产品市场和价格。如何在新时期快速适应国际农产品市场，找准自身定位，成为越南农业国际化的一个重要考量。

2013 年，越南再次修改土地法，新的修正案建立了一个更加透明的土地管理系统。此修正案将农用地使用期限再一次延长，使用期限由原先的 20 年改为 50 年，并提出可以在必要情况下继续延期。新的土地政策又赋予了农民更加稳定的农用土地使用权，长期稳定的使用权可以保障农民在使用农用土地的生产积极性，从而进一步提高农作物产量，加大农业生产投入。

（三）农业生产现状

越南农业近几年发展迅速，越南通过不断地调整农业发展体制，探索出一条符合越南本国国情的农业发展道路，彻底改变了战后初期落后的农业国家形象，逐步成为世界农业生产大国。

2014 年越南农业用地面积达到 2 682 万公顷，约占国土总面积的 81%，农业人口超过 6 000 万人，约占全国总人口数量的三分之二。目前越南是全球稻米出口第二大国，是全球第三大腰果出口国，越南蜂蜜和果蔬在欧美国家也很受欢迎，越南的稻米和茶叶则出口到许多非洲国家。

1. 农作物产量

越南农业经济发展速度迅猛，经过独立后几十年的不断努力，其农作物产量不断提高，改变了建国初期粮食不能自给自足的状态，发展成了一个粮食出口大国。

据有关数据统计，越南在 1980 年的粮食总产量仅为 1 438 万吨，1986 年这一数字也只达到了 1 838 万吨。1989 年越南首次实现在自给自基础上的稻米出口，当年稻米出口 103 万吨。到了 2011 年，越南粮食总产量则达到了 5 000 万吨，是 1945 年粮食总产量的 2 000 倍，出口粮食 710 万吨，出口额达到 31 亿美元。2019 年，越南许多主要作物产量都有所提高，例如稻米 2019 年产量约为 4 344.85 万吨；玉米产量约为 475.62 万吨；甘蔗产量约为 1 526.97 万吨；芒果产量约为 67.87 万吨①；胡椒产量约为 26.49 万吨。

2. 农产品进出口贸易

1987 年越南农产品出口额仅 5.42 亿美元，而这一数据到了 1996 年已经高达 32 亿美元，进入 21 世纪以来，特别是 2007 年越南加入 WTO 及中国—东盟自由贸易区建成以来，越南农产品近几年进出口数量以及创汇金额不断提高。据越南农业与农村发展部数据，2020 年越南农业行业出口总额达 412.5 亿美元②。另据越南统计局发布的数据，2020 年，稻米出口总量达到 624.91 万吨，同比减少 1.9%，出口金额达 31.20 亿美元，同比增长 11.2%。木材及木制品、木薯产品、橡胶等农产品出口金额也有所增加，木材及木制品出口 123.72 亿美元，同比增长了 16.2%。橡胶出口金额达到 23.84 亿美元，同比增加 3.6%，腰果出口额达 32.11 亿美元，下降了 3.7%.

2009—2019 年，越南主要农产品对外进出口贸易发展良好。从 2009—2019 年越南商品整体进出口贸易情况来看（见表 7-1），越南商品进出口金额从 2009 年到 2019 年一直保持上升状态，且大部分年份存在贸易顺差。

---

① 数据来源：联合国粮食及农业组织数据库，2019 年。

② 因统计口径不一致，各种来源对于农产品进出口贸易统计的数据不一致，甚至差别比较大。本数据来自：对经济体"支撑"的发展寄予厚望 | 经济 | Vietnam+（VietnamPlus）[EB/OL].［2021-09-13］. https：//zh. vietnamplus. vn/对经济体支撑的发展寄予厚望/135941.vnp.

表 7-1　越南农产品进出口情况（2009—2019 年）　单位：美元

年份	进出口总额	出口额	进口额	平衡
2009	14 280 293 000	7 313 922 000	6 966 371 000	347 551 000
2010	19 780 616 000	10 479 742 000	9 300 874 000	1 178 868 000
2011	26 309 479 000	13 865 230 000	12 444 249 000	1 420 981 000
2012	28 248 381 000	14 643 390 000	13 604 991 000	1 038 399 000
2013	25 291 092 000	10 254 728 000	15 036 364 000	-4 781 636 000
2014	30 416 543 000	16 807 397 000	13 609 146 000	3 198 251 000
2015	31 533 128 000	16 418 702 000	15 114 426 000	1 304 276 000
2016	33 668 869 000	17 285 739 000	16 383 130 000	902 609 000
2017	38 252 221 000	19 519 196 000	18 733 025 000	786 171 000
2018	39 916 890 000	19 102 278 000	20 814 612 000	-1 712 334 000
2019	39 437 818 000	18 580 593 000	20 857 225 000	-2 276 632 000

数据来源：联合国粮食及农业组织数据库，2021 年。

越南农业与农村发展部的统计数据显示，2021 年前 8 个月，越南农林水产品出口额约为 321 亿美元，同比增长 21.6%；进口额约为 288 亿美元，同比增长 44.1%。农林水产品贸易顺差约为 33 亿美元，同比下降 48.2%。在出口方面，仅 2021 年 8 月，越南农林水产品出口额达近 34 亿美元，同比下降 21.6%，环比下降 22%。出口额降幅最大的是木制品（降幅超过 50%）、鱼和虾类产品（下降近 30%）、蔬菜（下降近 26%）和化肥（下降近 24%）等。新冠肺炎疫情对许多加工出口企业产生了很大的影响。许多工厂以 30%~40% 的产能运营，甚至由于出现新冠肺炎确诊病例而暂时停业。这是出口下降的主要原因。虽然 2021 年 8 月出口大幅萎缩，但年初几个月出口强劲复苏带动了前 8 个月的出口活动整体向好，农林水产出口额达 321 亿美元，同比增长 21.6%。其中，主要农作物及其制品出口额约达 139 亿美元，增长了 13.6%；主要林产品出口额达 112 亿美元，增长了 42.7%；水产品出口额超过 56 亿美元，增长 7.1%；畜牧业产品出口额约达 2.96 亿美元，增长了 15.9% 等。出口额增加的主要农产品有：咖啡，橡胶，果蔬，胡椒，腰果，木薯和木薯制品，鱼、虾类，木制品等。越南农林水产品的出口市场及所占份额分别是亚洲 41.5%，美洲 31.3%，欧洲 11.3%，非洲 1.9% 和大洋洲 1.5%。

美国是越南农林水产品最大的出口市场，出口额超过 93 亿美元，占市场份额的 29.1%；其中，木材及木制品出口额占越南对美的农林水产品出口总额的 71%。其次是中国，越南对中国的农林水产品出口额达近 61 亿美元，占 18.9% 的市场份额，其中蔬果出口额占 25.5%。越南农业与农村发展部代表表示，该部将继续推进贸易促进活动，关注开拓秘鲁、澳大利亚、巴西、中国、美国、东盟、俄罗斯等市场，同时积极协助各地方向欧盟、英国、中国等市场出口龙眼、荔枝、芒果、红薯、辣椒等农产品。

在进口方面，2021 年前 8 个月，越南农林水产品进口总额为 288 亿美元，同比增长 44.1%。其中，主要农作物及其制品进口额达 178 亿美元，同比增长 57.7%；畜产品进口额超过 25 亿美元，同比增长 6.6%；水产品进口额达 14 亿美元，同比增长 19.3%；主要林产品进口额达 22 亿美元，同比增长 38.3% 等。

柬埔寨是越南最大农产品进口来源国，进口额达 29 亿美元，占市场份额的 10%，其中腰果进口额占进口总额的 72.2%。其次是美国，进口额超过 27 亿美元，占农产品进口总额的 9.3%，仅棉花进口额就占从美进口总额的 36.3%。

3. 农业生产结构

越南农业生以种植业为主，其生产的主要作物包括稻米、玉米、腰果、胡椒、橡胶、咖啡和茶叶等。其中，稻米是越南农业生产中的主要农产品，相对其他作物来说，稻米种植占地面积大，投入资金多，产量也相对较大，是越南对外农产品出口贸易活动中的重中之重。越南经过多年的结构调整，对咖啡、腰果等经济作物的种植提高了投入，并逐步开拓了国际市场。

越南统计局发布的相关数据显示，2020 年越南主要农作物种植面积中，稻米占 727.9 万公顷，玉米占 942.5 万公顷，甘蔗占 185.7 万公顷，花生占 169.7 万公顷，大豆占 41.6 万公顷，腰果占 302.4 万公顷，胡椒占 131.8 万公顷，咖啡占 695.6 万公顷，茶叶占 121.3 万公顷，橡胶占 932.4 万公顷。

四、越南食用农产品质量安全

（一）越南食用农产品法规和标准

越南食用农产品的基本法是新版的食品安全法，2010 年由国会通过，2011 年 7 月 1 日正式实施。该法共 11 章 72 条，各章分别为一般规定、个人和组织保证食品安全的权利和义务、食品安全保证条件、食品生产经营的安全保障条件、在食品生产经营单位的食品安全资格证书、食品进口和出口、食品广告和标签、食品检验食品安全风险分析、食品安全事故预防和纠正、关于食品安全的信息教育和交流、食品安全的国家管理、实施条款。该法不仅对食品生产、贸易阶段发生食品安全等问题进行了规定，还涵盖了包括食品风险评估，从源头上控制食品安全，对涉及食品安全的相关问题做出了全面规定，保障"从农田到餐桌"全过程的食品安全监督管理。

新版的食品安全法明确了法律管理和适用范围，确立了食品安全管理体制和各部门的职责分工，明确了食品安全管理机构的法律责任，制定了食品安全管理准则和国家政策，明确了食品贸易商和从业者的法律责任，并要求其遵照国家主管机构和标准发布机构发布的技术规定和其他法规进行食品安全管理；制定了最大残留限量标准，限制在食品中使用农兽药和病原生物的用量。

对于食品安全法无法全部覆盖的领域，越南制定食品相关法规加以补充。例如，越南发布的第15/2009/TN-BNN通报，对食品安全标准及进口种植食品的农药残留含量，国内生产和流通做出了具体的规定。其主要内容是公布越南禁止或限制使用的农药、化学品及抗生素名单，其中包括了禁止用于兽药和水产品的名单。

（二）食品安全监管机构

2007年之前，越南多部门对食品安全进行分段管理，并下设多级机构进行逐级管理。为了避免出现多部门监管造成食品安全漏洞，2007年越南对食品安全监管部门进行调整，使得越南的食品安全管理体系更加科学完整。越南农业与农村发展部门主要负责对初级农产品的生产环节进行监督；质量检测部门主要负责对食品生产加工领域及卫生的监管；卫生部门主要负责对国家餐饮业和食堂等一类公共食品卫生场所实施监管；食品药品监管部门则负责对国家食品安全监督以及协调和处理食品安全事故；国家渔业质量保证和兽医理事会负责食品安全检验、进出口水生植物和动物的检疫证明；动物卫生局负责进出口陆栖动物的检验检疫；植物保护局负责进出口植物的检验检疫；贸工部负责饮料和糖果的食品卫生检疫证明；科技部负责协调各部委管理越南的标准体系，指导各项国际标准在越南的实施工作。

四、农业国际化

（一）吸引外资情况

自改革开放以来，越南吸引外资数额持续增长，外商直接投资已经成为推动越南经济发展的重要力量。越南政府在2020年实施新版的《投资法》，将内外资统一，从法律角度为外商投资创造了公平的投资环境。同时越南政府还出台了一系列措施，如降低水费、电费、交通运输费和通信费等，来帮助外商克服投资中出现的一些困难。此外，越南还对外商投资手续进行了简化，进一步方便外商对越投资。越南计划投资部构建了全国外商直接投资（FDI）数据库系统，实现了国家 FDI 企业及项目数据库的标准化和计算机化，并涵盖越南对外投资项目，及时对越南活动进行更新。通过该系统查询，截至 2020 年 12 月 20 日，全国共有 33 070 个有效项目，注册资本总额为 3 840 亿美元。外商直接投资项目的累计实施资金估计为 2 318.6 亿美元，相当于有效注册资本总额的 60.4%。其中农林渔业（不含农副食品制造业）共有 505 个外商投资项目，注册资本总额为 37.10 亿美元。

从部门来看，跨国公司在国民经济分布体系中投资了 21 个部门中的 19 个，其中：加工业和制造业占最高份额，为 2 265 亿美元，占总投资额的近 59%；其次是房地产业务，投资额近 601 亿美元，占总投资额的 15.6%；电力生产和分配部门为 289 亿美元，占总投资额的 7.5%。

从投资来源地来看，到目前为止，已有 139 个国家和地区在越南有有效的投资项目。其中，以韩国为首，注册资本总额超过 706 亿美元（占总投资额的 18.4%）；日本以近 603 亿美元（占总投资额的 15.7%）位居第二；其次是新加坡和中国台湾、香港地区。

从外商在越南投资地区分布来看，外商已经在越南 63 个省市有投资，其中胡志明市是吸引外资的领先地区，投资额达 482 亿美元（占总投资额的 12.5%）；其次是河内市，投资额为 359 亿美元（占总投资额的 9.3%）；平阳省的投资额约为 355 亿美元（占总投资额的 9.2%）。

2019 年越南新增外商投资项目 4 028 个，较上年增长了 28%，吸引外资 389.52 亿美元，较上年增加了 7.1%。2020 年越南新增外商投资项目 2 610 个，较上年减少了 35.2%，吸引外资 310.45 亿美元，较上年减少 20.3%。

（二）国际间农业合作交流

越南是东盟和 WTO 成员，同近 200 个国家和地区保持经贸往来。越南加入了东盟自由贸易区，同时与中国、韩国、印度等国签订了自由贸易协议，其农业产业的国际交流合作范围在逐年扩大。2016 年 2 月 4 日正式签署参加"跨太平洋伙伴关系协定"（TPP）。2017 年 1 月，美国退出 TPP，参与谈判的其他 11 国对原协定做出修改，形成《全面与进步跨太平洋伙伴关系协定》（CPTPP），2018 年 12 月 30 日 CPTPP 正式生效。2019 年 6 月 30 日在河内签订《越南与欧盟自由贸易协定》（EVFTA）和《越南与欧盟投资保护协定》（EVI-PA）。2020 年 11 月 15 日正式签署了《区域全面经济伙伴关系协定》（RE-CP）。

一系列重要经贸协议的签订，对于扩大越南农产品进出口贸易具有重要的意义。

（三）越南农业发展策略

越南农业在发展的过程中，经历了农业集体化大生产时期和农业革新时期，并逐步向农业国际化的方向迈进。越南政府采取了一系列手段和途径促进越南农业的国际化，其内容主要包括以下几点：

1. 通过政策法规对农产品对外贸易进行规范

为实现农业国际化发展，越南政府通过颁布一系列政策法规来鼓励和规范本国农产品对外贸易的进行。例如 2016 年越南颁布进出口税法，对征收对象和纳税对象、计税依据、相关货物税率以及组织实施等各方面进行规范。海关法对越南进出口及过境货物进行管理。商检法规对进出口商品质量国家检查的内容、手续和对进出口商品质量进行国家检查的有关各方的责任和权限进行了规定，并对检查方式和内容以及检查制度等一系列相关内容进行了规定。一方面，这些法律法规的颁布，是为了顺应越南越来越面向国际市场的各种农产品贸易行为；另一方面，这些法律的颁布也表明了越南政府为了实现规范化的农产品国际贸易而做出的努力。越南还通过加入国际和区域组织，与其他国家签订相关协定来促进农业国际化发展，为本国与外国进行贸易和经济往来提供有利条件。例如中越之间的边境贸易协定、关于鼓励和相互保护投资协定鼓励中越双边贸易以及投资往来，民用航空运输协定为贸易运输提供相关参考政策等。此外，越南在外国投资方面也有相关政策的提出，例如，外国在越南投资法就针对吸引外国直接投资做出了相关规定，通过颁布政府政策来支持外国对越南的投资。在外汇管理方面，越南还出台了外汇管理条例来对越南境外组织和个人，越南境内的外国组织和个人的外汇和外汇活动进行管理。

越南一方面通过对对外贸易的管理形式、计价结算方式、贸易优惠，以及对外投资等相关法律政策，支持和鼓励越南进一步实现农业国际化，拓宽农产品的国际市场；另一方面还积极组织建立相关管理机构和体系，来监管越南的对外贸易活动。

2. 加大农产品进出口贸易

近年来，越南政府出台了许多农业政策来为市场开发和贸易促进提供便利。自 2011 年起，越南政府已经向茶、胡椒、腰果、成品果蔬、糖、肉、家禽、咖啡、海产品等的出口商提供贷款帮助。此外，越南还对咖啡等农产品实行增值税出口退税。自 2014 年 1 月 1 日起，越南政府承担了农产品出口商国外媒体广告费用的 50%，获得市场信息和其他来自国家促进机构服务花费的 50%①。

越南目前是全球稻米出口第二大国，是全球第三大腰果出口国，其天然橡胶、胡椒、果蔬等也是主要的出口产品。越南销往亚洲的主要农产品包括稻米、天然橡胶、果蔬、胡椒、腰果等，而越南蜂蜜和果蔬在美国和欧洲国家也很受欢迎，该国的稻米和茶叶则出口到许多非洲国家。

3. 积极吸引外商直接投资

越南政府采取一系列措施来吸引外国直接投资，例如，减少外国投资者的成本开支，增强外资企业竞争力和经营效益；简化外国投资者申请投资手续；对产品出口比例高、出口产品生产中使用越南原材料多和使用越南劳动力多的外资企业实行优惠政策等。越南特别鼓励对农林产品加工、植树造林、远洋捕鱼、基础设施建设和公共运输等方面的投资。越南政府还积极将外国资金引入国家种植、加工和畜牧业计划。2016 年，外国投资商对越南农业所投资的项目共 551 个，投资资金占越南吸引外资总额的 1.3%②。

4. 采用农产品国际标准

2005 年，越南农业与农村发展部部长第 05/2005/QD-BNN 号决定就农业产品质量标准的公布做出具体规定，其中，农业产品质量标准包括：国家标准、行业标准、基础标准以及在越南的国际、地区和外国标准；并对实施政府关于农业产品质量标准公布的管理职能分工以及企业责任等做出了相关规定。此外，2012 年越南与东盟其他国家共同建立了种植类农产品标准，对芒果、菠萝、香蕉和榴莲等农产品的标准进行复核，评估其对东盟农产品贸易的影响，完善了秋葵、腰果仁、辣椒等个标志草案，同时建立圆白菜、酸角、咖啡豆等多个标准。

五、越南农业存在的问题

越南是传统农业国家，优越的地理和自然环境为其农业的发展提供了扎实的基础条件中，但其农业贸易结构不合理，农业发展规模小而分散，农业配套设施和技术落后，面临农产品出口贸易壁垒，以及对外依存度过高等问题，制约着越南农业国际化的发展。

---

① 聂凤英，张莉. "一带一路" 国家农业发展与合作：东南亚十一国 [M]. 北京：中国农业科学技术出版社，2018.

② 聂凤英，张莉. "一带一路" 国家农业发展与合作：东南亚十一国 [M]. 北京：中国农业科学技术出版社，2018.

（一）越南农业贸易结构不合理

第一，越南农业种植结构中，水稻的种植面积远大于其他种类的农作物，其中蔬菜水果等经济作物的种植面积较小，相应的其稻米的出口额也相对较高。据越南农业与农村发展部称，2013 年越南农产品总出口额约 131 亿美元，其中仅稻米一项就达到 66.8 亿美元的出口额，约占越南当年农产品总出口额的 50%，而咖啡出口额为 27.5 亿美元，腰果出口额为 16.3 亿美元，木薯及其制品出口额为 11.1 亿美元，果蔬出口额逾 10 亿美元，均远低于稻米的出口额。

第二，越南农业对外贸易中，存在"高产低收"的现象。以稻米为例，越南 2013 年稻米种植面积比 2012 年多出 141 300 公顷，产量也较 2012 年多出 291 300 吨，但其出口量却减少了 140 万吨，出口额较上年减少了 19.7%。

第三，现阶段越南农业对外贸易当中，农产品出口以未加工原料为主，出口农产品附加值较低，多为初级产品。在国际农产品贸易中，越南对外主要出口的农产品主要包括咖啡、茶叶、橡胶等一系列初级产品，这类产品大多未经过太多的加工，因此价格相对于加工后的成品或是衍生品来讲相对更低。故对于越南本国来讲，即便对外贸易的数量有所提升，但实际上相对收益并不是很多。

（二）越南农业生产规模小且分散

自农业革新以来，越南摆脱了农业集体化大生产的模式，逐渐形成了家庭承包的生产经营模式，将土地使用权归于农户，农民的生产积极性得到了提高。但家庭承包责任制将土地分到每家每户进行经营，打破了集体生产的状态，故形成了越南农业生产规模小而分散的状态。

1993 年，越南国会审议通过第二版土地法，其中明确规定了农户获得农地面积的分配限额：一年生作物在北方和中部地区最多为 2 公顷，南方省份最多为 3 公顷；多年生作物在平原地区最多为 10 公顷，中部和山地最多为 30 公顷。由于每户农民所分得土地面积较少，每家每户都是独立生产经营，农业生产状态较为散漫，缺乏统一管理和指导，农户个人生产技术和资源有限。虽然农民的积极性得到了提升，但是家庭经营却无法适应农业国际化发展的步伐。2003 年，越南通过第三版土地法，不但在数额上采用限额分配制度，并在适用原则上对不同种类的农用地加以区别。

由于越南农业生产规模的限制，越南农产品贸易中流通环节的重要性被放大，但农产品流通成本受到运输、储藏、加工、保鲜，以及流通中介利润抽取的影响，造成了交易时间和交易成本的上升，导致越南农产品零售价与收购价之间存在 3 到 10 倍的巨大差价。此外，由于农产品流通环节的分散性、冗长性容易造成农业生产者和消费者被隔离的状态，生产者在缺乏及时准确的供求信息情况下盲目进行生产，面临较大风险。

（三）越南农业配套设施和技术落后

越南属于发展中国家，经济较为落后，工业欠发达，科学技术发展缓慢，科研人员较为匮乏，劳动生产率低下，造成越南农业发展缺乏国际竞争优势的局面。进行农业生产需要大中型拖拉机、内燃机、抽水机等各类农业机械，加上越南每年雨季容易发生水灾，灾后重建农业生产也需要大量的农业机械。2020 年越南相关统计数据显示，越南国内有近 50 万台拖拉机，近 18 万台收割机等，远远不能达到越南国内农业生产活动中所需要的数量，其中还存在有些农用机械设备存在年代久远，需要更新的情况。越南本国国内的农业机械技术还相对落后，农机产品种类单一且产量不足，质量有待提高。越南每年进行农业生产需要 5 万~6 万台小型发动机，但越南国内产量不足 2 万台，其余则需要依靠进口。此外，越南目前还需要 4 万台拖拉机、15 万台水泵，以及大量的打谷机、收割机等，而这些机器设备大都需要进口。

此外，世界银行的报告显示，截至 2014 年，越南 50% 的灌溉系统已经出现老化或未能充分发挥作用，其中稻田灌溉浪费水资源情况严重。目前，越南平均每灌溉 1 立方水可生产约 0.8 千克稻谷，而世界平均每灌溉 1 立方水可生产约 2.5 千克稻谷；越南的咖啡、胡椒等经济作物还存在依赖农民自主灌溉，未形成现代灌溉系统的情况。

越南农业保鲜和加工技术落后。数据显示，越南每年水果由于保鲜问题造成腐烂的数量高达总产量的 15%，造成了巨大的损失。越南对外出口农产品普遍缺少加工，这样一来就造成农产品附加值低下的情况，虽然农产品出口数量多，但是相对收益却很少。

越南农业高科技专业人才不足，农业发展存在技术落后的情况。相关调查统计显示，越南目前进行农业机械化研究工作的单位主要由农业部机电研究室等单位以及全国各地 5 所农林大学的机械系所构成，其中这 5 所农林大学还负责培养农机高级专业人才。就目前的情况而言，这些分布在全国的少数专门进行农业机械化研究和人员培养单位，是远远不能改变目前所面临的尴尬局面的。

（四）越南农产品出口面临绿色壁垒

2007 年以后，越南共经历了有关绿色贸易壁垒的 20 多起摩擦事件。由于越南农产品出口数量越来越多，农产品出口国外所遭遇的绿色贸易壁垒摩擦事件也越来越多。从 2007 年到 2010 年，越南有 70%~75% 的农产品出口受到影响，其中主要包括水产、果蔬、茶叶等农产品，而对其设置绿色贸易壁垒的国家也集中在发达国家或地区（见表 7-2），它们所退回的农产品每年使越南遭受约 5 680 万美元的损失。

表 7-2　越南农产品出口遭遇绿色贸易壁垒统计（2000—2010 年）

年份	遭遇绿色贸易壁垒的农产品	设置国家或地区
2000	水产品、水果制品	欧盟
2001	蒜头	加拿大
2003	软体海产、巴沙鱼	欧盟
	巴沙鱼、橡胶	美国
2004	水产、胡椒	欧盟
	冻虾、软体海产、巴沙鱼	美国
	蔬菜、冻鱼	日本
2005	蔬菜水果、冻鱼	欧盟
	咖啡、茶叶、香	美国
	胡椒、腰果、咖啡、牛肉	澳大利亚
2008	咖啡、水产、稻米、水果	欧盟
	蔬菜、冻虾、巴沙鱼	美国
	鳗鱼、大黄鱼、生蚝、巴沙鱼	日本
	水产、果蔬及水果制品	俄罗斯
2009	水产、果蔬制品、腰果	欧盟
	水果、巴沙鱼、木和木制品	美国
	冻鱼、稻米、水果	日本
	水产	加拿大
	蔬菜、水产、稻米、猪肉、牛肉	韩国
	水产、腰果	俄罗斯
	火龙果、香蕉	智利
	木薯、天然橡胶	中国
	水产、蔬菜水果	印度尼西亚

表7-2(续)

年份	遭遇绿色贸易壁垒的农产品	设置国家或地区
2010	巴沙鱼、木和木制品	欧盟
	胡椒、茶叶、巴沙鱼、木和木制品	美国
	冻虾、冻鱼、水制产品	日本
	巴沙鱼、猪肉、牛肉、冻虾	大洋洲地区

（五）越南农产品对外依存度过高

越南的农产品对外贸易势头良好，与国际市场有着密切的互动。虽然越南农业的国际化程度提高了，但我们仍然要警惕越南农产品对外贸易中日益显现出的对外依存度过高的情况。

越南所生产的主要农产品中，腰果和咖啡的出口量占总产量比重较大。2019年咖啡产量为168.40万吨，出口量为140 980吨，出口量占总产量的83.9%。此外，越南本国消费的小麦、玉米等作物也大量依赖国外进口。联合国粮食与农业组织数据库数据显示，2019年越南从国外进口约276.01万吨小麦和1 144.77万吨玉米。加上越南每年都要从国外大量进口优质种苗以及饲料等农业用品，越南农产品对国际市场的依赖程度较高。

越南农产品出口市场主要是美国、欧盟等欧美国家和地区，以及日本、中国、东盟等亚洲国家和地区，其农产品进出口市场相对固定且狭窄。如果对外依存度过高的话，一国就容易被国家关系、国际市场、国际货币汇率以及国际事件等多重因素所影响。对越南而言，农产品对外贸易无疑对其农业经济的发展有着非常重要的影响，一旦出现变动，就会严重扰乱越南的农产品对外进出口贸易活动，从而对国内农业产业带来冲击，甚至会影响到其他产业的经营活动。例如，在2008年的全球金融危机发生时，越南就出现了进口贸易成本上升，而出口贸易成本下降的情况。

（六）其他问题

越南农业还出现了很多其他问题，例如，近几年来随着农产品贸易的提升，农产品出口交易额逐年攀升，但农民年均收入水平还处于较低的层次，且存在收入差距较大的情况。另外，越南农业发展中还存在专门针对农业的外商直接投资不足、投资分配不合理、农业生产机械以农户所有为主、基本没有大型农机、农产品对外贸易市场亟须开发等问题。

六、结论

越南是个传统农业国家，农业是越南的基础产业，是关乎越南经济发展和社会稳定的重中之重。越南常年气温偏高、雨季降水量充沛、湿度偏高、日照时间长、水系发达，适宜农作物生长。越南的稻米、腰果、胡椒和咖啡出口量均居世界前列。越南农业在 20 世纪遭到战争的重创，而后在政府的带领下进行改革，农业发展逐步稳定且取得一定成效。近年来，随着经济全球化的步伐，世界各国农业发展也逐步进入国际化的新局面，各国在农业领域的交流合作不断加深。越南逐步从一个传统的农业国家，向现代化农业国家发展，并逐渐步入农业国际化的进程中。

农业国际化是建立在国际分工基础上，按照比较优势原则对各国农业进行调整和重组，以期实现全球农业资源配置的最优化以及全球农业生产效率最大化的一个动态过程。农业国际化就是要实现农业生产、贸易、金融资本、技术以及合作与竞争的全球化，不同国家进行农业国际化发展的道路也是不尽相同的。越南进行农业国际化的途径主要依靠政府政策法规的规范和调整，通过法律政策为越南农业生产经营活动提供支持，并规范以及引导本国农业进出口贸易；加大农产品出口贸易，提高进出口农产品数量和创汇；通过国际外交以及国内政策扶持，积极吸引外商直接投资；农产品质量标准与国际接轨等手段。越南农业发展受到国内外环境的共同作用和影响，在全球化、现代化发展的国际背景下，结合本国国内农业资源紧张、生态环境恶化以及人们对农产品消费需求变化的情况，选择了一条符合越南农业发展的国际化道路。

经过不断地探索和努力，越南农业的国际化发展取得了一定的成效，越南农业对外贸易得到了显著提升，并开拓了国际市场，其农产品的国际竞争力也有所提升，并吸引了大量的外国投资农业，同时本国对外农业投资也成倍增长。虽然越南农业国际化发展势头良好，但在一些方面仍然存在不少问题，例如越南农业在发展过程中显现出的贸易结构不合理、农业配套设施和农业技术落后、存在"绿色壁垒"以及农产品对外依存度过高等，这些问题都是越南本国在实现农业国际化的过程中需要解决的问题。面对越来越复杂的国际经济环境，越南应积极调整农业法律政策，扩大与国际组织以及国家之间的农业交流和往来，重视科技在农业中的应用，调整国内农产品贸易结构和流通环节的问题，为越南今后农业国际化的进一步发展创造有利环境。

总体来讲，越南在农业国际化的道路中机遇与挑战并存。越南在探索农业国际化的道路中，不断总结和调整本国农业发展路径，并积极与国际方面展开合作与交流，为越南今后农业国际化的进一步发展创造了有利环境。

第八章 老挝农业研究报告

老挝全称老挝人民民主共和国，位于亚洲中南半岛西北部，是东南亚地区唯一的内陆国家。老挝北部与中国云南接壤，东部与越南为邻，西部和西北部分别和泰国、缅甸交界，南部与柬埔寨相接。老挝是个多民族国家，主要分成三大族系：老龙族系、老听族系和老松族系。通用语言为老挝语。全国划分了16个省和1个直辖市，省下设县、村。首都万象是历史古城和佛教圣地，也是老挝的政治、经济和文化中心。

一、老挝农业发展现状

（一）资源经济条件

老挝国土面积为2 368万公顷，农用地面积为233.5万公顷，占9.8%。农用地中，耕地面积为148.9万公顷，草地和牧场面积为87.8万公顷。森林资源十分丰富，森林面积为1 838万公顷，森林覆盖率达77%，是世界各国中森林面积所占比重最大、珍贵木材最多的国家之一。老挝是一个多山的内陆国家，有"印度支那屋脊"之称。境内山脉构成四大高原，即自北向南的会芬高原、镇宁高原、甘蒙高原和波罗芬高原。老挝地形南北长东西窄，南北长1 050千米，东西最宽处500千米，最窄处105千米，全境地势北高南低，由西北向东南倾斜。河流较多，湄公河自北至南贯穿老挝全境，全长777.4千米；其次有北部的南乌江，长448千米；中部的南俄河，长354千米；南部的甫色宾汉河和南色贡河，长度均为300多千米。

老挝属热带季风气候，年平均气温在25摄氏度左右，南北气温相差不大，旱雨季分明。每年5—10月为雨季，平均气温为24.2摄氏度，这时西南季风带来充沛的雨水，年均降雨量为1 700多毫米，高原和山区降雨量为1 300毫米左右。11月至次年4月为旱季，平均气温27.3摄氏度，这时受干燥凉爽的东北风影响，几乎不降雨，平原地区常有旱情。

老挝地广人稀，是亚洲中南半岛国家中人口最少的国家，总人口677.6

万，人口密度约为每平方千米 27 人。经济发展水平很低，外汇严重短缺、财政极度困难，加上国民购买力极低以及市场规模小，被列为世界最不发达国家之一。2020 年，老挝 GDP 为 191.36 亿美元（现价美元），人均收入为 2 630美元。农业在国民经济中一直占有主导地位，农业从业人口几乎占到全国总人口的 90%。20 世纪 70 年代，农业占 GDP 的比重为 70%～80%，80 年代为60%～70%，90 年代为 54%～60%。2010—2020 年，老挝农业增加值年增长率为 0.488%～4.15%，2020 年农业产值达 31 亿美元，占 GDP 的 16.19%，年增长率为 3.163%。

（二）农业发展概况

老挝拥有丰富的农业资源，气候、土壤、河流、生物等都是农业发展中可持续利用的优势资源，但生产粗放，广种薄收，部分地区仍存在着刀耕火种、毁林开荒的游耕方式。多年来，国家对农业投入较少，农田基本建设较差，农业抵御自然灾害的能力较弱，农业发展水平低。

老挝农业主要包括两类耕作系统：低地雨养农业或湄公河及其支流冲积平原灌溉农业，以及高地的刀耕火种农业。在波罗芬高原还有一些较小的农业系统，生产园艺作物和咖啡。对于两大主要农业生产系统，政府确定了专门基于面积的发展行动，旨在消除低地与高地农户的收入差距。

按地理位置划分，老挝的农业生产可分为南部、中部、北部 3 个生产区：南部生产区包括占巴塞省（Champasack）、沙拉湾省（Saravane）、阿速坡省（Attapeu）和色贡省（Sekong）4 个省；中部生产区包括万象市（Vientiane Capital）、万象省（Vientiane Province）、甘蒙省（Khammuane）、沙湾拿吉省（Savannakhet）、川圹省（Xiengkhuang）、波里坎塞省（Borikhamxay）6 个省市；北部生产区包括波乔省（Bokeo）、丰沙里省（Phongsaly）、乌多姆赛省（Oudomxay）、琅勃拉邦省（Luangprabang）、琅南塔省（Luangnamtha）、华潘省（Huaphanh）以及沙耶武里省（Xayabury）7 个省。

近年来，由于农民开垦荒地和对现有土地的保护，老挝农业用地面积呈现出增加的趋势，农户平均农地面积达到 2 公顷以上。典型的家庭农场由 2～3块农地组成，只有 4%的农户拥有 5 块以上的土地。全国平均每块农地面积为0.9 公顷，北部地区比较零碎。其中，丰沙里省的农户平均占有 3.8 块农地，平均每块面积约为 0.43 公顷；色贡省平均每户 1.9 块土地，地块的平均规模为 1.25 公顷。老挝 93%的农地由土地所有者经营，只有 9%的农户能租到土地，租入的农地中仅 21%用于农作物生产。全国三分之二的耕地实行轮作种植，近四分之三的高山耕地实行轮作，在琅勃拉邦省 95%的耕地都实行轮作。

近年来，老挝普遍存在土地退化的问题。

老挝只有22%的农地可以得到有效灌溉。2011年共计19.2万公顷的水稻在旱季得到灌溉。老挝近一半的乡村拥有灌溉设施。相对而言，沙耶武里省的灌溉设施条件较好，该省74%的乡村拥有灌溉设施；阿速坡省设施条件较差，只有15%的乡村拥有灌溉设施。全国约17%的乡村建有永久性堤坝，29%的乡村建有临时性堤坝。沙耶武里省42%的乡村建有永久性堤坝，62%的乡村设有临时性堤坝。

1. 种植业以粮食作物为主

老挝的主要粮食作物是稻谷（90%是糯稻）、玉米和薯类等，经济作物包括豆类、咖啡、烟草、茶叶、花生、甘蔗、棉花、橡胶、糖棕和椰子等。

水稻：水稻是老挝主要农作物之一，种植面积占全国农作物种植面积的85%，其中糯稻占90%以上。全国有72.4万水稻种植户，占总住户的71%。水稻生产主要分布在万象地区、沙湾拿吉省、沙拉湾省和占巴塞省等，中南部三省的稻谷产量占全国总产量的40%。水稻主要种植类型包括湿季低地水稻、湿季山地水稻和旱季水稻，以湿季水稻种植为主，全国平均规模为每户1.3公顷。山地水稻主要分布在北部地区，平均每户不足1公顷。旱季水稻种植占比不足13%，主要分布在首都万象。老挝45%的水稻使用改良品种，其中改良品种应用最广泛的地区是占巴塞省和沙湾拿吉省。1990—2019年，水稻收获面积由65万公顷扩大到78.38万公顷，增加了20.57%；单产水平由2 293.5千克/公顷提高到4 386.5千克/公顷，增加91.26%；总产量由149.1万吨增加到343.8万吨，增长了1.3倍多。

玉米：玉米的种植面积和产量所占比很大，全国有18.7万玉米种植户，是老挝发展潜力最大的粮食作物之一。在丰沙里省、乌多姆赛省、华潘省和川圹省，半数以上的农户种植玉米。1990—2019年，玉米收获面积由3.7万公顷扩大到14.8万公顷，增加了近3倍；单产水平由1 815.3千克/公顷提高到4 844.6千克/公顷，增加了近1.7倍；总产量由6.66万吨增加到71.7万吨，增加了9倍多。

咖啡：咖啡是老挝最重要的经济性作物，也是重要的出口农产品。1990—2019年，咖啡收获面积由3.57万公顷扩大到8.78万公顷，年均增长3.15%；单产由304.9千克/公顷提高到1 889.0千克/公顷，年均增长6.49%；产量由5 204吨增加到16.59万吨，增加了30倍。咖啡种植区主要分布在南部占巴色省、沙拉湾省和色贡省。

其他作物：老挝有4.79万木薯种植户，种植面积6.7万公顷，主要分布在首都万象市、波里坎塞省和沙拉湾省，其中万象市农场平均规模为 4.3 公顷，其他地区平均为 0.3 公顷。老挝的甘蔗种植面积呈增长趋势，2019 年收获面积 3.18 万公顷，总产量为 197.06 万吨，约有 1.3 万甘蔗种植户，主要分布在丰沙里省和琅南塔省。蔬菜作物也很常见，但一般种植于小菜园或者河岸边，常见的蔬菜作物有辣椒、大白菜、黄瓜、洋葱和瓜类等，种植面积为 17.49 万公顷左右。豆类种植主要包括绿豆和大豆，种植较多的地区是占巴塞省、万象省、琅勃拉邦省和阿速坡省。花生在老挝各省市均有种植，主产区为万象省、琅勃拉邦省、乌多姆赛省和湄公河沿岸各省市。烟草的主要产区是波里坎赛省、川圹省、华潘省和琅勃拉邦省，2019 年烟草收获面积为 5 515 公顷，总产量约为 5.67 万吨。棉花主产区是沙湾拿吉省、琅勃拉邦省和丰沙里省。茶叶的主产区是占巴赛省和阿速坡省、波里坎赛省，2019 年棉花收获面积为 4 606 公顷，总产量约为 8 616 吨。老挝北部是主要的橡胶生产基地，尤其是丰沙里、琅南塔和乌多姆赛三省的产量占到了全国总产量的 59%。在琅南塔省，超过一半的农户种植橡胶。

2. 畜牧业不发达

老挝拥有 150 万公顷草场和数百万公顷高原、平原、山丘竹林区，特别是川圹、会芬、甘蒙和波罗芬四大高原、查儿平原、班班平原、沙湾拿吉平原和巴色平原以及西北丘陵地带，都有广阔的天然牧场，主要饲养牛、羊、马、猪等大牲畜。老挝的家畜大多为散养，很少有牛棚、马棚、羊厩、猪厩等设施。绝大多数畜牧生产者利用天然牧草，农作物产品如玉米和农作物副产品如稻草等饲喂牲畜。除了耕牛、驮马和生猪外，其他家畜饲养很少使用饲料，投资较少。万象省、波乔省和占巴塞省等地的少数农户还饲养大象，主要用于运输和祭祀。

黄牛和水牛是老挝牛的主要养殖品种，黄牛多用于肉类加工，水牛多用于役畜。但是随着农业机械化的发展，水牛役畜的数量在逐渐下降，特别是南方地区更为明显。黄牛的养殖数量 12 年间增加了三分之二，38% 的老挝农户养殖黄牛。黄牛在平原和山地地区都很常见，饲养规模较大，平均每户 5.7 头。川圹省黄牛养殖最为普遍，62% 的农户养殖黄牛。

养猪业一直是老挝畜牧业的重要组成部分，但其地位正在逐步下滑。养猪业多见于丘陵地区，在山地 61% 的农户养猪，而在平原地区养猪农户的占比仅为 28%。生猪养殖规模不大，平均每户养殖 3.2 头，60% 以上的养殖户只保留 1 或 2 头，只有 5% 的农户养殖 10 头或更多。老挝有 62% 的农户养鸡，近年商品鸡养殖数量不断增加，全国超过三分之二的商品鸡养殖集中分布在万象市。

全国有 27% 的农户养鸭，鸭的养殖数量也在不断增加，其中近 60% 为肉鸭。

3. 林业资源丰富

老挝森林资源十分丰富，20 世纪六七十年代森林面积约占全国总面积的 60%，80 年代约占 50%。木材总蓄积量在 20 世纪 80 年代为 16 亿立方米，到 2014 年木材蓄积量下降为 4 亿立方米。储量较大的木材有柚木、乌木、檀香木、沉香木、红豆杉、花梨木等。老挝林业资源破坏情况十分严重，森林面积在逐渐减少。为了保护林业资源，实现可持续性开发利用，老挝政府采取了许多措施，1987 年政府宣布禁止原木出口，并大幅度提高了林木采伐税的税率。政府还兴建了大量珍稀林木和其他林木培育（育苗）基地，大力发展植树造林，但林木的采伐速度仍大大高于林木的营造速度，老挝林业资源仍呈减少之势。

老挝政府为保护环境平衡、降低各类灾害的风险，计划到 2025 年国土森林覆盖地面积达到 70% 以上。老挝强调为更好地应对气候变化、减少毁林和森林退化、减少贫困，改善林农收入，重点加强森林执法，打击非法采伐；加强森林恢复和更新，增加森林面积；积极开展森林生态效益补偿和林权改革，鼓励社区林业发展，改善林农生计，减少木材出口，大力发展木材加工工业。2014 年，老挝出台了加强木材管理的新政策，禁止木材未成品出口。

4. 渔业以淡水养殖为主

老挝拥有富饶的淡水渔业资源，捕捞的资源主要来自湄公河及其 14 条支流，以及南娥、南松、南鸟、南增、南同、南门等大型水库，其渔获量占全国渔业总产量的 60% 以上。淡水渔业的产量呈上升之势，20 世纪 90 年代初的产量为 1.8 万吨，20 世纪末增至 2.9 万吨，2012 年产量达 13.6 万吨，到 2019 年增加至 18.39 万吨，同比增长 2.68%。老挝主要使用地网和流刺网进行捕捞，有时也使用延绳钓和陷阱网。

水产养殖发展始于 1956 年，老挝在美国国际开发署的规划下，建造了几座鱼类养殖场。后在湄公河委员会的资助下，老挝改进了万象的一座养鱼场，并在塔鄂建造一座 50 公顷的商业性养鱼场。1978—1988 年，根据联合国粮食及农业组织（FAO）和联合国开发计划署的两项规划，老挝整顿了现有的养殖场，并开发一座新型养殖场，从而使老挝 6 个省均有了养殖场，水产养殖得到蓬勃发展。得益于这些现代养殖场的有效开发，商品鱼生产所需的技术投入，主要采用综合养鱼、家畜和农作物生产系统。1992 年 4 月老挝开始推行另一个鱼类养殖计划（lao/88/003），以将鱼类养殖技术推广到乡村以改善农民的营养状况和经济情况作为主要目标。目前老挝正在执行的计划（lao/97/007）

旨在通过结构性改善和培训，提高政府鱼苗孵化站的生产能力，通过推广简易技术和培训养殖户，鼓励养殖户和企业家生产鱼苗。

老挝农户的渔业活动主要是为了获得更多的收入来源和食物供应。全国三分之二的农户从事捕捞渔业。在丰沙里省的偏远北方，79%的农户捕鱼。在阿速坡省的最南部，74%的家庭捕鱼。华潘省四分之一的农户和川圹省五分之一的农户从事水产养殖。

（三）农产品贸易维持逆差格局

由于基础工业落后，老挝农产品加工业比较落后，国产加工类食品比重很小，90%以上的生活制成品和生产资料需要进口。加工类食品是老挝农产品进口的重点，主要有饮料、精制糖、奶类、糖果等。原材料类产品大量出口，主要有咖啡、玉米等。

咖啡是老挝列居第一位的出口农产品，近年来出口比重有所下降，但仍占到了农产品出口总额的 6.21%。由 1990 年的 1 180 万美元增长到 2012 年的 6 325.9 万美元，增长了 4.4 倍，2017 年出口额达到历史新高，约为 8 715.6 万美元，此后两年出口有所下降，到 2019 年出口额为 5 476.7 万美元，同比减少了 35.05%；老挝咖啡的主要出口市场是欧洲（占 57%）、亚洲（29%）及美国（14%）。玉米出口占老挝农产品出口总额的 2.78%。1991 年，老挝玉米突破零出口，出口量达 4 000 吨，2012 年增加到 20.7 万吨，增长了 50.8 倍，出口额由 48 万美元增加到 2 725 万美元，增长量达 55.8 倍，此后玉米出口总体保持增长的趋势，2015 年达到历史记录最高，为 5 393.2 万美元，此后略有下降，到 2019 年老挝玉米出口额为 3 117.7 万美元，同比减少了 28.47%。老挝生产的大米主要是糯米，品质较高，产量能满足国内需要。据 FAO 称，过去老挝每年还需进口约 1 万吨大米，现在已完全实现自给自足。随着产量的提高，一部分大米还出口到泰国、越南和中国。

从农产品贸易结构来看，自 1991 年起由贸易顺差逐渐转为逆差，且逆差呈逐年拉大趋势。1990 年农产品进口总额达 1 155.5 万美元，出口总额达 3 446 万美元。2011 年农产品进口总额达 1.4 亿美元，出口总额达 5 487.7 万美元，到 2019 年农产品出口总额达 11.195 亿美元，进口总额达 7.169 亿美元。长久以来，邻国泰国一直是老挝最主要的农产品贸易伙伴。

（四）农业科技发展水平落后

老挝缺乏农业科研及农业技术推广服务体系，与湄公河流域内其他国家相比，科研机构和技术推广机构一直没有得到重视，相关预算少，成果少。农民普遍缺乏作物种植和畜禽养殖病害的防治技术，耕作和养殖生产完全凭借传统经验，农作物单产水平低，畜禽死亡率高，繁殖率低。整体上缺乏科学施肥、节水灌溉、兽医兽药等方面的常规技术和新品种，生物技术和信息技术更是匮乏。近年来，老挝在农业领域积极提倡科学种植，注重选育优良品种，进行了杂交水稻高产试验。

老挝的农业科技发展水平落后，农业生产科技含量低。随着科学技术的推广，越来越多的农民开始使用化肥。南部和中部地区使用化肥较为普遍。在水稻种植中常常结合使用化肥和良种。2011 年，老挝有 42% 的作物生产者在生产中使用化肥，而 1999 年仅为 29%。农药在老挝的使用比例不高，2011 年仅为 17%。老挝农业发展的另一个显著特点是日益成熟的农业机械化。使用拖拉机的农户在增加，如今老挝农户中超过三分之一的家庭拥有两轮拖拉机。机械化水平最高的地区分布在老挝中部湄公河流域，其中超过 80% 的农户在农业生产中使用两轮拖拉机。老挝北部高山地区农机具应用较少，例如丰沙里省只有 25% 的农户可以使用农机种植，在耕地面积较小的地块拖拉机使用更为少见。

由于老挝农业科技发展水平有限，政府积极寻求国外合作，引进杂交水稻、水果等新品种；与国外合作建立水果、蔬菜试验示范与推广基地，为老挝培训农业技术和农业管理人员。此外，老挝还通过国际援助，积极争取外国志愿者到老挝进行农业推广志愿服务，为农民提供各种技术指导。

（五）主要农业政策

老挝基本上处于自然经济阶段，农业是国家的主要经济基础，为促进农业的发展，保障国民的粮食安全，政府相继采取了一系列政策措施。

1. 减免农业税，调动农民积极性

1980 年，老挝颁布《关于农业税收的公告》，宣布废除农业生产中按农产品产量征税的政策，改为按耕地的好坏征税，对农业生产者开垦荒地种植农作物 5 年之内予以免税。1989 年修订了原有的税收制度决议，着重调整农业税的税率问题，不同程度上降低了各种农作物的征收税率。1993 年 3 月老挝颁布土地税法。将更多的农业税收减免上升到国家法律的层面，修缮了过去的税收制度，多产多收税制成为历史，加重征收被弃的土地税，对保护土地、开垦荒地等活动在农业税上予以减免。另外，鼓励农业生产者相互之间交易剩余的农产品，并提高农产品收购价格，极大地刺激了农业生产者生产经营的积极性。

2. 颁布实施土地法，促进农业生产

1993 年 5 月，老挝政府颁布土地法，将土地私有化通过法律的形式进行保护，从根本上解决了土地权属问题。土地法明确规定，农业生产者保留对土地的占有权、使用权、出租权、抵押权、转让权，允许老挝公民继承、移交和出售所占有的土地。土地法的颁布大大促进和激励了农业生产者的农业生产经营活动。

3. 改革所有制结构，鼓励农业经营多样化和自主化

老挝于 1980 年正式开始合并与整顿农业生产合作社，并学习中国实行家庭联产承包责任制。1987 年，老挝政府向承包土地的农户颁发"土地证书"，通过法律形式确认农民对土地的使用权、收益权和转让权，农户可自行决定生产经营方式。老挝在 20 世纪 90 年代就已基本实现了土地等生产资料的私有化及土地经营的自主化。

4. 改善基础设施条件，提升农业经营水平

老挝农业生产基础设施条件落后，尤其是交通运输条件较差，限制了农业发展。政府已经意识到交通运输等基础设施对农业发展的促进作用，近年来通过投资或引资积极加大农业基础设施建设，具体做法是设立农业发展银行、加大政府资金支持力度、优先发展重点农业项目、改善农业水利设施建设、引进国外先进生产设备，提高农业生产经营水平。

5. 重视农业发展，融入国家消灭贫困战略

老挝在国家发展战略中明确提出：至 2020 年努力摆脱所处于的最不发达国家行列，至 2030 年努力成为中上等收入的国家。为实现这一目标，老挝在 2001 年制定的中长期国家发展战略中，明确提出国家消灭贫困的首要问题是发展农业。针对老挝农业发展中存在的问题，确定了从市场开发、人力资源开发、农业管理的地方化、农业生产经营多样化、农业生产经营技术培训、流域整合管理、农林牧业的可持续发展等方面的优先政策，期望通过这些优先政策的实施，发展农业生产，加快农村开发。

二、中老农业合作现状

（一）农业合作现状

1. 合作机制

2009 年 9 月中老两国关系提升为"全面战略合作伙伴关系"。两国领导人高度重视双方的经贸合作，于 2010 年 3 月和 6 月签署了一系列经贸合作文件，极大地推动了两国经贸合作。中国与老挝也签署了多个双边农渔业合作备忘录、协议或协定，为双方农业合作政策的制定和农业技术交流提供了机制保障。根据协议，成立了双边农业工作组或联委会，定期召开会议，确定农业合作重点领域，制订双边农业合作与交流计划。2012 年 9 月，中国农业部与老

挝农业与林业部在老挝万象举行了双边会谈并签署了《2012—2013 年中国老挝农业合作工作计划》。通过这些固定渠道，两国及时沟通了解情况，协调解决合作中出现的问题，为深化中国与老挝农业合作打下了良好的基础。

2. 科技合作

老挝的农业科技相对落后，需要引进品种和技术，农业科技一直是双方合作的重要方面。早在 2004 年，中国广西迈出了与老挝开展农业合作的新步伐——建立第一个由广西农业人员实施的"中老农业合作试验基地"。目前，该基地已成为对老挝技术推广的"窗口"，试种了 96 个中国南方水稻、玉米、蔬菜优良品种以及剑麻和甘蔗等其他经济作物。2013 年 11 月，广西农业职业技术学院与老挝农林研究院合作共同建立了中国（广西）—老挝合作农作物优良品种试验站，试验站总部在万象，占地 40 公顷，同时在老挝南部占巴塞省的原中老合作农业试验基地成立了品种试验站巴松分站。试验站将筛选适合老挝种植的农作物优良品种并进行推广，同时为老挝培训农业技术人员。目前，试验站已经试种 128 个农作物品种。2007 年，中国云南与老挝签署农业合作协议，在老挝乌多姆赛建设了面积 10 公顷的"中国云南—老挝乌多姆赛农业科技示范园"，开展优质水稻、玉米实验。2010 年 3 月，两国又分别在万象建设了中国（云南）老挝波里坎塞农业科技示范园、中国（云南）老挝琅南塔农业科技示范园。基于科技示范园项目，双方开展了农业科技、应用技术推广、新品种输出等合作与交流，有效提升了老挝的粮食作物产量。2014 年，中国河南长久农业技术有限公司与老挝国立大学签署合作协议，以加强农林业技术、科研方面的交流与合作。此外，中国还在老挝实施了包括红麻、优质饲料加工、种猪生产、户用沼气等一系列科技示范项目。华大基因在老挝开展了动植物育种、基因健康等方向的项目合作，有力推动了老挝生物产业发展。

3. 双边贸易

虽然老挝出口的产品较少，但近年来由于中国的产品相对泰国便宜，且接受以老挝货币作为交易单位，与老挝与中国的贸易亦有大幅度增长。2012 年 4 月 28 日中国国家质检总局发布公告，即日起允许符合条件的老挝玉米进口。该公告称，根据中国专家对老挝玉米有害生物风险分析结果，在实地考察的基础上，经中老两国检验检疫部门协商，双方签署了《关于老挝玉米输往中国植物检疫要求议定书》，老挝玉米获得出口中国的检验检疫资格。2013 年 9 月 26 日，中国国家质量监督检验检疫总局与老挝农林部共同签署《关于老挝西瓜输华植物检验检疫要求议定书》《关于老挝香蕉输华植物检验检疫要求议定书》和《关于老挝木薯干输华植物检验检疫要求议定书》三份协议，标志着老挝西瓜、香蕉和木薯干等农产品完成了输华检验检疫准入，正式获准以一般贸易方式进入中国。目前，中国主要从老挝进口木制品、木薯、橡胶、玉米、甘蔗和大豆等，近年来苏浙地区的农药、喷雾器、薄膜、柴油机以及广东、广西的拖拉机、尿素、农药等产品在老挝有着很好的销路。同时，中牧股份曾向老挝出口口蹄疫疫苗。

进入21世纪后，中老双边贸易逐年增加，贸易额从2000年的4 083.95万美元增加到2014年的36.17亿美元，此后双边贸易额再次逐渐减少，到2019年，中国与老挝双边贸易额为35.58亿美元，同比减少9.86%；其中，对老挝出口14.95亿美元，同比减少16.40%；从老挝进口20.63亿美元，同比减少4.45%。总的来说，老挝对中国的贸易逆差正在缩小。2013—2014年，由于中国"走出去"企业橡胶已经进入开割期，中国从老挝进口天然橡胶量大幅增加，2014年中国进口老挝标胶1.96万吨，同比增加64.0%；烟片胶1.61万吨，同比增加0.8%；但此后进口量逐年减少，联合国商品贸易库数据显示，2019年中国从老挝进口烟片胶为1.54万吨，标胶未有贸易数据记录；而2020年中国从老挝进口的标胶仅20吨，烟片胶未有贸易数据记录。

4. 投资合作

中国是老挝最大投资国之一，其中农业是十分重要的投资领域。云南省和广西壮族自治区地处中国西南边疆，老挝接壤，是中国面向老挝开放的重要门户。中国两省区与老挝在农业产业合作方面成效显著。云南、广西等多家企业进入老挝，在当地开展橡胶、茶叶、水稻、玉米、蔬菜、林木种植、加工及养殖业等多种行业的合作与开发。中方企业引入的先进技术、优良品种、资金，为老挝科技经济发展起到了较好的输血作用。比较成功的例子包括：南宁金穗农业科技公司与海南有关单位合作在老挝万象附近租地，建立500亩香蕉实验基地；广西农业职业技术学院与华亚金桥公司投资建设的中国—老挝农业合作示范基地，生产出生态优质的果蔬投放当地市场，供不应求。老挝北大荒农业科技发展有限公司以占巴塞省湄公河流域广袤肥沃的土地为依托，凭借农业种植、畜牧养殖、粮食的收购、烘干、储存、加工等主要经营项目扎根老挝，重点开发占巴塞省的农业资源，目前已取得4 000余公顷的土地专有勘察数据并拥有150公顷的土地开发权。广西香蕾茶厂在老挝丰沙里省投资400多万美元建成广西第一家跨国民营企业——普发茶厂，通过建设1 400公顷的高山有机茶园基地，使当地3万多名原来种植罂粟的烟农变成茶农，对老挝的农业发展和禁止毒品生产产生了巨大影响。云南省海外投资有限公司与老挝乌多姆塞省签订老挝北部饲料加工厂项目合作协议，国家开发银行和云南省海外投资有限公司签订老挝20万吨大米加工项目框架协议。2014年5月，湖南粮食集团和湖南国宏投资有限公司赴老挝考察，双方有意合作建立粮食生产、加工销售基地，开展从种子培育、种植、加工、销售到出口中国的完整产业链合作，同时也开展玉米、木薯等其他农产品贸易。

5. 人员培训

老挝是传统的农业国，可供开发的土地较多，但农业发展水平不高。因为其水平教育相对落后，从事农业生产的劳动力素质不高，所以迫切需要加强人员的交流与培训。多年来，中国以农业科技示范园为平台，积极选派具有实践经验的国际科技特派员，在当地培训农户和技术人员。据不完全统计，借助"中老农业科技示范园"平台，中方合作企业在橡胶、石斛、印加果、蔬菜、杂交水稻、玉米方面开展多期培训班，培训人数已超过1 000人次。同时，为提升老挝农业科技发展水平，与中方合作的部分优秀技术人员、农户共150余人先后被选派到云南等地学习专业技术，完成学业回到当地成为农业产业开发的技术骨干。广西与老挝的合作基地建成至今，先后有200名占巴塞省农林学院等高校的毕业生到基地实习；350名老挝农民学会了蔬菜大棚种植技术；156名老挝农业部优秀技术人员和农户，先后被选派到农业部在广西农业职业技术学院挂牌建立的"中国—东盟农业培训中心"学习。2014年2月，海南橡胶在老挝波乔省会晒县举办了割胶技术培训班。此外，为贯彻落实中国云南省人民政—老挝科技部科技合作计划和中国—东盟创新中心建设计划，进一步促进云南先进科技成果在老挝的推广应用，加强科技合作与技术交流，帮助老挝加大科技人员培养力度，2014年11月，中方在老挝琅南塔省举办了农业先进适用技术培训班。

6. 援助合作

中国政府曾向老挝提供多项无偿援助，其中包括提供设备如耕作机、养殖设备和玉米烘干机以及援建老北农业示范中心等，并在老挝建立"中老农业合作试验基地"，为当地引进大批先进农业技术、品种和设施，培训技术人才。2014年，中国启动实施援助老挝跨境动物疫病防控项目，目的是推动两国在跨境动物疫病防控方面的合作。项目主要场址确定在老挝万象市、琅南塔省和丰沙里省，其中在万象市将建立跨境动物疫病检测和诊断实验室，在南塔省和丰沙里省各建一个跨境动物疫病监测站。该项目有利于加强中老边境动物疫病防控合作、促进两国经贸关系持续稳定发展。

（二）农业合作存在的问题与风险

虽然中国老挝已经开展了大量富有成效的农业合作，但中国企业对老挝的农业投资占投资总量的比重仍较低，投资领域集中在种植业，投资企业也以省市地方民营企业为主。中国主要以政府之间、半合作半市场化的方式进行投资，企业对老挝农业投资活动很大程度上依托于政府的援助项目或农业合作项目。老挝的投资环境在逐步改善，但仍存在一些制约中国企业农业投资的因素。此外，中国农业企业自身的发展能力也较弱，这使得农业合作中存在一些问题。

1. 农业合作中存在的主要问题

（1）经济发展水平低，经营环境欠佳

老挝政府预算赤字大，国民经济发展严重依赖外援和投资，从而影响到国家发展。老挝出口小于进口，自身创汇能力弱，再加上大量外汇外流，每年都举借大量外债以稳定国民经济发展。投资老挝的中国农业企业难以获得当地银行的信贷支持，融资困难，资金不足成为制约老挝企业发展的重要因素。

（2）农业科技水平低，生产风险大

老挝丰富的农业资源和优越的地理条件适宜农作物生长，水稻在老挝全国各地均可种植两季，生产条件优越的地区还可以种植三季。技术和资金的缺乏，使得大部分地区只能种植一季水稻。此外，农业生产基础设施条件差，抵御自然灾害的能力较弱，农业生产受自然气候的影响很大，产量波动较大。再加上多数农业生产者缺乏科学的管理意识，老挝农业的单位面积产量在东南亚国家中是最低的。

（3）缺乏高素质劳动力，阻碍经营管理

在老挝投资的许多农林项目需要大量稳定的劳动力，而老挝劳动力资源不足，素质总体偏低，工作效率低下、纪律意识淡薄、稳定性较差，企业难以按制度和工作进度对工人进行管理，企业用工成本高；而从国内引进劳力又面临着审批程序复杂、人数受老挝法规限制的问题。因此，劳动力问题成为中国对老挝农业投资项目实施的重大障碍。

（4）市场体系不完善，制约外国投资

老挝人口少，市场狭小，且市场集中在城市，农村主要是自给自足的农业生产。另外，老挝尚未建立完善的市场体系，金融市场、劳务市场也仅在城市地区刚刚起步，极不发达的市场体系在很大程度上制约了中国企业在老挝的农业投资。

（5）农业基础设施落后，投资成本高

由于经济发展相对滞后，政府财力薄弱，老挝农田水利、防洪防旱、道路交通、电力通信等基础设施较差的问题普遍存在。在老挝进行投资时，老挝政府通常要求企业自行解决投资项目所需的通水、通电、通路的"三通"问题，这从某种程度上给企业带来很大的投资成本压力，也在一定程度上制约了企业对老挝的农业投资。

2. 农业合作风险

老挝拥有优越的地理条件，从位置上来看，正好处于中南半岛的"十字路口"。老挝实行改革以来，农业一直处于开放阶段，农业发展速度很快。为进一步明确农业发展的根本性地位，老挝根据国家制定的指导方针和发展目标，制定了"加强农林业、发展工业、强化服务业"的发展战略和地区间协调发展具体规划，农业发展战略成为决定老挝国民经济发展的道路和方向的关键。通过国际合作促进老挝农业发展也是国家的重要战略之一，然而，与老挝开展农业合作仍然存在一定的风险。

（1）政治经济风险

老挝政局相对稳定，但国家经济发展严重依赖外援，外债呈不断增加的趋势。国际货币基金组织报告显示，老挝的外债已升至 30 亿美元。老挝债务额已至警戒水平，政府偿还外债的能力不足。当前，政府应减少借贷，以避免金融危机。政府已将经济发展重心从加速发展转移至保持稳定，积极吸引国内外投资，大力支持中小企业发展，努力改善经营环境。与此同时，老挝政府还存在严重的腐败问题。在老挝投资农业的企业，将不可避免地面临着其政治经济环境的风险。

（2）法律制度风险

虽然当前老挝法律法规逐步完善，但中国农业"走出去"企业仍然遇到老挝地方政府不履行优惠政策的情况。即使老挝法律法规有明文规定，出口企业也常会遇到法不依、执法不严、法律制度变化快的现象。中国"走出去"企业，特别是以租地、合作开发等形式投资的农业企业面临较大法律风险，缺乏双边农业合作稳定的制度保障。

（3）政策变化风险

企业的生存和发展与中老双边政府的政策导向息息相关。一旦政府认为某些产业的发展已经或者可能会造成严重的危害，必然会通过相应的政策手段、经济手段甚至司法手段加以干预和控制。若形成这样的局面，投资于此类产业的企业就面临极大的风险。企业必须充分了解双方政府的投资政策导向，处理好与当地政府的关系，避免盲目投资行为，审慎参与老挝政府担心的影响和破坏生态环境的投资项目。

（4）经营管理风险

与周边国家相比，老挝农业基础设施不完善，农业劳动力素质不高，劳动生产率低下。2012 年老挝中学入学率仅为 46.5%，没有完成中学阶段学业的人口中大部分都是农村人口，特别是交通不便的山区的人口。缺乏高素质、高水平的农业从业人员直接影响着农业生产经营管理。此外，老挝的产业链配套不完善，经营成本较高。企业在农产品市场把握上欠缺科学的论证，也将会面临市场需求波动带来的风险。

（三）农业合作前景

中国与老挝政治上高度互信，可以说是全天候战略伙伴关系。近年来，老挝经济发展势头良好，2012 年加入 WTO 后能享受到制度优势和改革红利，更面临难得的发展机遇。2016 年，老挝国会同意批准实施第八个五年社会经济发展计划（2016—2020 年）、10 年社会经济发展战略（2016—2025 年）和 2030 年远景规划所设定的目标。老挝与中国地理位置相邻，独特的地缘优势和传统的人文渊源，加之政治环境稳定、农业资源丰富、民风淳朴，是中国未来对外农业合作的重点国家之一。特别地，老挝与中南半岛地区的其他四国（缅甸、越南、泰国、柬埔寨）被称为"亚洲粮仓"，具有巨大的农业合作潜力。

1. 地理区位优势相对明显，适宜发展外向农业

老挝是陆路连接中国与东盟各国路程最短的国家，东南亚唯一没有出海口的国家。老挝区位优势突出，北部地区与中国、越南、泰国、缅甸四个国家接壤，而湄公河及相关支流贯穿该地区，为各国跨境交易尤其是农产品贸易提供了便利条件，是连接中南半岛甚至东南亚国家的战略中心。另外，老挝已经加入东盟自由贸易区和大湄公河次区域合作计划等国际性组织，在农产品进出口方面非常便利，适宜发展外向型农业。目前，老挝独特的农业资源还没有得到充分地开发，生态环境也没有遭到异常的破坏，依旧保持着粗放型耕作方式，农产品未受到大的污染，与经历过工业化农业发展的发达国家尤其是发展中国家相比，具有无可比拟的优势，农业发展前景广阔。中国与老挝开展农业合作，将有利于全球农业产业布局，充分利用国际资源，满足双方的需求。

2. 投资环境不断改善，政府积极吸引外资

老挝政府高度重视引进外资，2009 年正式提出"资源变资金战略"。为吸引更多的外国企业到老挝投资开发，相应出台了新版的《投资促进法》，为外国投资者提供了更为有力的激励政策。新投资法加强了外国投资的程序化、规范化管理，老挝投资环境得到极大改善，农业领域的投资机会越来越多。此

外，为发展本国农业，老挝政府提出了互利共赢的"2+3"投资模式，即老挝提供资源和劳动力，外国投资者提供技术、资金和市场。中国具有天然的投资便利条件，可以通过加大资金、技术、人才的输出来提高老挝农业综合发展水平，实现老挝农业的可持续发展。因此，随着投资环境的不断改善，老挝可以吸引更多的中国企业前来投资，实现规模效应。

3. "一带一路"倡议提供农业合作的新契机

老挝国内公路线路总里程短，主要干线短而少，支线少而不通畅。截至2020年年底，老挝公路总里程仅为43 604千米，每100平方千米内公路的长度为18.41千米；老挝铁路发展较晚，2009年才建成并运行第一条铁路，目前全国总长度仅为3.5万千米；2016年12月25日开工建设中老铁路，其中老挝境内段由中老边境的磨丁至万象，全长约420千米，于2021年12月3日全线通过运营，建成后的中老铁路有助于实现两国在贸易、投资、物流运输等领域更高程度的便利化，有力提升老挝与其他域内国家的交通联通水平，助力老挝实现"陆锁国变陆联国"的战略目标。老挝的航空运输能力弱，机场、飞机和航线都很少。老挝交通运输条件差，导致物流速度慢，信息闭塞，不利传播，农业经济发展缓慢。为促进经济快速发展，老挝参与"一带一路"建设的意愿强烈。"一带一路"倡议的本质是政策沟通、道路联通、贸易畅通、货币流通、民心相通、文化融通。该倡议将有助于老挝实现从"陆锁国"转为"陆联国"，让交通不便的老挝通过互联互通成为中国连接周边国家的枢纽，特别是成为中国与东盟地区互联互通的一个重要节点。在"一带一路"的战略机遇中，中国可以加快实施"走出去"的步伐，可以在老挝进行产业布局，通过国际布局加快技术升级，带动老挝技术进步，同时拓展中国农业企业的经济发展空间。在"一带一路"倡议的引领下，利用打造中国—东盟自由贸易区升级版的机遇，两国应该充分利用现有合作机制，加农业合作，携手共同创造区域内新的增长点，促进双方相互支持、携手发展，成为区域和谐共赢的典范。

三、中老农业合作思路

（一）合作定位

以老挝国家发展需求为指导，充分发挥其独特的地理区位优势，将农业合作作为强化中老两国关系和经济发展的重要手段，以及中国参与湄公河次区域经济合作和拓展东南亚市场的重要组成部分。全方位、多层次地开展中老农业合作项目，以服务国家"一带一路"倡议，为战略实施提供具体支撑。力争将中老农业合作建设成东南亚地区现代农业发展的支撑和引领，成为带动区域合作的样板。

（二）合作目标

借助"一带一路"倡议重要合作平台，发挥老挝作为东盟中心的突出区位优势，优势互补、开放发展，建立两国更为密切的农业合作关系。中方企业通过主动研究老挝的经济结构、法务体系、民风民俗，主动与老挝的政府部门、民间团体、社会名流沟通，积极"走出去"进行农业投资，通过合作开发改善老挝的农业生产条件，提高农业科学管理和生产水平，拉动老挝农业和农村经济发展，为国家减贫做出贡献。近期合作目标是，突出老挝农业产业发展的重点领域，开展科技示范与试验推广，提升老挝农业科技水平，实施农业现代化合作，加快老挝实现农业现代化的步伐。

四、中老农业合作重点

农业是老挝政府鼓励外国企业投资的重点领域之一。目前，中国"走出去"企业在老挝农业投资领域主要包括种植业、林业、养殖业和农林产品加工等。老挝土地资源丰富，人均土地面积大，具有发展农业生产的资源优势，又由于老挝北部与中国云南南部接壤，因此中方企业具有在老挝北部经营农业种植项目的便利条件。老挝是"21世纪海上丝绸之路"的沿线国家之一，以独特的地理区位优势成为连接长江经济带、大西南"桥头堡"以及泛亚高铁的重要枢纽。未来，双方要充分发挥比较优势，包括资源、技术、资金、人才、管理、市场等，加强政策沟通和农业合作。农业合作的重点领域包括种植业、水产和畜牧养殖、农产品加工以及林业领域，农业合作的关键是农业资源合作开发、科学技术交流、农业现代化合作。

（一）重点合作领域

1. 种植领域

老挝政府鼓励外国投资水稻、玉米、木薯、香蕉等作物的种植，并将水果、咖啡、油料作物种植作为一类鼓励发展的产业，水稻、玉米种植作为二类鼓励发展的产业。近年来，中国企业到老挝进行的农业投资项目增多，经营业务涉及橡胶、水稻、甘蔗、木薯、中药材、蔬菜、热带水果、烟叶等种植。老挝北部具有建设旱季水稻基地、甘蔗生产基地和橡胶生产基地的潜力，因此，中方企业可以通过投资进一步加大对老挝农业发展的支持力度，同时替代种植合作，为世界消除毒品做出贡献。中方可充分利用老挝的税收优惠政策，比如稻谷、玉米、淀粉等农产品出口免征关税，力争通过作物合作开发为中国大西南地区的粮食安全做出贡献。

2. 农产品加工领域

近年来，中国与老挝的农业合作领域逐步呈现多元化，已从过去的以种植业为主逐步拓展到农产品加工。饲料加工厂、屠宰厂、粮油加工厂都是老挝一类鼓励发展的产业，中方在此方面也具有一定优势，因此要积极拓展农产品加工领域的合作。合作一方面可以帮助老挝延伸产业链，增加农业附加值，另一方面可以扩大中国的技术、设备影响力。此外，两国通过农产品加工领域的合作，逐步促进双边农产品贸易增长。早在2010年，中老合作就开展了万象新区综合开发项目，按照"工业园区加新城开发"的中国开发区模式，通过8年努力，把万象新区1000公顷土地建成农产品加工出口基地。

3. 畜牧与水产养殖领域

老挝的畜牧业发展比较落后，政府实施的"七五"规划在畜牧领域取得了较好的成果。目前，为满足国内畜产品需求，大牲畜养殖是鼓励投资发展的一类产业，因此中方企业可以积极参与畜牧养殖领域的合作。多年来，中老已经在猪仔养殖、种猪生产、优质饲料加工、户用沼气等畜牧方面开展合作，中方企业可以充分利用当地丰富的饲草资源，推广先进适用养殖技术，帮助老挝提升畜牧业发展水平。此外，双方积极开展跨境动物疫病联合防控方面的合作，特别是构建禽流感、口蹄疫等重大动物疫病的防控体系。在水产养殖领域，由于老挝农户养鱼大多是为了增加食物供应和收入，养鱼对国家粮食安全和减贫意义重大，而中国是世界上最大的淡水养殖国，可以充分发挥中国的技术优势，为老挝从业者开展渔业生产培训，促进其渔业发展。

4. 林业领域

老挝生产大量木材和非木材林产品，即工业用材、当地建筑用材以及其他重要的商业林产品（包括原紫胶、安息香、小豆蔻、藤、竹和松脂）。此外，农民从森林中采集消费的非木材林产品约有150种，一些林产品用于加工出口。加强中老两国林业合作，不仅符合两国林业发展的利益，而且符合两国人民长期睦邻友好的根本利益，双方可以通过能力建设和示范项目等方式在社区林业发展、森林资源管理、非木质林产品、森林执法和退化天然林恢复等领域开展合作。两国可以积极利用国际林业组织平台，加强合作，促进老挝森林可持续管理、生态多样性保护以及应对气候变化等。

（二）重点项目

1. 种植加工一体化项目

国际谷物协会统计显示，泰国、越南、老挝、柬埔寨和缅甸是东盟五个最大的大米生产国，每年出口大米生产总量超 2 000 万吨，占据全球三分之二的市场份额。老挝具有生产稻谷（糯米、粳米和旱稻）的优势，合作开发稻谷等粮食作物资源非常有前景。2012 年 7 月，老挝政府邀请中国广西"种粮状元"——农民梁天银去老挝建设粮食生产基地，并无偿划拨 50 公顷耕地。目前，老挝水稻平均亩产约 200 千克，通过合作建设粮食基地，未来亩产量有望提高 3 倍。云南海外投资公司实施了年产 20 万吨大米加工厂项目，大米加工企业的预计年产量为 50 万吨，可创造年产值 1.2 亿美元，增加 500 个就业机会，带动农田种植 5 万公顷。双方通过粮食作物种植领域的种植加工一体化合作，将帮助老挝引进并推广优良品种和先进技术，提升农业产量与质量水平，带动相关产品加工业发展。此外，老挝北部具有发展天然橡胶产业的优势，为满足中国橡胶需求，双方可以继续开展橡胶种植与加工合作，加大对老挝的投资。中国云南云锰集团已在老挝南塔省成功收购和合作橡胶 20 多万亩，计划扩大规模，在老挝北部地区再种植 20 万亩橡胶，并建设有普卡橡胶加工厂。此外，云南高深橡胶集团有限公司在老挝也建有橡胶种植基地。中国将依托种植加工一体化项目合作，不断促进老挝农业经济的发展。

2. 科技示范园建设

与周边国家相比，老挝的农业发展落后，迫切需要提升农业发展的科技支撑能力。中国与老挝已经在老挝境内多地合作建立了农业科技示范园、技术示范中心、种业示范基地等，这都将成为中国农业技术对外推广的窗口，要继续在先进技术、良种示范以及农资和农机应用上发挥重要作用。中国可以通过科技示范园建设，加强杂交水稻、杂交玉米、马铃薯、大豆、蔬菜、哈密瓜、花卉等新品种、新技术的科技示范，进行适宜老挝农作物优良品种的选育以及开展"替代种植"技术的研究。两国可以借助科技示范园平台，进一步加强中老两国科研机构、企业、高校之间的科技合作，比如生猪繁育及新型饲料研发加工技术、小型农业机械推广、热带作物繁育技术应用推广、天然药物资源开发利用等方面的合作，使科技合作成为推动农业合作深入发展的重要抓手。两国可以加强双方人员交流与培训，深化两国农业合作的基础，通过为老挝培养农业技术人员和科技人才，进一步推动中国先进适用技术在老挝的示范与转移，提升中方参与区域合作的主导性。

3. 现代农业产业园项目

根据老挝农业发展战略，要逐步引入和发展现代低地市场型农业生产，适应气候变化，聚焦小农户生产，同时保护高地生态系统，保证粮食安全，改善农村社区的生计。发展现代农业，提高农业产量，创造高附加值的食品和农产品，促进绿色价值链，是老挝减少农村贫困和维护粮食安全的必然途径。虽然目前老挝农业落后，但其具有发展现代农业的基础条件，特别是机械化和现代化水平较高的中部地区。为满足老挝发展需求，2015 年 5 月，湖南炫烨生态农业发展有限公司（民营企业）与老挝农林部种植业司、沙湾拿吉省农林厅签署协议，将在沙湾拿吉省共建一个现代农业产业园。早前该公司已经与沙湾拿吉省农业厅合作建设了 2 000 公顷的农业种植示范基地，并获得中国国家发展和改革委员会 2015—2016 年粮企进口专项配额。现代农业园区建设将集粮食贸易、水稻研究、农机交易、农机服务及其他农林产品交易于一体，满足老挝未来农业市场的需求，提升农业产业质量标准，提高老挝中部粮食主产区的农业现代化水平。通过现代农业产业园建设项目，中国企业将引领和建设老挝农业高新技术设施。

4. 农业援助项目

国际援助是老挝促进国内经济增长的重要引擎，中国是老挝重要的援助国。老挝既需要中国的经济援助来发展经济、改善民生，也需要中国的政治援助来应付西方国家对老挝改革提出的苛刻要求。农业援助项目具有重要的带动作用，有利于促进双边贸易和投资合作。中国要加强和改进对老挝的农业援助，拓展农业技术援助空间，利用中国农业机械、农业技术、人力资源等优势，适应老挝农业环境需求，促进老挝农业生产。中国应积极参与老挝农业规划工作，加强与老挝科技人员交流，提供老挝学者与技术人员来华交流学习的机会，开展农业管理与技术培训，提高老挝农民生产积极性。

五、主要结论与相关建议

（一）主要结论

中国与老挝建立了全面战略合作伙伴关系，在农业科技、贸易和投资等领域已经开展了诸多合作，农业合作成效显著。老挝具有独特的地理区位优势和丰富的农业资源，农业在国家经济中的地位突出，发展需求大。中老两国在作物种植、农产品加工、畜牧和水产养殖以及林业等领域具有广阔的合作空间。

在"一带一路"倡议引领下，两国可以开展替代种植合作，投资橡胶、水稻、玉米、甘蔗、木薯和热带水果等种植，促进老挝农业种植多元化发展，并带动相配套的加工和物流业发展。中国可以通过重点打造粮食种植加工基地、农产品物流与贸易基地以及科技示范与现代产业园区，以园区建设提升老挝农业现代化发展水平。

（二）相关建议

未来，中国要积极推动中国农业科研机构联合企业"走出去"，构建科研、投资、贸易和人员交流培训等全方位一体化的合作格局。政府可以加大支持推动力度，有关部门可以积极研究制定相关扶持政策，通过不断完善合作机制，深化中老农业合作。同时，中国可以搭建平台来整合信息，为企业"走出去"提供有关信息服务。企业要积极研究老挝甚至东南亚区域市场，充分了解法律法规和相关政策，慎重做好投资决策，努力提升经营管理水平，提高合作项目质量，积极防范各种风险，建立中方企业的良好品牌。

第九章　缅甸农业研究报告

　　缅甸联邦共和国简称缅甸，是东南亚国家联盟成员国之一。缅甸西南临安达曼海，西北与印度和孟加拉国为邻，东北靠中国，东南接泰国与老挝。缅甸人口约为 5 141.9 万人，其中 68% 的人口为缅族。官方语言为缅甸语，也有为数不多的人懂英语和汉语。87.9% 的缅甸人信仰佛教，其他人信仰基督新教、天主教、印度教、伊斯兰教以及原始部落中的拜物教。缅甸一共下辖七个省、七个邦和一个联邦特区。2005 年，缅甸政府将首都从境内最大城市仰光迁至新都内比都。

一、缅甸农业发展现状

（一）资源经济条件

　　缅甸是一个以农业为主的国家，从事农业的人口超过 60%。缅甸耕地资源丰富，气候适宜，十分适合粮食和经济作物生长。缅甸国土面积约为 6 785 万公顷，海岸线长 3 200 千米。地势北高南低，北、西、东部地区山脉环绕。北部为高山区，西部有那加丘陵和若开山脉，东部为掸邦高原。缅甸农作物种植面积约为 1 200 万公顷，休耕地面积为 49.13 万公顷，可垦荒地面积为 576.40 万公顷，保护林地面积为 1 911.78 万公顷，其他林地面积为 1 436.92 万公顷。实皆省、勃固省、曼德勒省、马圭省以及伊洛瓦底省的净播种面积最大，土地资源利用程度高。克钦邦和掸邦土地资源利用程度低，开发空间较大。缅甸 70.4% 的农户户均耕地面积在 2 公顷以内。

　　缅甸全境降水充沛，克钦邦、实皆省西北部，以及若开邦、马圭省、伊洛瓦底省、德林达依省、仰光省、勃固省年降水置在 2 500～6 000 毫米，曼德勒省、实皆省南部以及掸邦年降水量在 1 500 毫米以下，属于缅甸干旱区域。缅甸农业灌溉区域集中在勃固省、曼德勒省、实皆省、伊洛瓦底省、仰光省、马圭省，北部地区基本没有灌溉条件。截至 2019 年年底，缅甸耕地总灌溉面积为 230.27 万公顷，占净种植面积的 19.2%。

农业是缅甸国民经济的支柱产业，农业总产值约占 GDP 的 20.5%，农产品出口占总外汇收入的 7.95%。其中，农业增加值中 49.75% 来自种植业，主要粮食作物有水稻、小麦、玉米和茴梁；油料作物有花生、芝麻、向日葵等，以及多种豆类作物；经济作物主要有棉花、甘蔗、黄麻、橡胶等和多种蔬菜、水果、调料等。

畜牧水产业发展迅速，缅甸肉鸡、猪集约化养殖初具规模，牛羊肉资源丰富，2019 年，缅甸肉类生产量为 368.73 万吨，蛋生产量为 115.70 亿枚，奶生产量为 253.32 万吨。缅甸拥有 2 200 多千米的海岸线，50 万公顷沼泽，渔业已经成为第四大支柱产业和出口创汇行业，并先后与孟加拉国、中国、德国、日本和泰国建立渔业合资公司。2019 年渔业产量达 600.51 万吨，其中，海洋捕捞量为 326.88 万吨，淡水渔业产量达 273.63 万吨。

2017 年，缅甸适龄劳动人口为 3 639 万人，实际工作人口为 2 194 万人，农村从业人口约为 1 582 万人，占总工作人口的 72.1%，劳动力充沛，但是管理人才和技术人才缺口大，劳动力成本相对较低。2013 年，缅甸政府将最低工资标准定为 3 美元/日，以后将逐步提高最低工资水平。自 2018 年 5 月起，除 10 人以下的小型企业和家族企业外，缅甸全国统一执行日薪 4 800 缅币（约合 3.5 美元）的最低基本工资标准。

（二）农业发展概况

缅甸农业生产技术落后，农业综合生产能力不强，开发程度不高，基础设施薄弱，抵御自然灾害的能力较差，农作物单产增长缓慢。2008 年以来，缅甸农业总产值基本保持增长态势，2018 年农业总产值约为 19.56 万亿缅元（约 127.8 亿美元），缅甸种植业产值占农业总产值的比例呈逐年下降趋势，畜牧业与渔业产值占比逐年上升（见表 9-1）。

表 9-1　2008—2018 年缅甸农业、种植业、畜牧业与渔业、林业的发展情况

年份	农业			种植业			畜牧业与渔业			林业		
	产值/亿缅元	增长率/%		产值/亿缅元	增长率/%	占比/%	产值/亿缅元	增长率/%	占比/%	产值/亿缅元	增长率/%	占比/%
2008	71 701.7	5.6		57 998	4.8	80.9	12 888	10.1	18	815.8	-2.3	1.1
2009	75 698.4	5.6		60 436	4.2	79.8	14 471.6	12.3	19.1	790.6	-3.1	1
2010	146 589.6	93.6		111 084	83.8	75.8	33 921	134.4	23.1	1 584.5	100.4	1.1
2011	145 621.1	-0.7		107 502	-3.2	73.8	36 418	7.4	25	1 701.2	7.4	1.2
2012	148 070.5	1.7		107 248	-0.2	72.4	39 009.2	7.1	26.3	1 813.4	6.6	1.2
2013	153 461.1	3.6		109 593	2.2	71.4	42 175.9	8.1	27.5	1 692.5	-6.7	1.1
2014	157 687.7	2.8		111 130	1.4	70.5	45 293.3	7.4	28.7	1 264.3	-25.3	0.8

表9-1(续)

年份	农业		种植业			畜牧业与渔业			林业		
	产值/亿缅元	增长率/%	产值/亿缅元	增长率/%	占比/%	产值/亿缅元	增长率/%	占比/%	产值/亿缅元	增长率/%	占比/%
2015	163 061.8	3.4	113 574	2.2	69.7	48 203.3	6.4	29.6	1 284.3	1.6	0.8
2016	162 309.3	-0.5	112 617	-0.8	69.4	49 176.4	2	30.3	516.3	-59.8	0.3
2017	164 392.6	1.3	112 729	0.1	68.6	50 995	3.7	31	668.3	29.4	0.4
2018	195 621.9	19	128 487	14	65.7	66 389.9	30.2	33.9	744.9	11.5	0.4

注：以不变价格计算历年产值。数据来源为缅甸统计局，2021年。

1. 种植业

水稻、豆类、芝麻是缅甸三大主要农作物，也是缅甸主要的出口农产品，其农业产值之和占缅甸农业总产值的59.1%。

（1）水稻

水稻产值占缅甸农业总产值的42.5%。伊洛瓦底江三角洲、锡当河河谷以及实皆省伊洛瓦底江流域是水稻主产区。2010—2019年缅甸水稻种植概况见表9-2。2012年以来，缅甸大米的出口能力已经能够保持在每年100万吨以上，2019年缅甸出口稻米267.58万吨。

表9-2　2010—2019年缅甸水稻种植概况

年份	收获面积/万公顷	产量/万吨	单产/（千克/公顷）
2010	801.12	3 206.51	4 002.6
2011	756.68	2 855.21	3 773.3
2012	698.89	2 621.66	3 751.2
2013	695.29	2 637.21	3 793.0
2014	686.95	2 642.33	3 846.4
2015	676.95	2 621.03	3 871.8
2016	672.40	2 567.28	3 818.1
2017	694.60	2 654.64	3 821.8
2018	714.93	2 757.36	3 856.8
2019	692.09	2 626.98	3 795.7

数据来源：联合国粮食及农业组织数据库，2021年。

（2）豆类

豆类作物是缅甸第二大作物，占缅甸农业总产值的14.8%，也是缅甸第一大出口农产品，占缅甸农产品出口总额的 30% 以上。缅甸出产豆类主要有黑豆、绿豆、木豆、鹰嘴豆等，2019 年缅甸豆类作物收获面积达 420.7 万公顷，总产量为 689.0 万吨。2010—2019 年缅甸豆类生产情况见表 9-3。2019 年，缅甸豆类出口 127.2 万吨，出口额约为 6.96 亿美元，占缅甸农产品出口总额的 36.6%。

（3）芝麻

缅甸芝麻产量世界第一，近几年生产规模保持稳定，2019 年，缅甸芝麻收获面积为 150.5 万公顷，总产量为 74.4 万吨（见表 9-3）。马圭省和曼德勒省是芝麻的主产区，2019 年，缅甸芝麻出口额达 14.3 万吨，出口市场主要为日本、韩国和中国等。

表 9-3　2010—2019 年缅甸豆类、芝麻生产情况

年份	豆类			芝麻		
	收获面积/万公顷	产量/万吨	单产/（千克/公顷）	收获面积/万公顷	产量/万吨	单产/（千克/公顷）
2010	390.8	509.1	1 302.7	151.9	78.7	518.3
2011	389.1	502.5	1 291.5	153.2	83.2	543.2
2012	396.4	529.3	1 335.3	149.2	79.5	532.5
2013	422.8	572.8	1 354.7	152.4	81.7	536
2014	432.4	606.7	1 403	146.5	80.2	547.2
2015	428.5	621.6	1 450.5	151.1	82.8	548
2016	431.0	646.5	1 499.9	149.5	81.3	543.7
2017	435.5	661.9	1 519.8	147.8	76.4	517.1
2018	418.0	668.1	1 598.5	149.2	71.5	479.6
2019	420.7	689.0	1 637.7	150.5	74.4	494.6

数据来源：联合国粮食及农业组织数据库，2021 年。

（4）其他作物

除上述作物外，缅甸主要的作物还有甘蔗、橡胶。2009—2019 年，缅甸甘蔗收获面积总体不断扩大，收获面积和产量分别从 2009 年的 15.78 万公顷和 956.2 万吨提高到 2019 年的 18.22 万公顷和 1 184.62 万吨。2019 年橡胶收获面积为 33.81 万公顷，总产量为 26.49 万吨，比 2009 年收获面积和产量分别增长了 102.8% 和 140.2%。德林达依省、孟邦、克伦邦、伊洛瓦底省、仰光

省、若开邦和勃固省东部是橡胶主产地，缅甸橡胶总出口量的 90% 目的地为中国。

2. 畜牧业

缅甸畜牧业产值占农业总产值的 20.8%。2009—2019 年，鸡肉、猪肉产量增长明显，其中，2019 年鸡肉产量达 161.64 万吨，比 2009 年增长了77.9%；猪肉产量也保持快速增长，2019 年达到 123.45 万吨，比 2009 年增长了 134.6%；2009 年以来，缅甸牛肉产量显著增长（见图 9-1），缅甸畜牧养殖区域分布在伊洛瓦底省、勃固省、马圭省、实皆省、曼德勒省、掸邦西部以及仰光省南部等地区。

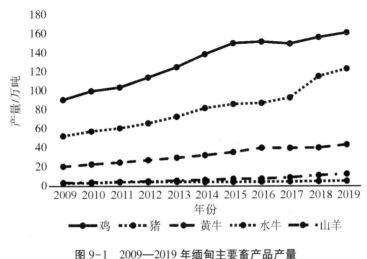

图 9-1　2009—2019 年缅甸主要畜产品产量

（数据来源：联合国粮食及农业组织数据库，2021 年）

3. 渔业

渔业经济在缅甸国家经济和社会发展中占有重要地位，水产品是缅甸民众主要的动物蛋白消费来源，水产品消费占到其家庭月平均消费量的 12%，人均消费量达 41 千克。缅甸渔业分为海洋渔业、内陆渔业和水产养殖业三类。其中，海洋渔业专属经济区面积为 48.6 万公顷，海洋渔场集中在若开邦海岸、伊洛瓦底江入海处的三角洲以及南部海岸，缅甸拥有 298 万渔民，机动渔船1.41 万艘，非机动渔船 5 122 艘；水产捕捞量逐年增加，2012 年达到 357.9 万吨，比 2003 年增长了 166%。缅甸内陆渔业主要提供人们日常生活所需的淡水鱼。在水产养殖方面，缅甸水域清洁，未受污染，是缅甸水产养殖业发展的巨大优势。近年来，受益于国内需求增加和水产品贸易的潜力，缅甸水产养殖业获得较多投资，养殖水域面积和总产量增速较快，虾和淡水鱼等养殖面积达到

2.1万公顷。缅甸水域最大可捕捞量约为105万吨，目前实际捕捞量是可捕捞量的3.4倍，存在严重的过度捕捞问题，加之全球气候变化对孟加拉湾海洋生态系统带来的负面影响，缅甸实现渔业可持续发展的压力很大。此外，缅甸渔业受资金、饲料供应、技术、养殖与加工水平等因素限制，水产养殖潜力尚未充分释放，水产品出口也呈下滑趋势，2013—2014财政年度出口额为5.36亿美元，同比下降17.5%。缅甸水产品出口量的90%销往中国。

4. 林业

缅甸森林覆盖率为41.3%，林地面积为2 883.6万公顷，其中62%用于开发、4%用于水土保持、7%用于生物多样性保护。缅甸林木蓄积量约为150万立方米，其中40%分布在掸邦和克钦邦。缅甸可供采伐的柚木面积约610万公顷，柚木潜在年产量约20万吨，其他各种硬木潜在年产量约130万吨。缅甸是林木及木材制品出口大国，2019年，柚木、硬木及林产品出口额9.47亿美元。此后，缅甸的出口额大幅度下降，2019年木材出口中原木出口主要目的地是印度和中国，美国和欧盟是缅甸家具材出口的主要市场。2009—2019年，缅甸森林面积年平均减少约30万公顷。为保护耗损严重的森林资源，缅甸自2014年4月1日起全部停止原木出口，但是鼓励木材制品、板材及家具出口及外资进入木材加工行业。

（三）农产品贸易

农产品是缅甸重要出口创汇商品。2019年，缅甸主要农产品出口总额为19.01亿美元，占全国出口总额的11.14%，其中农作物产品出口占80.7%，畜产品和水产品、木材出口分别占15.8%和3.5%。稻米、豆类、玉米、橡胶、鱼虾和柚木等是缅甸重要的出口产品，其中稻米出口波动比较大（见表9-4）。缅甸主要进口农产品包括食用油、奶制品、烟草及烟草制品等，肥料、农药、农机等农资产品也主要依靠进口。2017—2018财政年度，缅甸农业吸引外资1.34亿美元，涉及7家农业企业。

表9-4 2015—2019年缅甸主要农产品出口情况 单位：万吨

年份	2015	2016	2017	2018	2019
稻米	172.8	139.88	332.08	273.19	267.58
玉米	126.67	102.39	159.94	111.01	136.78
黑豆	62.38	52	59.91	64.9	56.97
鹰嘴豆	3.1	3.34	5.11	7.57	5.88
木豆	27.88	21.59	27.6	20.27	18.19
绿豆	39.77	39.83	35.36	33.2	47.62

表9-4(续)

年份	2015	2016	2017	2018	2019
其他豆类	12.8	12.17	9.22	14.54	22.54
芝麻	9.85	10.7	12.09	10.82	14.3
洋葱	4.88	6.84	2.33	4.21	10.62
酸角	2.11	1.69	2.22	2.44	3.37
天然橡胶	9.25	12.5	15.34	17.27	20.05

数据来源：缅甸统计局，2021年。

（四）缅甸农业发展存在的问题

缅甸农业发展的水平低，综合生产能力差，资源潜力未得到充分发挥，其主要原因包括农业研究与农业信贷投入不足、农业生产资料供应不足、农业技术推广能力缺失、农业基础设施薄弱等。

1. 农业研究与农业信贷投入不足

缅甸农业研发投入强度为每100美元农业GDP中用于农业研发的费用只有0.1美元，大大低于亚洲国家平均0.38美元和全球发展中国家平均0.9美元的水平，这导致缅甸农业生产力和农产品竞争力严重落后。缅甸农业信贷规模不大，2013—2014财政年度，缅甸农业发展银行发放的农业贷款为8 625.3亿缅元，农业开发贷款为132.1亿缅元，其中70%的贷款用于甘蔗产业开发。

2. 农业生产资料投入能力不强

缅甸尚未建立完整的商品种子市场体系，农民主要依靠自留种或从其他农户手中购买种子，这导致品种混杂、抗腐力弱、品质不一。缅甸能够生产部分所需氮肥，但仍需要大量进口，磷肥和钾肥完全依赖进口，其肥料消费近几年呈增加趋势，尤其是氮肥消费大幅增长。缅甸农药使用量增长较快，2012年达到1 677吨（按有效活性成分计算），比2009年增加了92%，但农药主要依靠进口。缅甸农业机械应用水平逐步提高，其中农用拖拉机和联合收割机数量增长较快，生产中对中小型农机需求较大，农业机械和零配件需要大量进口。

3. 农业技术推广能力缺失

农业技术推广在缅甸农业生产中发挥着重要作用，但是政府所属农业推广机构缺乏资金，推广技术人员技术水平不高，缺少对农业技术推广人员的培训，技术推广人员与研究机构、农民联系不紧密。

4. 农业基础设施薄弱

缅甸的交通设施、电力和通信基础设施建设是东南亚国家最为滞后的。另外，缅甸农业灌溉设施覆盖程度较低，灌溉面积的增长赶不上净播种面积的增长；灌溉设施分布不均，克耶邦、克钦邦、掸邦、钦邦和若开邦等基本没有灌溉能力。

二、中国—缅甸农业合作现状

（一）农业合作现状

1. 中国缅甸双边农业合作机制取得新进展

2014 年 11 月，中国和缅甸发表了《中华人民共和国与缅甸联邦共和国关于深化两国全面战略合作的联合声明》，决定成立中缅农业合作委员会，为深化双边农业合作初步构建了一个国家层面的对话协调机制。

2. 大宗农产品贸易合作取得突破

2014 年 9 月，中缅两国政府签署了缅甸大米、玉米出口中国植物检验检疫议定书，缅甸大米、玉米出口中国检验检疫准入问题得以解决，缅甸大米、玉米正式获准以一般贸易方式进入中国。这将促进中缅农产品贸易健康快速发展，实现互利共赢，也有利于扩展中国大宗农产品进口来源，提高中国对农产品市场的影响力。

3. 边境农产品贸易支持措施不断完善

中国边境口岸"一关两检"积累了支持边境农产品贸易发展的诸多经验。中国云南检验检疫部门对缅甸北部替代种植返销农产品实行"一次检疫、分批放行"的管理模式，对相关设备、物资、人员采取通关便利措施，促进了项目的顺利实施，边境口岸"一口岸，多通道"模式逐步完善。海关为云南省进出口企业提供鲜活易腐物 24 小时预约通关服务。此外，替代种植相关减免税收优惠政策得到较好的落实，2009—2013 年共审批替代种植项下进口农产品 11.1 亿美元，减免税收达 25.07 亿元，有效降低了企业成本。

4. 畜牧、渔业合作稳步推进

继 2001 年两国签署渔业合作协定后，2014 年，两国签署了《中缅畜牧渔业合作谅解备忘录》。其后 5 年，中国为缅甸培训农业技术与管理人员、设立农业技术培训中心、合作共建农业技术示范中心，推进无规定动物疫病区建设，并继续向缅甸提供小额农业贷款，双边农业合作进一步深化。为有效防控动植物疫病传播和打击边境动物及其制品走私活动，中国与缅甸已经合作建成 4 个跨境动物疫病监测站。

5. 中缅边境农业产业合作成效明显

以替代种植项目为代表的中缅边境农业合作取得明显成效，部分中国企业通过替代种植项目在缅甸进行农业开发，已经形成政府搭台、民营企业为主体实施的格局。缅甸北部罂粟种植面积由 20 世纪 90 年代最高峰的 16.5 万公顷降至 4 万公顷，开展替代种植区域内的掸邦第一、二、四特区连续多年禁种罂粟。替代种植企业在缅甸北部地区修建道路、桥梁、学校、医院、变电站、饮水工程等一批基础设施，从国内引入医疗设备和药物，为提高当地民众健康素质发挥了积极作用。人员的流动也带动了当地餐饮、旅游、交通、酒店等行业的快速发展，促进了当地经济发展和社会进步。云南省立足地缘、人文基础，积极参与缅甸农业开发，境外累计开发面积超 20 万公顷，对中国国内农产品及原料供应形成了有效补充。

（二）中缅农业合作面临的形势

缅甸是与中国接壤边界较长的东南亚国家和中国打通印度洋通道的捷径，与其开展农业合作具有重要战略意义和互补优势。一是区位政策优势。中国正积极推进"一带一路"倡议和孟中印缅经济走廊建设，缅甸作为面向西南开放的重要节点国家，农业作为中缅全面战略合作的重点领域，将面临重要历史机遇。2014 年中央一号文件提出"培育具有国际竞争力的粮、棉、油等大型企业，支持到境外特别是与周边国家开展互利共赢的农业生产和进出口合作"，为对缅甸农业合作注入强劲动力。二是资源互补优势。缅甸可开发农业资源丰富，稻米、豆类、油料、橡胶等大宗农产品出口潜力较大。随着中国农产品需求刚性增长，耕地、淡水等农业资源约束进一步加剧。与缅甸等农业资源丰富的周边国家开展合作，发挥中国在农业技术、装备和资金等方面的优势，积极参与对缅甸农业开发，开展生产、加工、仓储、物流等全产业链投资合作，既可解决缅甸农业发展和农民脱贫问题，又可使其成为保障中国农产品有效供给的储备基地。三是合作意愿强烈。缅甸总体上已步入改革正轨，较过去政治、安全风险大大较低，缅甸新政府对外资进入农业持积极态度，出台经济特区法后，又重新修订了外国投资法。缅甸农业发展措施强调要充分利用土地资源发展农业，带动国民经济全面发展，尤其是带动农业机械制造业的发展。当前缅甸农业发展的三大目标包括：一是优质高产种子生产；二是大力推行农业培训与教育；三是农业科研开发。为提高农业生产率和农民收入，缅甸制定了发展农业的三大基本方针和五项战略措施。三大基本方针包括：一是按照市场规律促进农业和食品生产，争取大米生产盈余，食用油供应自给，积极发展出口型农产品；二是扩大耕地面积，保护农民权利；三是鼓励私营经济参与农业发展。五项战略措施包括：一是保证并继续扩大农业用地；二是多方筹措资金修建农田水利设施；三是加快农业机械化发展步伐；四是指导并鼓励农民学习和掌握先进的农业生产和管理技术；五是培育和引进并举，扩大良种种植面积。缅甸政府十分重视中缅农业合作，对中国参与其农业开发、提高农业综合生产力的意愿强烈。

中缅农业合作总体上呈现向好趋势，但由于缅甸经济运行中长期固有的一些根本性问题仍未得到解决，加之农业投资风险大，现阶段对缅甸大规模农业投资仍面临诸多挑战。一是缅甸投资环境仍不完善。如政府推出的改革政策和优惠措施缺乏连续性，有关经济法律法规仍不健全，投资仍存在较大经济风险；金融体制和服务十分落后，外国企业在当地银行融资比较困难，汇率和利率变动不合理，严重影响外商投资收益。二是政府对企业的宏观引导和政策支持不够，农业企业面临难"走出去"的普遍性问题，缺乏国家层面的统一规划，投资保护、金融、保险、信息服务等国家政策层面的支持不足。企业对外投资附带物资出口难、产品销售难、融资难、人员出入境手续烦琐等因素制约着农业"走出去"。三是企业自身也存在一些问题。农业投资整体规模不大、层次较低，海外拓展动力不足、缺乏跨国经营人才、海外经营经验不足等也是制约中国农业企业"走出去"的主要因素。

（三）合作需要重点解决的问题

1. 缺乏整体规划指导

缅甸是东南亚农业资源条件较好的国家之一，与中国互补性较强，但是目前缅甸在中国农业对外合作中还没有明确的战略定位。两国农业合作的整体布局、战略步骤、重大项目推进缺少国家层面的统筹规划指导，政府和企业还没有形成对缅甸农业合作开发的强大合力。部分省份都不同程度地参与了缅甸农业开发活动，建立了多层面的合作机制，但是规划参差不齐，合作区域、领域比较集中，项目同质性较强，难以在更大程度上形成规模化和产业化农业布局。

2. 合作深度不够

目前，中缅农业合作项目集中在农作物种植、良种示范推广、农产品贸易、人员培训等方面，粮食、畜牧水产及经济作物加工、物流仓储等产业链合作较少，农业开发总体效益不高。

3. 合作模式单一

中缅农业合作以援助性质的项目为主要载体，政府主导实施的农业科技示范园区等项目的可持续性有待解决，对中国企业在缅甸的农业开发活动尚未形成有效的支撑。企业实施的项目规模较小，单打独斗现象普遍，集聚效应不强。同时，企业经营活动比较盲目，缺乏连续性、稳定性，行业协会等中介组织的服务功能尚未充分发挥。

4. 政策支持体系不完善

中国农业对外合作的政策支持体系还不完善,与美国、日本等发达国家相比还有较大差距,中国对缅甸农业投资的企业整体实力较弱,抗风险能力不强,政策性贷款规模太小,集中在少数大企业,难以解决多数企业对外农业投资的贷款难问题。多数企业难以获得贷款贴息、海外农业投资保费补贴等政策支持;项目投资审批时间过长、效率不高;种子、化肥、农业机械等农业生产资料出境不便利;农产品回运的配额问题有待进一步解决。

三、中缅农业合作重点领域

(一)粮食作物良种繁育及种植技术推广

水稻、豆类、玉米是缅甸的主要粮食作物,缅甸可以通过改善或消除制约因素,不断提高单产产量。中国的杂交水稻技术处于国际领先水平,中国也是传统的大豆和玉米生产国,长期积累了一系列先进适用的种植技术和管理经验。一些中资企业在缅甸开展的小型杂交水稻试验示范取得了初步成效,合作前景广阔。中国下一步应以水稻为重点,将缅甸作为中国种业"走出去"前沿阵地,大力开展优良品种试验示范和种植技术示范推广。

(二)战略农产品贸易与加工

甘蔗、木薯、天然橡胶、棉花、黄麻等是缅甸重要经济作物,也是中国紧缺的战略物资。加强中缅该类农产品贸易与加工合作,提高其产出效率和产出质量,有利于稳定和优化中国上述战略农产品的来源格局。中国应充分发挥现有合作基础,以扩大"替代种植"规模为突破口,支持国内加工企业或农业集团在缅甸建立该类农产品收购、加工、仓储基地,构建农产品物流通道,提升企业资源掌控能力和产品竞争力。

(三)农业机械化推广及农机网络建设

缅甸农业机械化程度极低,耕地、浇水、施药、收获、加工等方面的机械都比较缺乏,98%的农民仍采用传统粗放式耕种方式。发电机、拖拉机、灌溉设备、脱粒机等中小型机械在缅甸需求量很大,极具市场发展潜力。中国在中小型农业机械生产及推广具有国际竞争力,吉峰农机、浙江四方集团等公司在缅甸农机市场占据一定份额,具备开展合作的基础和优势。中国应该与缅甸重点开展农机装备合作,支持在缅甸建立农机研发、生产基地,建设一批农机销售、培训和维修服务示范中心。

(四)畜牧兽医与渔业合作

缅甸肉牛、肉羊资源很丰富,但养殖方式比较落后,主要为分散农户饲养，同时缅甸每年需进口 40 亿~50 亿美元的牛奶和奶制品。缅甸政府希望外资投资牛羊肉、乳品的加工与销售（主要是出口）。现阶段，两国宜以中缅动物疫病联防联控项目为契机，推动建设中缅无规定疫病示范区，开展标准化养殖、饲料生产、疫苗研发与生产、畜产品加工设备等领域的合作。缅甸鼓励渔业合作，在海洋捕捞合作的基础上，开展海、淡水养殖合作，以提高缅甸渔业生产水平。

四、中缅农业合作政策建议

（一）强化国家层面的统筹协调，明确战略定位

完善中缅双边各层面农业合作机制，为中缅农业合作创造良好环境。国家层面的农业对外合作规划要对中缅农业合作的大方向有清晰的定位，明确合作思路，合理进行项目布局。梳理中缅现有农业开发项目，研究可复制、可推广的经验，更好地指导和服务参与缅甸农业开发的国内企业。农业技术示范中心等援助性项目的实施要主动引导企业发挥重要作用，保障项目的可持续性。中国要充分利用现有中国—东盟、大湄公河次区域经济合作等多边合作框架，加大对缅甸农业投资的力度。

（二）进一步完善政策支持体系，做好风险防范

中国对外农业合作有关政策应加快调整和创设。适当放开对种子、化肥、农药等农业生产资料的出口管制；灵活调整缅甸大宗农产品回运的进口关税配额。探索在缅甸的重点农业合作项目实施良种补贴、农机购置补贴等政策试点。政策性银行要研究加大对农业企业提供金融支持的具体措施，为符合条件的中国企业提供长期的低息贷款。农业部门要进一步争取财政、金融、保险等部门支持，加大农业项目贷款贴息和海外投资险保费补贴支持力度，帮助"走出去"企业解决融资难的问题。研究丝路基金和亚洲基础设施投资银行等平台支持对缅甸农业投资可行性和具体方案。政府、企业、民间组织要合力做好风险防控，更好地发行业协会等中介组织的作用，做好风险预警，积极应对各类风险。

（三）巩固现有基础，进一步拓展合作领域和深度

基于将缅甸定位为中国周边境外农产品生产基地的考量，在巩固现有农业合作的基础上，建议重点突出以下领域的合作。

1. 大宗农产品贸易

以大米为例，缅甸大米通过改良品种、改善农业基础设施、适当增加农业生产资料投入等措施，大米产量和出口量还有较大提升空间。缅甸计划 2025

年每年将大米出口量从目前的 200 万吨增至 400 万吨。届时，大米收益预计将增长近一倍，达到 15 亿美元。大米成为缅甸出口最多的农产品。

2. 农业产业链合作

在缅甸条件成熟的领域和地区探索实施产业链整体开发，可先在水稻等粮食作物以及天然橡胶、剑麻等战略性农产品领域推进，引导国内企业通过"抱团出海"，在缅甸建立相关农产品生产、加工、物流仓储基地，提高对这类资源的掌控能力和对市场的影响力。

3. 农业产能合作

中国在畜牧水产养殖加工、饲料生产、农机等方面具有较强的优势，缅甸具备丰富的土地资源、饲草资源和渔业资源，两国在这些领域具有较好的互补性，合作潜力较大。在上述领域开展产能合作，既有利于缅甸提高农业生产水平，又有利于中国优势农业产能的输出。

4. 农业技术试验示范

针对缅甸农业生产的薄弱环节，双方可重点开展农田水利建设、水资源管理等方面的试验示范，支持两国农业科学家和科研机构开展农作物品种改良、畜禽品种改良等联合研究；加强农业领域的能力建设合作。中国可以考虑整合云南、四川、广西等省（自治区）资源，建设面向东南亚、南亚的农业培训基地，统筹实施对缅甸农业人才的培训。

第十章 柬埔寨农业研究报告

一、柬埔寨农业发展现状与需求

柬埔寨位于东经 102～108 度、北纬 10～15 度，在东南亚中南半岛南部，北接老挝，西北部与泰国为邻，东部和东南部与越南接壤，西南濒临泰国湾。海岸线长 460 千米，陆地边界长 2 438 千米。中部和南部是平原，占全国面积四分之三以上，东部、北部和西部三面被丘陵与山脉环绕。国土面积为 1 810.4 万公顷，土地面积为 1 765.2 万公顷，内陆水域面积为 45.2 万公顷，可耕地面积为 670 万公顷，森林面积为 1 000.9 万公顷，永久草地面积为 250 万公顷。柬埔寨属于温暖湿润的热带季风气候，降雨集中在 5～10 月，11 月至次年 4 月为干季，年降雨量为 1 250～2 500 毫米；湿度为 69%～80%，日均温度为 23～33 摄氏度，年平均温度为 24 摄氏度，3 月、4 月是一年中最热的月份，1 月最凉爽。

2020 年柬埔寨人口约有 1 672 万人，男性和女性占比分别为 48.821% 和 51.179%。柬埔寨是一个拥有 20 多个民族的国家，其中高棉族人口占总人口的 90%，还有占族、普农族、老族、泰族和斯丁族等少数民族，华人、华侨约有 70 万人。高棉语为通用语言，与英语、法语均为官方语言，国教为佛教，约 95% 的人口信奉佛教。全国分为 20 个省和 4 个直辖市。首都为金边，是柬埔寨政治、经济、文化和宗教中心。

柬埔寨是亚洲最不发达的国家之一，约 80% 的人口居住在农村，以农业为生。近年来，其国民经济保持较高的增速，年平均增长率达 7% 以上，2020 年受全球新冠肺炎疫情影响，GDP 增长速率急剧减少，为-3.14%。2019 年 GDP 为 270.89 亿美元，人均 GDP 为 1 643 美元，农业产值占 20.71%，工业占 34.226%，服务业占 45.06%；2020 年 GDP 为 252.91 亿美元，同比减少 6.63%，人均 GDP 为 1 513 美元，同比减少 7.91%，农业产值占比 22.84%，工业占比 34.67%，服务业占比 42.49%。2017 年全国约 38.2% 的劳动力（约

345.70 万人）从事农业生产。柬埔寨主要的粮食作物有水稻、玉米、豆类、薯类（木薯和红薯）等；经济作物有橡胶、甘蔗、胡椒、棕榈、烟草、麻类、棉花等；芒果、腰果、菠萝、柑橘、香蕉、龙眼、荔枝等热带水果也有少量种植。

（一）柬埔寨农业发展现状与趋势（生产、政策、贸易等）

1. 柬埔寨农业经济发展现状

作为传统的农业国家，农业是柬埔寨四大经济支柱之一。在 1995 年，农业增加值/GDP 的百分比一度高达 49.62%，此后随着柬埔寨积极发展国内制衣业及旅游业等其他经济组成部分，农业增加值/GDP 的百分比略有下降，但仍保持相当高的比值。2011—2019 年，农业增加值对 GDP 的贡献率从 34.6%下降到 20.71%（见图 10-1），这是由于工业和服务业的增长速度较快。在 2015 年农业增加值中，种植业对 GDP 的贡献率占 15.8%，畜牧业占 3%，渔业占 5.9%，林业占 1.8%，如图 10-2 所示。种植业和渔业是农业当中对 GDP 贡献较显著的，畜牧业对供应国内需求和出口具有重要的作用，柬埔寨将鼓励其进一步发展。虽然 2016 年农业占国民经济比重由 50%下降至不足 30%，但农业依然是拉动柬埔寨经济的"四驾马车"（制衣制鞋业、旅游业、建筑业、农业）之一。

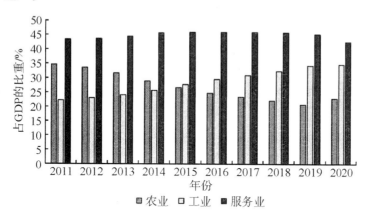

图 10-1 2011—2020 年柬埔寨农业在 GDP 中所占的份额

（数据来源：联合国粮食及农业组织数据库，2021 年）

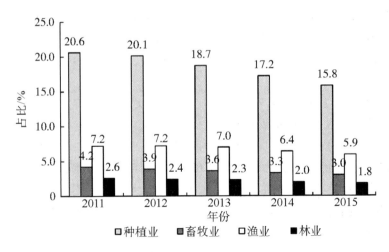

图 10-2　2011—2015 年柬埔寨种植业、畜牧业、渔业和林业在 GDP 中所占的份额

（数据来源：柬埔寨规划部，2020 年）

2. 农业生产现状

从农业经营主体来看，柬埔寨农林渔业部 2019 年农业普查数据显示，柬埔寨现有 173.5 万户农户，其中从事水稻、芒果、香蕉、椰子、腰果等种植业生产的农户约有 151.7 万户；开展鸡、鸭、鹅等家禽养殖的农户约有 127.8 万户，开展牛养殖的农户约有 65.8 万户。柬埔寨农业生产集中在平原区和洞里萨湖区，这两个地区经营的农场（户）数量分别为 71.9 万个、61.7 万个。这些农场（户）主要开展作物栽培、畜禽饲养、提供农业服务以及与林业和渔业有关的经营活动。拥有自由土地的农场占 97.9%，租赁土地的占比较低。此外，大约有 26.8 万户农户进行渔业养殖或捕捞活动，集中在洞里萨湖区，其中仅从事捕捞活动的农户约占 6%，仅从事养殖渔业的约占 81%，约 13% 的农户既从事养殖渔业也从事捕捞活动。

柬埔寨土地肥沃，日照充足，雨量充沛，天然绿地广阔，自然条件优越，土壤、空气、水质等都符合农作物的安全生产，工业污染很少，具有发展农业的较强比较优势。柬埔寨农业生产在很大程度上受气候条件的影响，以雨养农业为主。柬埔寨农作物以水稻、玉米、大豆、芝麻、木薯、天然橡胶为主，其中水稻播种面积占全国农作物总播种面积的 82.3%，玉米播种面积占 3%，木薯播种面积占近 1%。另外柬埔寨还有热带水果、腰果、蔬菜、黄豆、芝麻、花生、甘蔗、烟草等少量经济作物。其畜牧业、渔业、林业也分别占据农业领域的一定比例。

（1）主要粮食作物生产情况

水稻是柬埔寨最重要的粮食作物，其播种面积约占总的农作物播种总面积的80%。柬埔寨水稻收获面积总体保持在200万~300万公顷，总产量则逐年提高。2019年水稻收获面积为300.13万公顷，总产量为1 088.6万吨，如图10-3所示。柬埔寨水稻主要分布在湄公河流域及环洞里萨湖平原，该区域占全国水稻种植面积的75%。水稻种植集中在马德望、茶胶、磅同、磅湛省和菠萝勉省。其中，马德望省被誉为柬埔寨的粮仓，水稻种植面积达32万公顷。

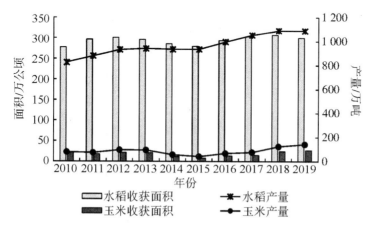

图10-3　2010—2019年柬埔寨水稻和玉米生产情况

（数据来源：联合国粮食及农业组织数据库，2021年）

玉米是柬埔寨第二大粮食作物，其常年种植面积占耕地面积的3%，主要分布在马德望省、干拉省和磅针省等地区。玉米收获面积从8万公顷到27万公顷，2010年收获面积达21.4万公顷，总产量为77.33万吨，2015年收获面积减少到仅8.26万公顷，总产量40万吨；到2019年，收获面积增加到27.07万公顷，总产量达141.03万吨。

（2）主要热带水果生产情况

柬埔寨主要种植的水果有香蕉、芒果、菠萝、山竹、番石榴、柠檬、酸橙，及其他水果。从收获面积来看，香蕉、柑橘、菠萝居前三位，2019年收获面积分别是3.060 8万公顷、1.171 9万公顷、2 464公顷；产量分别是14.312万吨、6.493万吨、2.579 7万吨。芒果、山竹等收获面积为5 367公顷，产量为7.252 7万吨，如表10-1所示。从收获面积和产量指标衡量，香蕉、菠萝、柑橘产业优势明显。其中，香蕉主要种植在干拉省、磅针省和贡不省；菠萝主要种植于上丁省、磅针省和国公省；柑橘主要种植在磅针省和马德望省。

表 10-1　2010—2019 年柬埔寨主要水果收获面积和产量情况

品类	类别	年份									
		2010	2011	2012	2013	2014	2015	2016	2017	2018	2019
香蕉	收获面积/公顷	34 726	31 968	31 075	30 792	30 530	31 547	30 968	30 812	30 699	30 608
	产量/吨	157 753	142 130	139 616	138 489	137 980	144 077	142 813	142 757	142 890	143 120
柑橘	收获面积/公顷	11 119	11 070	11 127	11 197	11 252	11 395	11 477	11 557	11 637	11 719
	产量/吨	65 239	64 591	64 435	64 517	64 612	64 901	64 750	64 810	64 870	64 930
菠萝	收获面积/公顷	2 142	2 155	2 170	2 204	2 252	2 330	2 348	2 387	2 426	2 464
	产量/吨	22 536	22 544	22 706	23 072	23 571	24 373	24 567	24 977	25 387	25 797
芒果、山竹等	收获面积/公顷	4 429	4 545	4 504	4 581	4 734	5 010	5 048	5 155	5 262	5 367
	产量/吨	57 087	59 391	59 890	61 646	63 585	66 503	67 319	69 055	70 791	72 527
其他水果	收获面积/公顷	11 911	11 906	12 000	11 783	11 577	12 051	12 012	12 102	12 195	12 286
	产量/吨	75 364	74 418	73 000	72 044	71 181	75 352	75 055	75 609	76 187	76 751

数据来源：联合国粮食及农业组织数据库，2021 年。

其他的水果如芒果主要分布在磅士卑省、干拉省、波罗勉省、贡不省，其中磅士卑省芒果种植面积最大，而且该地区种植的芒果，水分足、甜度高、口感细腻，价格也最贵。火龙果主要种植在马德望省、磅湛省、西哈努克省和磅通省等地，种植面积较小，且以家庭种植为主。

（3）主要经济作物生产情况

柬埔寨种植的经济作物主要有木薯、天然橡胶、胡椒、咖啡、椰子、甘蔗、油棕、烟草等。

柬埔寨地处热带，拥有肥沃的红土地，气候条件适宜橡胶树的生长，具有发展橡胶业的天然条件。橡胶业是柬埔寨农业经济的重要增长点，橡胶种植始于1910年，现已发展成为一种农工业型产业。近年来，柬埔寨橡胶业的发展速度快。柬埔寨约有86万公顷红壤土地适于种植橡胶树。目前，柬埔寨已有18个省份种上了天然橡胶，主要分布在磅湛、桔井、腊塔纳基里、蒙多基里等省的红土区域，磅同、柏威夏、奥多棉吉、上丁和柴桢等省正在变成新的橡胶园区。2019年柬埔寨天然橡胶割胶面积约为22.60万公顷，同比上年增加14.61%；产胶量为17.47万吨，同比上年减少20.63%。

木薯是柬埔寨的第二大经济作物，2019年木薯收获面积达50.49万公顷，同比增加4.83%，收获木薯1 373.79万吨，同比增加7.28%。过去，柬埔寨木薯种植区主要分布在东北部的腊塔纳基里、拜林、磅湛、桔井省，现在班迭棉吉、马德望、磅通、柏威夏、奥多棉吉省、暹粒、柴桢等木薯种植面积日益增加，正在形成新的木薯主产区；其中拜林省是柬埔寨木薯种植面积最大的省份。

柬埔寨黑胡椒品质世界闻名，特别是贡布省，是世界胡椒消费者的圣地。贡布胡椒拥有欧盟地理标志（GI）、美国有机标准（NOP）认证、欧盟标准（EOS）认证和日本有机农业标准（JAS）认证。柬埔寨胡椒种植遍布全国19个省市，其中最为主要的胡椒产区是特本克蒙省、腊塔纳基里省、桔井省、蒙多基里、贡布等省区。2019年柬埔寨胡椒收获面积达377公顷，总产量达6 647.2吨，占世界胡椒总产量的0.23%，同比增长0.47%。

（4）畜牧业

畜牧业在农业产值中的比重不大，大多作为家庭副业，规模小。根据柬埔寨2013年的农业调查数据，牛的饲养量为270万头，平原区最多（40.3%），其次是洞里萨湖区（30%）、平原和山区（21%）、沿海地区（8.9%）。水牛饲养量为47.2万头，其中，44%分布在平原区，35%分布在洞里萨湖区。猪饲养量为150万头，集中在平原区，饲养量达到70万头。山羊饲养量为1.85

万只。家禽主要包括鸡和鸭，存栏量分别为2 800万只和500万只，鸡在家禽存栏中的占比为84%。2015年全国畜养黄牛和水牛共340.76万头，同比下降5.2%；生猪277.5万头，同比增长1.5%；家禽类饲养3 450.1万只，同比增长9.3%。

（5）渔业

渔业是柬埔寨农业的重要组成部分，居民75%的蛋白质由淡水鱼供应。据统计，柬埔寨每人每年平均食用52千克鱼。柬埔寨83.7%的农户都是从事池塘养鱼，包括人工池塘和天然渔场。洞里萨湖、湄公河和洞里萨河是天然淡水渔场。漫长的海岸线和暹罗湾海域及柬埔寨海域为柬埔寨海洋捕捞及海水养殖提供了良好的自然条件。渔业生产主要在内陆水域，海洋渔业的比重较小，集中在泰国湾东海岸。2012年，水产品总产量为64.1万吨，淡水水产品为51.3万吨，海产品为12.8万吨。据联合国粮食和农业组织的统计，洞里萨湖淡水鱼年产量约23.5万吨，居世界第四位。

3. 农产品加工贸易概况

柬埔寨作为传统的农耕社会，农业是促进其经济增长的重要引擎。柬埔寨出口的农产品包括新鲜和加工的稻谷及大米、渔业、天然橡胶、木薯、玉米、黄豆、花生、咖啡豆、芝麻、胡椒、腰果、木材等。2019年柬埔寨出口农产品186.91万吨，出口创汇13.37亿美元，分别同比上年减少2.27%和增加2.77%。其中出口最多的三大农产品依次是大米54.67万吨，创汇4.21亿美元，分别同比上年增加9.86%和20.84%；天然橡胶16.44万吨，创汇2.19亿美元，分别同比上年增加7.29%和0.7%；香蕉11.23万吨，创汇4 945万美元，分别同比上年增加6.5倍和2倍。出口的其他农产品主要是木薯淀粉5.56万吨、棕榈油5.35万吨、木薯干片2.82万吨、芒果和番石榴等6 138吨、腰果3 262吨、胡椒3 159吨。

2019年柬埔寨进口农产品209.74万吨，进口额为15.78亿美元，其中进口量最大的农产品依次是大米2.29万吨、小麦2.07万吨、玉米1.78万吨；其他进口的农产品包括苹果、可可、土豆、天然橡胶等。

（1）柬埔寨农产品质量安全标准与主管部门构架

2010年，柬埔寨通过了"基于农场到餐桌的食品安全的实施和制度"法案，目前食品安全监管体系已经初步形成。

截至2019年年底，柬埔寨国家标准委员会共颁布了859项国家标准，内容涵盖了农业、食品、服装、机械制造和建筑等各个行业。其中，国家标准委员会主导制定了66项，其他标准主要参考"食品法典委员会""国际电工委员会""国际标准组织"等制定相应标准。但是农产品和食品相关标准缺少适合柬埔寨本国国情的标准，有待进一步完善。

柬埔寨食品安全管理体系包括食品安全主管部门、食品生产或经营者、消费者三方行为主体。柬埔寨食品安全主管部门是食品生产或经营者和消费者之间的主要纽带，由柬埔寨农林渔业部、工业和手工业部、商务部、卫生部、财政部和旅游部六个部门联合管理，各部门在管理范围和主要管理职责各有侧重点。柬埔寨农林渔业部是食品安全主管部门中的主要负责部门，在食品安全管理体系中具有重要地位，农林渔业部主要负责制定食品原料生产和初级加工过程中食品安全的政策和法律框架；制定并实施监管和发展战略规划，促进食品安全相关规划的实施；制定实施危机管理和应急响应预案，协助解决食品安全应急事件；建立种植业、渔业、养殖业食品原料及其初级加工品的质量安全检验标准，负责产品质量安全检验，签发产品出口许可证书。工业与手工部则负责所有从事食品深加工相关的食品安全管理，主要负责制定有关食品安全和食品标准的政策和法律框架并监督食品标准和法规的执行情况；制订和实施促进食品安全生产规范计划；对食品加工厂使用的非食品原料及其加工品的原料安全进行监督和检验，并签发产品出口许可证；制定和实施食品安全危机管理和应急响应预案。柬埔寨商务部负责加工环节中农产品、初加工和深加工以及经营环节中内销食品的食品安全相关问题的监管。卫生部则负责加工环节中农产品、初加工、深加工和餐饮，经营环节中出口农产品和初加工食品、内销食品、餐厅和食堂的食品安全相关问题监管。柬埔寨财政部下设的海关总署，是负责在国际检查站监管食品安全问题的主要机构，负责经营环节中出口农产品和初加工食品、其他进出口、出口深加工食品和进口食品原料的食品安全相关问题监管。柬埔寨旅游部负责签发与旅游业相关的餐厅和食堂的注册经营许可证，制定与旅游业相关的餐厅和食堂的标准和规范，并对与消费者食品安全相关问题进行协调，监督和检查。

柬埔寨食品安全管理部门在监管上有交叉的环节，因此建立顺畅的运行机制有助于保障国家食品安全，在制定规范、标准、法规或者规划时，由主责部门作为牵头单位制定初稿，联合其他相关部门进行审阅、沟通和修订，单独发布，或者共同制定初稿，建立跨部级的标准、规范等。发生食品安全问题时，主责部门作为牵头单位迅速建立6个部门相关单位组成的应急响应组，迅速分析原因，建立应急解决方案，并分头实施。

（2）柬埔寨农业发展的技术需求

目前，柬埔寨农业普遍都是农户小规模经营，农业基础设施如排灌、电力、道路交通等农业基础设施落后，作物生产技术（包括采前和采后处理技术）落后，农业机械化水平低，农产品加工技术和设备落后。因此从长远看，柬埔寨农业发展需要将小型农场或只有小块农地的农户进行合并，成立农业合作社，开展规模化的农业生产。而在农业生产中，柬埔寨将优先发展采用先进的农业生产技术、改善农场灌溉等水利基础设施、加大高质量低成本的农资投入、改善农技推广体系。

在农业生产过程中，继续提高种植业采前种植、管理和采后处理技术。提高农业机械化水平，增强农户的技术能力，特别是农业技术的研发和技术推广服务能力、农民的组织能力等。在农业技术研发方面，柬埔寨需要投入更多的财政资金以建立更多的农业科研实验室、完善农业科研条件，培养更多的农业科技人员；加快农产品和农副产品加工设备的研发与应用；提高对气候变化造成的洪涝、干旱、病虫害等灾后应急处理技术及能力；加强农业水利灌溉系统的建设。

柬埔寨根据国家发展和经济现状，在水稻、橡胶、棕榈、腰果、木薯、玉米、速生树等种植业以及畜牧业、水产养殖等方面增加更多私人资金的投入。柬埔寨认为在大米、经济作物、蔬菜等种植业商业化生产和加工，牛、猪、鸡、奶牛等畜牧业的关联产业（如畜牧的屠宰场建设、动物饲料研发应用、兽药研发使用），水产品生产加工，天然橡胶生产和加工等方面是有农业产业化生产的潜力，鼓励民间私人资本的投入。

柬埔寨政府系统通过提高农业生产效率、开展农业多样化和规模化生产、促进动物健康和生产、渔业资源可持续管理、林业和野生生物资源的可持续管理、研发能力的提高、人力资源开发和农技服务的增强，使每年农业增长率提高到5%左右。

（二）柬埔寨农业（企业、科教单位等）"走出去"的情况

长期以来，作为最不发达的国家之一，柬埔寨得到了许多外国和国际组织的援助，国家开放程度很高。柬埔寨农业（企业、科教单位等）与外国和国际组织有广泛的合作与交流，主要合作国家有中国、澳大利亚、泰国、越南、美国、日本、韩国、马来西亚、老挝等。

二、柬埔寨农业科技管理体制与运行机制

柬埔寨国家农业研究体系在提高国家粮食生产力和多样化发展发方面具有主导作用，在加强农产品市场化、渔业资源开发多元化、林业资源管理和保护方面影响深远。目前，以农林渔业部为领导，由多个研究机构组成的国家农业

研究体系承担着艰巨的农业发展任务。在现代化进程和未来农业发展的挑战中，柬埔寨国家农业研究体系的任务主要是：通过推广农业科技知识以及改良技术、方法，提高生产力以及各种作物、畜牧、渔业、林业资源利用的可持续性，致力于提高柬埔寨人民的福利并保护水土资源等自然资源。在确保粮食安全和自然资源可持续性的同时，柬埔寨兼顾农业发展的效率和利益，提高技术、方法和政策建议的数量、质量和可行性。

（一）科技管理体系

柬埔寨农林渔业部是柬埔寨政府负责柬埔寨农业、林业和渔业产业事务的政府机构，其主要职责是制定和执行柬埔寨的农业发展政策，开展农业各方面发展的指导和计划制定，协调、监督和评估农业政策和农业发展活动；参与制定土地改革和土地使用政策，开展土地开发和土地质量改善工作，并协调指导动植物种植、地球化学及医学使用土地的使用，确保土地的可持续利用；开展农业生产的技术支持工作，以提高农业生产的产量和生产力；制定相关协会的政策并监督协会的运作，以增强和改善农业生产；与国外、国际组织和非政府组织之间开展合作，以促进本国农业各领域的发展；等等。柬埔寨农林渔业部下设柬埔寨皇家农业大学、柬埔寨农业研究与发展研究所、柬埔寨橡胶发展公司、柬埔寨橡胶研究所等机构。

柬埔寨政府为了提高本国的农业科技水平，出台了多项农业科技发展政策，以增加农业科技财政投入，改善国内科技发展环境。柬埔寨政府先后在1993—2011 年的国家发展战略，第二个经济社会发展计划（2001 年）、国家扶贫战略（2002 年）、柬埔寨盛世发展目标（2003 年）和柬埔寨政府矩形发展战略（2004 年）等国家发展计划、规划中将促进农业发展作为重要内容。在国家战略发展规划（2006—2010 年、2010—2013 年）中明确提出农业是政府在提高生产力和多样化方面的第一优先，也被视为实现政府战略目标的主要工具。2014 年柬埔寨在《2014—2018 年农业战略发展计划》中提出继续优先考虑发展农业对经济增长和减少贫困的作用；而根据此计划，柬埔寨农林渔业部制定了 5 个项目、63 个子项目和 500 多项活动来执行该计划，旨在通过发展农业促进经济发展、出口农产品、保护自然资源和减少贫困。2016 年的年度预算战略计划，通过预算拨款优先发展一些领域，健全提高预算效率的重要机制，实现农业可持续发展的政策和战略。2016 年度预算战略计划重点支持农业生产率的提高、农业多样化和规模化，特别是农业研究、农技推广、畜禽生产和水产养殖，以保障食品供给、提高人民生活水平。该计划还包括执行皇家政府促进稻谷生产和大米出口的政策。此外，该计划还继续支持林业和渔业以达到自然资源的可持续经营。

科技产业的发展离不开科技管理体制的支撑，柬埔寨政府一直针对不同阶段国家战略需求和目的，对科技管理体制进行及时调整与改革。柬埔寨科研机构类型主要有国家农业部、拥有商业机构的半自治研究所、单一的国家农业研究所、国家协调委员会、大学部门研究小组、依附大学成立的半自治研究所、分散的各地区/省级研究单位，如表 10-2 所示。经过数十年的发展，目前柬埔寨已经形成了以柬埔寨农林渔业部为主的决策中心，各专业机构负责科技计划具体立项和过程的管理工作；各农业研究体系通过开发农业科技知识及改良技术、方法、政策建议的采用与转化，以提高农业生产力及各种作物、畜牧、渔业、林业资源利用的可持续性，并致力于提高柬埔寨人民的福利，保护水土资源等自然资源。

表 10-2 柬埔寨农业科研机构类型

科研机构类型	治理模式
国家农业部	政府部门
拥有商业机构的半自治研究所	所长及其委员会
单一的国家农业研究所，主导多数研究	所长及其委员会
国家协调委员会	会长及其委员会
大学部门研究小组	大学院系
依附大学成立的半自治研究所	所长及其委员会
分散的各地区/省级研究单位	管理层广，包括国家机构下放的权利

柬埔寨农业研究机构有：柬埔寨农业研究与发展研究所（CARDI）、柬埔寨橡胶研究所（CRRI）、林业—野生生物研究与发展研究所、海水渔业研究与发展研究所、淡水渔业研究与发展研究所、国家兽医研究所、遗传与动物生产研究所。柬埔寨主要农业研究机构简介如下：

1. 柬埔寨农业研究与发展研究所（CARDI）

CARDI 是在柬埔寨农业部管辖之下的领导型研究所，就政府拨款和人力资源来说，也是柬埔寨最大的研究所。CARDI 创建于 1999 年 8 月，是委员会管理性质的半自治研究所。CARDI 年度财政预算大约有 90 万美元，40% 来自柬埔寨政府，40% 来自合作项目，另外 20% 来自生产服务部门的创收。但是，由于缺乏弹性的资金预算，CARDI 并没有完全发挥其潜在人力资源和配套设施的作用，除委员会自身所拥有的研究实力以外，国际合作在很大程度上成为该研究所的主要力量。目前,CARDI 与中国、澳大利亚、加拿大、日本、韩国、泰国等 10 多个国家建立了广泛的联系。

CARDI 的研究目的是通过农业研究、培训和技术转移,提高柬埔寨农民的生活水平。在柬埔寨政府的国家扶贫计划及经济发展规划政策中,CARDI 做出了重要的贡献。其研究项目主要是以农学为基础,其中包括:水土资源科学研究、植物育种、植物保护、经济社会研究、农学和耕作体系研究、农机研究等。CARDI 研发了一些高品质的农作物品种,同时,其他一系列的相关研究项目也在改善作物多样性、作物改良、生长、栽培及收获方面取得了进步。尤其在发展柬埔寨水稻生产能力方面,CARDI 的研究成果颇丰,包括 37 个水稻改良品种的研发,而 CARDI 也将持续致力于发展其研究的多样性。目前,CARDI 研究的薄弱环节是研究规模较小,缺乏对非稻作植物的研究与开发。

2. 柬埔寨橡胶研究所(CRRI)

CRRI 是橡胶种植总会的下属部门,为拥有法人实体的半自治性质。CRRI 40% 的财务预算由柬埔寨农林渔业部提供,其余均来自其橡胶园的创汇。在研究所及实验室的创建过程中,CRRI 得到了法国农业发展中心(CIRAD)的大量援助,同时,CRRI 与越南橡胶研究所、马来西亚橡胶总会、中国热带农业科学院有联系与合作。

CRRI 的研究目标为:支持能促进橡胶产业发展的计划;为橡胶产业研发高产品种;协助提高柬埔寨橡胶质量;为橡胶产业提供程序评价和分析研究;新技术培训和推广。CRRI 的研究内容包括引进高产品种以解决低产问题、调查研究改进割胶的方法、指导小农户规范橡胶种植、提高橡胶加工厂的橡胶生产质量。

(二)科技政策

为了发展国内农业科技,柬埔寨政府制定并颁布了相关的农业科技政策,以鼓励和支持农业科技的发展。如《2014—2018 年农业战略发展计划》柬埔寨皇家政府第 5 号令颁布第 3 阶段框架性战略,继续优先考虑发展农业对经济增长和减少贫困的作用。

根据柬埔寨皇家政府第 3 阶段框架性战略、2014—2018 年柬埔寨国家战略发展计划和 2014—2018 年农业战略发展计划,发布了《2016 年度预算战略计划》。2016 年度预算战略计划是在公共财政改革计划的框架下,通过预算拨款一些优先发展领域,健全提高预算效率的重要机制,实现农业可持续发展的政策和战略。2016 年度预算战略计划重点支持农业生产率的提高、农业多样化和规模化,特别是农业研究、农技推广、畜禽生产和水产养殖,以保障食品供给、提高人民生活水平。该计划还包括执行皇家政府促进稻谷生产和大米出口的政策。此外，该计划还继续支持林业和渔业以达到自然资源的可持续经营。

（三）知识产权保护政策

2008年5月13日柬埔寨政府就作物品种的管理和植物育种者的权利签署了一项法令，旨在通过管理和控制作物品种的育种、发布、生产、加工、注册和进出口，以保护作物品种。该法令也是为了保证作物品种的可持续发展，以有利于社会、经济和环境。除了其他相关法规中已涉及的作物品种管理外，该法令涉及所有的作物品种，包括老品种和新品种。

（四）农业技术推广和培训状况

各种农技推广工作包括：①课堂培训、农民田间学校、示范、田间互相参观访问；②大众媒体；③分发农技资料；④农民集会；⑤脸谱网（Facebook）。2015年总共29 214人（女性占39.5%），包括省部级农业官员、农技推广人员、公社官员和农民，参加了学习农业知识如土壤肥力管理、作物栽培技术、作物保护、生产质量管理规范、采后管理技术、土壤评价和分类、地理信息系统应用、农业机械操作与维护、农业合作社管理与相关法规、业务计划开展与管理等。全国9 927名农民受到培训，成为村务工作者和农技推广工作者，其中8 792人（女性占9.5%）为村农技推广工作者，1 135人（女性占41%）为公社农技推广工作者。为了更好地让人们获取农业信息和知识，柬埔寨还通过编写和分发农技资料（约42 802册）、制作和播出广播和电视节目（68个主题），开展农技推广工作。

农民集会是其中一种推行的活动，目的是激励农民互相传播、交流农业技术和经验及创意创新理念。2010年以来，柬埔寨一直定期组织农民集会。截至2015年年底，柬埔寨已有862名农民参加过农民集会。在橡胶方面，在2015年预算中举行的橡胶技术培训有：小胶园主割胶技术培训、小胶园主橡胶技术培训、橡胶技术重点人员培训、小胶园主合作社建立与强化、橡胶加工技术推广班、国营橡胶农场官员和员工能力建设培训。在动物健康和生产方面，柬埔寨举行了屠宰场和动物及肉类检疫技术推广和培训。

三、柬埔寨农业科技发展水平和重点领域

（一）柬埔寨农业科技发展水平

虽然柬埔寨自然条件比较明显——光照时间长、土壤肥沃、农业资源丰富等，农业发展潜力巨大，并且柬埔寨政府高度重视本国的农业发展，但是，受国家政局不稳定、经济发展缓慢等客观因素的影响，柬埔寨农业科技水平仍比较落后，农业科研力量薄弱，农业技术和机械化水平低，农业工业化水平有待提升，农业生产与现代技术的结合程度较低。

1. 劳动力素质及农业教育水平较低

柬埔寨劳动力规模可观，但劳动人口教育程度普遍较低，2012 年柬埔寨成人识字率仅 73.9%，在东盟十国中处于最低水平。柬埔寨的本土高等教育注重经济管理类人才的培养，忽略了对技术型人才的培养。而且政府对教育的投入资金相对较少，据统计，2010 年柬埔寨公共教育的开支仅为国内生产总值的 2.6%，用于高等教育的更少，仅 0.38%。财政经费投入的匮乏导致学校和教室的严重缺乏，限制受教育人数，尤其在农村地区，大多数村庄都不能完整地提供小学阶段的所有课程；初中、高中的受教育面就更小，只有 5% 的村庄有初中，2% 的村庄有高中；职业技术教育和培训机构也很少，全国仅 300 多个已注册。因此，柬埔寨的教育规模难以满足其农业科技的发展需求，大部分劳动力仅能从事技术水平要求较低的工作。虽然柬埔寨政府设有农林渔业部、国家农业科研部等科技主管机构，但由于农业科技管理体制机制还不够完善，运行机制和管理职能未建立、健全，科技管理运行系统化程度较低。

2. 农业生产技术无法满足生产需要

柬埔寨的农业耕作方式仍较粗放，缺乏规模化的大田管理。农作物育种进展缓慢，缺乏抗性好、质量高的优良种质资源，制种技术落后，农业生产管理技术落后，严重制约了农作物的创收。以水稻的生产为例，柬埔寨的水稻品种以常规稻为主，一般集中种植 3~5 个传统稻种和推广种植 2~3 个外来品种，品种相对单一，更新速度较慢；由于连年种植，水稻品种混杂程度高，退化严重，在同一块地中同时种植 3~5 种不同的水稻品种，其在谷粒大小、颖壳颜色、着粒疏密、茎节颜色等方面均有明显的差别，说明水稻品种改良程度较低，处在老农家品种的阶段；且水稻易倒伏、生物产量低。在栽培上，仍多采用直播（撒播），施肥少或不施肥除草剂和杀虫剂等农药使用较少甚至不使用。播种后粗放管理，"靠天生长"，属典型的低耗农业。

3. 农产品加工技术落后

柬埔寨除了有部分小规模碾米厂、橡胶粗加工厂、木薯加工厂等外，还有一些没有形成规模化的农产品加工厂。农作物采购加工技术匮乏，远不能满足发展需求，仅能生产基础加工产品。由于缺乏加工技术和条件，柬埔寨农民缺乏种植粮食的积极性，大量热带水果、油料作物等因得不到加工而白白浪费。以稻米采后加工为例，柬埔寨稻米加工设备落后，工艺古老，发展缓慢，仍停留在家庭作坊式的加工阶段；大型大米加工厂（企业）较少，稻谷多采用异地加工和包装，大米出口附加值较低；且国内大米企业管理不规范，没有统一标准，加工产品无法满足国际市场的需求标准。

4. 农业机械研发技术及推广尚未成形

虽然目前柬埔寨在农业生产上使用农机已显著增加，从 2004 年仅 2 万台增加到 2018 年的 37.72 万台；抽水机、联合收割机、电动脱粒机、碾米机，以及番薯收获工具、树枝切割机、以稻草为能源的移动炉、以谷壳为能源的炉、碾出大米分类机、以谷壳为能源的大米干燥机、拖拉机和耕地机的附属工具等农业机械在柬埔寨已有使用，但柬埔寨农业机械化发展的整体水平并不高。柬埔寨的农户对农业机械的认知度还有待提高。此外，政府还没有建立起农机推广部门，相关的培训开展也较少，技术应用水平较低。

(二) 柬埔寨农业科技发展重点领域

1. 柬埔寨科技人才培养战略

20 世纪 90 年代初，因为柬埔寨人力与财政不足，所以对高等教育的投入比较少，基础教育一直被放在首要地位。21 世纪初，高等教育地位才逐渐有上升趋势。柬埔寨王国政府提出了有关《教育战略计划》（ESP）和教育部门支持计划（ESSP）中高等教育发展的具体政策、战略和计划行动。政策目标是确保根据国家优先需求、就业需求和其他市场需求扩大提供优质高等教育的机会，并使高等教育的公私伙伴关系更加强大。除此之外，政府制定了三个五年期的《全国战略发展规划》和三期的《柬埔寨发展、就业、平等和效率的四角战略》。两个规划都对高等教育提出了系统改革的要求，达到区域性或国际标准，提高人才的培养质量。2014 年，柬埔寨王国政府首次制定了专门针对全国高等教育发展的《高等教育 2030 政策愿景》，确定了高等教育的长期发展战略方向和路线图，在柬埔寨高等教育发展史上具有重要的里程碑意义。柬埔寨政府希望通过政策的制定，在法律框架的保障下，实现异质化、多元化的教育治理主体，逐步形成网络化治理，促进柬埔寨教育的稳定和健康发展。

2. 加强农业生产管理技术等领域的研究

农作物粗放的耕作方式，种质资源缺乏，生产管理技术落后等严重制约了柬埔寨农业产业的发展。为了促进农业产业发展，柬埔寨需要对农业生产的种子、生产管理技术进行改良、提升，从而提高产量并提高生产力。建立柬埔寨民族种业，开展柬埔寨主要农作物优势区域规划，发展设施蔬菜栽培。以稻谷为例，为了提高稻谷的品质和产量，柬埔寨就需要根据国内的实际情况，引进具有一定抗旱性的稻谷种子，以保障稻谷的品质；在田间管理时，加强对杂草、病虫害的管理；学习国外优良的水稻高产栽培手段。比如学习中国在总结长期高产品种选育和栽培研究优秀经验上，使用更加优良型水稻展开实验来培育一大批具有高产性能品种的水稻。

3. 提高农产品加工技术，增加农产品附加值

农产品要加工实现从粗加工向精加工，从单一品种向多品种加工，从简单产品向深加工产品转化。以大米为重点，开展各类专用产品和营养、经济、方便食品及加工成各大米进口需求国有特色并受欢迎的产品，如深加工成中国米粉、年糕以及发糕等食品，真空包装出售中国等地，还可以加工成真空包装的韩国米蛋糕等具有各国特色的产品。此外，对这些产品进行包装也需要遵循每个国家的风俗以及喜好。柬埔寨鼓励企业成立大米产品技术研发团队，研究在柬埔寨天然的优良条件、无污染的泥土上，如何能够培育成高品质、口感极佳的绿色大米，从而能够吸引更多的国际消费需求，为柬埔寨大米产品的市场开拓带来动力并提升品牌知名度和产品的利润。柬埔寨还研究各国对农产品包装样式的喜爱。柬埔寨政府制定包装标准，责令相关部门严禁出口包装不符合规定的产品。

4. 加强农业机械化的推进，提高农业综合生产能力，推进农业现代化建设

柬埔寨全国总体处于农业机械化初级阶段，政府非常重视推进国家农业机械化，以期改善落后的农业生产条件，提高农业综合生产能力，推进农业现代化建设。根据柬埔寨王国投资法（1994 年 8 月 4 日柬埔寨王国第一届国会通过）和柬埔寨王国投资法修正法实施细则（2005 年 9 月 27 日颁布），拖拉机和收割机等农机具享受免关税进口政策。推广新型农田作业机具和设施农业技术装备，新型畜禽、水产规模化养殖设施与设备，新型高效施肥、施药、农作物加工机械与设备，新型农产品产地处理技术装备。

四、其他国家和国际组织在柬埔寨开展国际合作的现状及借鉴

（一）合作现状

柬埔寨推行自由经济政策，实行全行业开放，开放程度远高于周边国家，积极鼓励外来投资，与许多国家和国际组织开展了国际合作。柬埔寨政府通过与国家、国际社会和非政府组织进行双边和多边讨论、咨询、协调，以加强在科技、研究方面的合作，并通过签订备忘录、项目协议等形式为本国的科技合作提供依据。2015 年柬埔寨与菲律宾签订了"农业和农业综合企业谅解备忘录"，与韩国签订了"柬埔寨出口新鲜芒果到韩国谅解备忘录""黄牛和水牛疫苗研究与开发项目"，与日本签署了"水稻种子生产与销售项目"。

在接受国际援助方面，柬埔寨国家财政预算中有30%以上依靠外援，每年获得大量的国际援助。目前主要有德国政府援助机构 GTZ 提供认证及技术顾问的"有机农业计划"，主要用于生产有机稻米出口欧盟；澳大利亚政府资助的"农业质量改良项目"（AQIP），主要目的是研究培育优良稻种，使农民能在较低价格下获得优良稻种，促进柬埔寨稻谷出口；法国开发署（AFD）资助的"柬埔寨橡胶种植与综合农业发展项目"，主要是帮助磅湛省发展农业和家庭式橡胶种植业，以及筹集作为柬埔寨农林渔业部制订工作项目计划的经费；日本的国际合作组织（JICA）资助的"开放稻谷项目"；联合国粮食与农业组织以及国际水稻研究所（IRRI）资助的水稻育种与栽培技术研究等；欧盟2012 年年底开始投资 2 600 万美元，为期三年，帮助改善与发展柬埔寨家畜和鱼类养殖业，该项目的目的是帮助提高柬埔寨农民养殖业的生产率和出口量。

1. 日本对柬埔寨的国际援助

日本对柬埔寨开展大规模的政府开发援助以 1991 年签署的《巴黎协定》为开端，直至现在日本仍是 DAC 成员国中对柬埔寨最大的援助国。日本外务省数据显示，2011 年日本对柬埔寨政府的开发援助经费为 1.36 亿美元，此后经费略有减少，2015 年援助经费为 1.06 亿美元。日本对柬埔寨的援助以无偿援助为主，技术合作次之。日本对柬埔寨启动日元贷款于 2002 年启动，2010 年以来呈现连年增长趋势，但目前数量较少。

日本对柬埔寨的无偿援助主要是柬埔寨国内的供水系统和道路桥梁的修建等基础设施。2014—2016 年以日元贷款的 7 个项目中的 4 个项目是用于修缮 5 号国道，其余项目用于建设供电系统。无偿援助项目中用于道路和桥梁交通建设的有 6 个项目，用于供水和排污系统建设 8 个项目，其中磅湛和马德望供水系统和贡布的供水系统是重点援建项目。剩下项目涉及教育（金边初中扩建）、农业商业化合作以及医疗领域。技术合作项目涉及范围较广，有农业商业化合作项目、水产养殖业生产技术改进项目、道路养护项目、师范教育项目和妇女权利保护项目等，累计接受培训人数达到 15 666 人，共派遣 5 593 名日本专家对柬埔寨的技术合作项目进行指导。

日本的国际合作组织（JICA）是直属于日本外务省的政府机构，其在柬埔寨实施的合作领域包括农田基础设施建设、农业生态环境保护、农业生产特别是在水稻生产方面相关合作。合作的方式主要有技术项目合作（包括派遣专家、接收进修人员、提供器材等）、无偿资金合作、基层友好技术合作、志愿者服务等。

"开放稻谷项目"是日本国际合作组织（JICA）对柬埔寨开展国际合作的

众多项目之一。该项目是在收获时收集农民的稻谷储存，并打上其姓名，向其预付总价的50%。当稻谷涨价时，农民可偿还已付的50%谷款，按自己姓名赎回稻谷出售，借此提高收入。

2. 德国对柬埔寨的国际援助

德国对柬埔寨的开发援助以1991年签署《巴黎协定》为开端，德国是DAC成员国中对柬埔寨前五位援助国之一。2011年德国对柬埔寨援助金额为4 924万美元，此后对柬埔寨援助有所减少，2015年已退出对柬埔寨援助最多的前五位。援助方式以无偿援助为主，技术合作次之。

随着人民日渐了解使用化学农药的农产品对身体造成的危害，越来越多的柬埔寨人改而食用有机蔬菜。在德国政府提供资金和技术援助下，柬埔寨农业发展研究中心自2004年起开始推动成立农民社区，至今在柬埔寨已有5 000多户农民家庭参加。中心通过与农民达成协议，让其种植蔬菜后由中心收购，鼓励农民种植有机农产品；随着市面上有机农产品供不应求。2016年德国驻柬埔寨大使馆与德国国际合作机构（GIZ）合作建立了柬埔寨生态农业中心和有机合作社，其目的是为农民提供有机农产品、有机化肥、有机种子和有机农药，帮助农民开展有机农业生产，生产有机农产品。除了向农民提供有机产品外，有机合作社还开设培训班，向农民传授有机知识和相关种植技术，帮助农民提高农产品的质量和竞争力，更好地服务于国内外需求。生态农业中心和有机合作社还在柬埔寨国内设立办事处，有机合作社与培训组织合作，为农民提供相关的种植技术培训，并加大有机产品宣传，以促进柬埔寨有机农业的发展。

（二）借鉴

在柬埔寨开展农业国际合作要以其农业的发展需求为导向，充分了解其农业的发展现状，包括农业发展政策和重点发展领域、生产和贸易现状、管理体制与运行机制、自然资源和条件等；充分发挥自身的技术优势和资金优势，可与柬埔寨政府、科研院所、高等院校、企业单位等进行广泛的农业合作。

五、柬埔寨与中国的合作基础

柬埔寨是中国周边友好国家，两国有着近2 000年的传统友谊。1958年7月19日两国建交。1996年，两国签订了《贸易促进和投资保护协定》，并于2000年成立两国经济贸易合作委员会。近年来，两国经贸关系发展较快，合作领域不断拓宽。农业成为两国重点合作的三大领域之一，受到高层领导的高度重视，双方先后签署了多份农业合作文件。2000年11月，双方签署《中柬农业合作谅解备忘录》。2002年11月，中国与柬埔寨等东盟10个国家签署

《中国—东盟全面经济合作框架协议》及《农业合作谅解备忘录》。2010 年 3月，两国签署《加强中柬农业合作的协议》。这些协议的签订为两国开展农业合作奠定了良好的基础。

（一）合作基础（企业、科教单位）

在政府合作协议框架下，先后有多个合作项目协议签署。2005 年 7 月，中国农业部与柬埔寨农林渔业部签订《中柬种猪生产示范项目合作备忘录》。2013 年 1 月，两国签署了《柬埔寨农林渔业部与中国广西关于农业合作谅解备忘录》《中国广西农业厅仪器设备捐赠协议书》和《中国广西农业职业技术学院与柬埔寨波雷烈农业学院合作备忘录》等系列合作文件。2013 年 9 月，柬埔寨恒睿现代农业有限公司分别与烟台蓝天投资开发有限公司签署股权投资合作协议，与烟建集团签署战略合作协议书。此外，广西还与柬埔寨成立了两国农业合作工作组，已召开两次会议，为深化农业合作搭建了重要平台。

2013 年 10 月 8 日在斯里兰卡科伦坡，柬埔寨橡胶研究所和中国热带农业科学院签订了橡胶研究合作协议。根据该协议，为了了解柬埔寨橡胶研究与发展情况，中国热带农业科学院代表团于 2014 年 12 月访问了柬埔寨，为期 5天，中方正在寻找项目资金。中方同意了柬方寄送来的备忘录草案。2015 年10 月 15 日双方在中国北京签署天然橡胶产业合作备忘录，签署仪式由中国国家主席习近平和柬埔寨首相洪升主持。2014 年，中国政府援助柬埔寨的最大型农业项目——"中柬农业促进中心"签约。通过该项目，中方将支持柬埔寨的农产品研究和农业技术推广、农业人才培训等。两国成立了柬中农业促进中心，中方为 FORWORD，柬方为农业总理事会，中国的 FORWORD 和柬埔寨农业总理事会之间的合作重点在试验室和技术。

两国建立了农业科技交流合作伙伴关系，中方为 YASS，柬方为农业研究与发展研究所，合作重点为大豆。

动物废料管理：通过建立家庭生物沼气厂（家庭生产系统）和规模化生物沼气厂来管理动物废料。通过农户的沼气示范项目，为柬埔寨建设了 8～10立方米的户用沼气池 30 座，并进行了相应的实用技术培训。

2009 年，广西福沃得农业技术国际合作有限公司承担建设了"柬中优质水果蔬菜示范基地"。

云南省农业科学院粮食作物研究所、云南省农村科技服务中心、昆明云薯农业科技有限公司集成实施"大湄公河次区域农业科技合作平台建设及试验示范"项目。湖北种子公司也常年派驻专业技术人员在柬交流品种试种、示范、推广及售后服务。

云南国际公司、中国海外经济合作公司、中国农垦集团、广西北海外经公司等企业曾先后在柬投入一定资金，探索农业综合开发方式，包括粮食与经济作物种植、畜禽养殖等；湖南企业也在柬试种了优质杂交稻。据柬埔寨农林渔业部统计，中国在柬从事农业开发的企业有 20 多家，主要通过并购当地公司或租赁政府经济特许土地进行橡胶、木薯、经济林木和热带水果的种植与加工。

（二）存在的问题

截至目前，两国农业合作中的突出问题主要表现在：基础设施较差；土地纠纷不断；劳动力素质低；经营成本较高；融资困难较大。此外，与柬埔寨开展农业合作可能存在的风险主要包括：土地政策风险、经营管理风险、投资环境风险。

（三）今后的合作重点

水稻、橡胶是种植业的两个重要合作产业。在柬埔寨投资水稻种植和碾米加工厂具有较好的发展前景。

橡胶业是柬埔寨农产品加工业发展战略的重要组成部分，不论是干胶出口，还是老橡胶树砍伐加工都为柬埔寨财政创造了可观的收入。随着柬埔寨经济的逐步发展和国际市场对橡胶的刚性需求，其政府已加大对该领域的开发力度，制定了较完善的鼓励和管理政策，积极争取外援和吸引外资。橡胶是中国急需的战略资源，作为世界上最大的橡胶消费国，80% 的橡胶消费依靠进口。因此，与柬埔寨合作开发橡胶资源符合两国的需求。

此外，两国可合作开发木薯、花生、蔬菜、热带水果（如香蕉）等经济作物。

六、中国与柬埔寨开展农业科技国际合作的建议

在"一带一路"倡议的引领下，中国可与柬埔寨在农业的所有方面开展高技术研发，为双方合作提供支持资金、专家和研究设备，合作开发柬埔寨的人力资源，培养高学历人才，培训科技人员。中国可加强优良种子、农机、农药、兽药以及动物疫苗等产品的输出，服务柬埔寨农业现代化发展，建议中央政府、地方政府、企业等各层次合力推进农业合作，全国形成"一盘棋"，以可操作的合作规划与计划为指导，不断提升农业合作项目质量和合作水平。

参考文献

[1] 和金生，苏彩和. 东盟技术标准现状分析与前景展望 [J]. 社会科学家，2012 (1)：69-73.

[2] 田尉婧，赵方慧，李大鹏. 我国农产品质量安全发展现状及挑战 [J]. 安徽农业科学，2019，47 (7)：257-260.

[3] 余海燕. 我国食用农产品质量安全标准体系简析 [R]. 郑州：第十六届中国标准化论坛，2019：584-587.

[4] 张利真，周坤超，张明，等. 我国特色农产品标准体系建设研究 [J]. 标准科学，2020 (4)：46-50.

[5] 江涛，成定珠. 中国—东盟农产品跨境电商标准体系研究 [J]. 中国商论，2021 (18)：8-11.

[6] 陈娉婷，张月婷，沈祥成，等. 中国食用农产品追溯标准体系现状及对策 [J]. 湖北农业科学，2021，60 (22)：190-194，200.

[7] 边红彪. 新加坡食品安全监管体系分析 [J]. 标准科学，2018 (9)：25-28.

[8] 边红彪. 马来西亚食品安全监管体系分析 [J]. 食品安全质量检测学报，2020，11 (20)：7617-7621.

[9] 李冠斯，李婧瑜，席静，等. 我国与印度尼西亚农食产品中重金属限量标准的对比分析 [J]. 检验检疫学刊，2018，28 (4)：71-76.

[10] 庞美蓉，孙彩霞，等. 东盟农产品质量安全标准概况 [J]. 浙江农业科学，2011 (4)：737-739.

[11] 边红彪. 泰国食品安全监管体系研究 [J]. 食品安全质量检测学报，2019，10 (15)：5202-5205.

[12] 范琼，邹冬梅，丁莉，等. "一带一路"倡议下中泰农产品质量安全合作方向研究 [J]. 农产品质量与安全，2021 (6)：85-89.

[13] 李江华，司丁华，王雪琪，等. 东盟与中国食用农产品法规和标准

比较研究［J］.食品科学，2017，38（11）：283-290.

［14］边红彪.越南食品安全监管体系分析［J］.标准科学，2020（8）：125-128.

［15］袁俊杰，李婧瑜，魏霜，等.中国—越南农食产品重金属限量标准对比分析［J］.检验检疫学刊，2019，29（2）：50-56.

［16］边红彪.缅甸食品安全监管体系［J］.食品安全质量检测学报，2019，10（16）：5548-5551.

［17］韦艳菊.老挝标准化管理体系及标准化现状［J］.标准科学，2018（7）：19-22.

［18］玉家铭.柬埔寨标准化管理体系和标准化现状［J］.标准科学，2018（7）：11-14.

［19］张超，HOUR PHANN，RENO PHON，等.柬埔寨食品安全主管部门构架及其运行机制［J］.食品安全质量检测学报，2020，11（5）：1659-1664.